U0593986

新时代家事法研究文丛

总主编　蒋　月　何丽新

家事司法中多元专家参与制

冯　源　＼著

本书受教育部人文社会科学研究青年基金项目
"转型期多元专家参与家事司法的模式构建研究"
（18YJC820018）资助

厦门大学出版社
XIAMEN UNIVERSITY PRESS

国家一级出版社
全国百佳图书出版单位

图书在版编目（CIP）数据

家事司法中多元专家参与制 / 冯源著. -- 厦门：
厦门大学出版社，2024.3
ISBN 978-7-5615-9105-5

Ⅰ．①家… Ⅱ．①冯… Ⅲ．①亲属法-司法制度-研
究-中国 Ⅳ．①D923.904

中国国家版本馆CIP数据核字(2023)第167323号

责任编辑　李　宁
美术编辑　蒋卓群
技术编辑　许克华

出版发行　厦门大学出版社
社　　　址　厦门市软件园二期望海路 39 号
邮政编码　361008
总　　　机　0592-2181111　0592-2181406(传真)
营销中心　0592-2184458　0592-2181365
网　　　址　http://www.xmupress.com
邮　　　箱　xmup@xmupress.com
印　　　刷　厦门集大印刷有限公司

开本　787 mm×1 092 mm　1/16
印张　12.5
插页　1
字数　272 千字
版次　2024 年 3 月第 1 版
印次　2024 年 3 月第 1 次印刷
定价　73.00 元

厦门大学出版社
微信二维码

厦门大学出版社
微博二维码

总　序

蒋　月　何丽新

在实施全面依法治国和推进中国式现代化的进程中,构建具有鲜明中国特色、实践特色、时代特色的家事法理论体系,结合我国婚姻家庭与继承法的立法和司法实践,加强学理研究,更好地指导实践,十分重要!

千百年来,婚姻家庭都是基本社会生活制度,是个体生存和发展所依赖的最坚实的支持系统。当代社会快速变迁,个人独立自由意识高涨,恋爱当事人的主要目标和考虑因素有哪些? 应如何定义和理解婚姻和家庭? 当前,尽管为个体提供安全保障和社会保障的系统越来越发达,商业服务可提供事无巨细的服务以满足个体的需求,但婚姻家庭依然生机勃勃地屹立着,家庭依旧是社会的基本细胞。传统包袱和历史积淀是不必抹掉的过去,我们已搭乘现代化的列车,乘客们心目中的理想婚姻、理想家庭不尽相同,但是,这列车都将向前,再向前。

婚姻家庭是国家发展、民族进步、社会和谐的重要基点。更好地发挥婚姻家庭的基础功能和作用,需要久久为功。首先,建设和谐的婚姻家庭需要正视婚姻家庭关系中的矛盾、冲突和纠纷。婚姻是一男一女以永久共同生活为目的、自愿互为配偶并依法得到确认和保护的稳定结合,双方不仅有性需求、情感满足和精神慰藉,还包括物质和经济的关系,而且大多数夫妻共同生育子女。家庭是由一定范围的亲属组成的生活共同体,包括精神、社会、人力、智力、财产等方面的组成因素。一个人身上层层重叠的法律关系和多种利益诉求,不一定总能获得相对方及时顺利的呼应,既可能是因为客观不能,又可能是主观不愿意。因此,任何亲密关系均无法完全杜绝矛盾和冲突。更为重要的是,一旦遭遇问题、纠纷,如何合理应对和化解,值得深思。什么样的解决方案始为公平合理? 当争议一时得不到合理解决时,是否可以搁置? 无论如何,任何人都应当保持理性,不让冲突升级酿成难以挽回的后果。当事人处理恋爱婚姻家庭关系,不仅需具备一颗善良之心,还需要经验和智慧;不仅应当关注自我利益,还应当尊重相对方的正当权益。采用求大同存小异的策略,相关人员以积极的心态客观评估双方诉求,有效地减少人际关系的紧张,进而增进家庭成员之间的亲密关系和和睦,产生"1+1=3"的力量,为个人梦想扬帆提供家庭支持的巨大动力。

研究婚姻家事法,是持续完善婚姻家庭领域法治的需要。新中国成立来,从1950年《中华人民共和国婚姻法》到1980年《中华人民共和国婚姻法》,再到2001年《中华人民共和国婚姻法(修正案)》,最后到2021年1月1日起施行的《中华人民共和国民法典》,特别是其中的婚姻家庭编,婚姻家庭法律体系不断更新、发展。在婚姻法时代,最高人民法院印发了关于适用婚姻法的多个司法解释,主要有:法(民)发〔1989〕38号《最高人民法院关于人民法院审理离婚案件如何认定夫妻感情确已破裂的若干具体意见》、《最高人民法院关于人民法院审理未办结婚登记而以夫妻名义同居生活案件的若干意见》(1989年11月21日);法发〔1993〕30号《最高人民法院关于人民法院审理离婚案件处理子女抚养问题的若干具体意见》,法发〔1993〕32号《最高人民法院关于人民法院审理离婚案件处理财产分割问题的若干具体意见》,指导人民法院依法审理婚姻家庭案件。2001年至2011年,最高人民法院印发了《最高人民法院关于适用〈中华人民共和国婚姻法〉若干问题的解释(一)》《最高人民法院关于适用〈中华人民共和国婚姻法〉若干问题的解释(二)》《最高人民法院关于适用〈中华人民共和国婚姻法〉若干问题的解释(三)》。从2017年《最高人民法院关于适用〈中华人民共和国婚姻法〉若干问题的解释(二)的补充规定》到法〔2017〕48号《最高人民法院关于依法妥善审理涉及夫妻债务案件有关问题的通知》,再到法释〔2018〕2号《最高人民法院关于审理涉及夫妻债务纠纷案件适用法律有关问题的解释》,根据审判实践经验,总结提出人民法院审理婚姻家庭案件中妥善解决争议的具体指导意见和要求。进入民法典时代,《最高人民法院关于适用〈中华人民共和国民法典〉婚姻家庭编的解释(一)》与民法典同步生效。2024年4月7日,最高人民法院公布了《最高人民法院关于适用〈中华人民共和国民法典〉婚姻家庭编的解释(二)(征求意见稿)》向社会公开征求意见。可以预测,未来还会适时发布适用民法典婚姻家庭编的新司法解释。其中,婚姻家庭法原理、法律规则、权利义务分配、民事责任承担等,都值得立法者、学者、执法者和律师等进行解释和研究。每个人眼里都有一部自己理想的婚姻家庭法。

面对不断发展变化的家事法律实践,持续完善婚姻家庭纠纷解决机制和诉讼裁判规则,同样需要有深度的研究成果提供专业营养和支持。我国获准离婚的夫妻对数从 1995 年突破百万对以来,每年离婚夫妻均有数百万对之多,2018 年高达 446.1 万对。这不禁让我们思考,婚姻为什么变得如此脆弱?导致大量家庭解体的主要原因有哪些?家庭破裂后的儿童、老人面临着怎样的困境?婚姻家庭诉讼案件当事人争议焦点集中于哪些方面?家事法与商法的交叉和渗透,为包括公司股权在内的大宗财产争议增添了复杂性。如何使得司法裁判规则和裁判结果能够吻合大多数人心中期待的公平正义?大量的婚姻家事法律实务问题需要研究,诸多典型个案值得梳理。每个人心里都有一位刚正不阿、公正无私的包公。

面对结婚率下降、生育率断崖式下降、个人生活方式多元化和老龄社会的现状,婚姻家事法应该且能够承担什么样的任务和使命?在我国 14 亿总人口的基数之上,2022 年,人口自然增长率(‰)首次出现负增长,即 -0.60,其中,人口出生率(‰)是 6.77,人口死亡率(‰)是 7.37;2023 年,人口自然增长率(‰)的负数变大,达到 -1.48,其中,人口出生率(‰)是 6.39,人口死亡率(‰)是 7.87。国家民政部《2022 年民政事业发展统计公报》显示,该年依法办理结婚登记 683.5 万对,比上年下降 10.6%;结婚率为 4.8‰。根据国家民政部、全国老龄工作委员会办公室《2022 年度国家老龄事业发展公报》,截至 2022 年年末,全国 60 周岁及以上老年人口为 28004 万人,占总人口的 19.8%;全国 65 周岁及以上老年人口为 20978 万人,占总人口的 14.9%。全国 65 周岁及以上老年人口抚养比为 21.8%。国家统计局的国家数据库信息显示,2020 年我国人口平均预期寿命是 77.93 岁,其中:男性平均预期寿命(岁)是 75.37 岁,女性平均预期寿命(岁)是 80.88 岁。在银发浪潮中,形成倡导养老、孝老、敬老的社会氛围。养老是一项需要金钱、耐心、毅力和细致服务支持的艰巨任务,哪些主体应当参与分摊养老的经济支持、精神慰藉、陪护照料等方面的沉重负担?如何分配方为合理?在建立与人口老龄化和经济社会发展水平相适应的财政保障增长机制的同时,如何落实家庭应承担的养老责任?此外,了解并合理规划老年人的财务和投资,让他们的自有资金得到最大化的利用,也是一个新课题。所有这些问题,都需要重点关注和加强研究。

为推进家事法理论和实践的探讨与交流,我们策划、组织撰写出版"新时代家事法研究文丛"。邀请研究婚姻家事法的学者、立法者、法官、律师等专业人著书立说,分享其观察到的婚姻家事法前沿动态,深入探讨家事法疑难问题,评析家事法热点事件和重要案件,梳理家事法实践的最新变化,交流家事法实务操作经验,助益家事法的学术研究、立法、司法和法律服务进一步发展。我们力争"新时代家事法研究文丛"的每项研究成果都具有高质量,均能助益读者开阔思路、启迪思考,推动婚姻家庭法治事业发展,助力新时代幸福家庭建设。

2024 年 3 月 10 日

（蒋月,中国法学会婚姻家庭法学研究会副会长,厦门大学法学院/马克思主义学院教授、博士生导师;何丽新,中国法学会婚姻家庭法学研究会常务理事,厦门大学法学院教授、博士生导师。）

序

　　婚姻家庭纠纷总伴随着亲属身份以及由此而生的亲情、爱情,其处理绝不简单,有时候甚至让人左右为难、莫衷一是。无论是亲子关系、夫妻关系,还是其他亲属关系,各方当事人都分别担任着法定又具体的角色,大多数人的亲属角色终身不变。夫妻轴具有可变性:夫妻感情甚笃时,"生命诚可贵,爱情价更高";夫妻感情破裂时,部分人深感绝望甚至产生"此恨绵绵无绝期"的心理。亲子轴具有利他性,为了完成代际传承的使命,借助承担义务的手段,家庭资源总是不由自主地流向子代。故而,家庭成员之间的交往是情绪化的、场景化的,甚至按需进行的,主导行为选择的基础除了理性,还有感情。个体行为时通常难以避免考虑家庭团体利益和发展。在民法世界中,行为能力以理性为核心进行塑造,抽象的民事主体之间以自治为原理进行社会交往,"在民法慈母般的眼神中,每个人就是整个国家",对个体意志的尊重是民法至高无上的价值。《中华人民共和国民法典》通过之后,婚姻家庭法形式上回归民法。即便如此,面对具象的家庭成员时,仅仅从一般性的角度对行为进行抽象是不够的,还需要还原其在家庭中的身份角色,以便决定权利义务分配的最终情况。这种分配方式不完全等同于民法以理性为基础的分配方式,而需要依照身份差异令不同家庭成员各得其所,这种不均衡分配已突破形式平等的民法观。因此,婚姻家庭法中感性与理性交织,尊重个体自治,兼顾团体秩序,总体为了维持具有事实先在性的身份法理。

　　故而,家事司法有逐渐从民事司法中独立出来的倾向,至少其特殊性受到了越来越多的关注和尊重,因为家事司法需要回应家庭成员之间不同层次的情感结构,呈现出刚柔并济的特色。此种"柔"在于统筹化解家事纠纷,将婚姻家庭置于现代化变迁的社会环境下，不仅借助生活经验，关注习惯、风俗等传统，而且充分相信科学并发挥心理学、社会工作等作用。此种"柔"不仅解决家事纠纷本身，而且延伸至发现和解决家事纠纷背后隐藏着的个人、家庭乃至社会问题，修复人际关系。家事司法模式从刚性裁判转向柔性司法，更智能地解决争议。《家事司法中多元专家参与制》正是敏锐地从这个角度切入，讨论家事司法转型。家事司法转型是尊重家事纠纷解决的规律性之必须，同时与经由推理、归纳、演绎等严格操作程序呈现刚性而严谨、居中裁判的法院审判的经典性格相比较，其发展创新在传统司法的框架内无疑会产生一定振动甚至矛盾，于是作者另辟蹊径，借用多元专家解决家事司法的"回应性难题"。这是一种迂回战术，既保持司法审理期望的稳定性，又将家事案件中非理性的感情纠葛借助广义大众司法的智慧解决。家事司法的分工代表着一种更广阔的协作过程，本书为该种协作提供了一条可供参考的清晰路径：对裁判者而言，家事调查官的协作分担了家事案件事实查明的部分任务，因家事案件对证据还原客观事实的要求较高，司法能动性更强、干预范围更广；程序监理人的协作则更多是对当事人而言，提高其对家事程序的参与能力，尤其关注弱势家庭成员最大利益的实现，通过关系人的协助提高家事程序效率；司法社工是一个相对更加广阔、包容的概念，为司法与社会互动搭建有效链接，家事司法需动员和激励社会各界力量共同参与，建立共建共治共享的社会治理格局。本书还讨论了多元专家参与制与人民调解制之间的关系，论证了多元专家参与制应注意避免被人民调解吸收或者覆盖，应从经验干预法过渡至专业干预法，让多元专家真正成为介入法律职业共同体的"现象学家"。诚如本书作者所言，家事司法中的多元专家是精通法律业务、擅长相关学科和拥有丰富生活经验的多面手，将家事纷争涉及的复杂因素与多元样态，抽丝剥茧般、真实地展示在利益相关者的面前，帮助其做出最适当的选择。

笔者真诚地向读者推荐此书！家庭纠纷无小事。家庭是社会的基本细胞，婚姻家庭纠纷看似普通，实则非同一般，其妥善解决对个人、家庭、社会而言都极为重要。本书的论证思路清晰、资料丰富，语言表达流畅，结论具有客观性和现实应用性。作者在本书中的多处思考，颇有见地，值得仔细揣摩。建设平等、和睦、文明的家庭关系，能够成就并成全每一位家庭成员。探索高效的家事司法应该成为我国司法改革的备选项之一。本书作者冯源副教授是婚姻家庭法领域的年轻学者,她潜心探索、研究家事司法及其改进问题并独撰完成此书,令人欣喜。在本书即将出版之际,笔者衷心地向作者表示祝贺!

　　每个人享有家庭生活权,希望家庭成为每个人的温暖港湾,助力家庭成员追求幸福生活。

厦门大学法学院、马克思主义学院教授、博士生导师

中国法学会婚姻家庭法学研究会副会长

蒋月

2023 年 12 月 9 日

CONTENT

目录

第一章 家事司法转型论

| 第一节 |

家庭危机:多元专家参与制建立的时代背景

　　现代家庭在职能、结构和家庭成员关系方面均发生了深刻的变化,承担风险的能力越来越弱,家庭失灵现象更加频繁,家事司法面对着比以往更艰巨的挑战。随着司法独立成为一种普世价值,司法人员、技艺、操作规范逐渐专门化,家事司法和社会的隔阂更加明显。家事纠纷本就情理与法理交织,根植于社会传统习惯,多元专家参与制能从供给社会资源角度补充家事司法的不足。

一、家庭的现代化变迁

　　家庭既包括形式要素,又包括实质要素。家庭的形式定义多强调家不仅包括外在的居所,还包括家庭成员、物质资料。实质定义多从家庭本质的角度进行理解,学者对家庭的本质曾经有过五种争议:人口生产关系论、经济关系论、感情关系论、社会关系论、多重关系论。[①] 工业革命促成了工业社会的形成,彻底改造了家庭本来的面貌。以工业革命为界线,可以划分出关于家庭的两个"理想类型"[②]:"农业社会—传统家庭"与"工业社会—现代家庭"。工业革命对家庭关系的影响可以从三个角度理解:其一,工业革命冲击了家庭职能,传统家庭职能部分向社会转移;其二,工业革命改造了家庭关系,家庭关系由从属转为平等;其三,工业革命影响了家庭结构,家庭由扩大家庭变为核心家庭。

　　家庭职能部分向社会转移。传统家庭较为独立,列维·斯特劳斯认为:"没有家庭就没有社会。但是,如果先没有社会,也没有家庭。"[③]家庭是社会的中心,担负了大部分的社会功能,如经济、教育、宗教、娱乐等功能。[④] 帕森斯认为,现代家庭失去了很多以前所

---

　　① 马有才:《婚姻家庭研究十年概述》,载《社会学研究》1989 年第 4 期。

　　② "从一个时代的某些具有代表性的社会现象中抽象出来的某些社会状态的理想类型,可能——而这甚至是相当常见的事——在同时代的人心中呈现为实际追求的理想或者呈现为调节某些社会关系的准则。"[德]马克斯·韦伯:《社会科学方法论》,韩水法、莫茜译,中央编译出版社 1999 年版,第 44 页。

　　③ [法]安德烈·比尔基埃等:《家庭史:遥远的世界、古老的世界》,袁树仁等译,生活·读书·新知三联书店 1998 年版,第 100 页。

　　④ 陈功:《家庭革命》,中国社会科学出版社 2000 年版,第 26 页。

具有的职能,转而被其他社会组织代替。社会化的保育、教育、养老、医疗卫生等事业得到长足发展,相关福利保障制度也逐渐建立;在衣食住行的诸多方面,都不必由家庭亲力亲为,可通过购买服务来实现。[1] 家庭只剩下承担孩子个性建立和维持成人性格稳定的作用。家庭主要为了保证其成员之间的感情而存在。[2] 故而,在学者的共识中,家庭目前承担基本经济职能和重要的情感职能,后者指向家庭成员之间情感的维系。就我国的现状来看,中国家庭仍具有子女中心主义的特点,即养育子女是家庭的主要功能,这也符合儒家文化的传统。[3] 在儒家文化中,育幼和养老是家庭实现代际传承的重要方面,"老吾老,以及人之老;幼吾幼,以及人之幼";也是考察一个人品行的重要指标,"子曰:'弟子入则孝,出则弟,谨而信,泛爱众,而亲仁。行有余力,则以学文'"。即便如此,育幼和养老也并非绝对属于家庭私务,也成为社会、国家介入的合法之地。某些家庭职能的衰落,比如生产性职能和保护性职能转向社会和国家,家庭机构从一种严格的等级机构向一种个人之间的伙伴关系发展,最终家庭成员获得解放。现代社会中的家庭,虽然也体现为一种"简单社会再生产"的模式,但在家庭发展和流动的过程中,更易发生夫妻之间和代际矛盾,被解放的家庭成员是倾向于个人主义的,"在农村,土地成为集体财产,家长权利缩小,分家变得相对容易;在城市,单位逐步代替家庭成为众多功能的实施主体,包括年轻人的居住与托育安排、老年人的养老保障,这样使得个体对大家庭的功能依赖逐渐变小"。[4] 这种过程伴随着奉献和牺牲,这种危机家庭无法消化,需要依赖外力解决。

家庭关系由从属转为平等。学者蒋月提出,家庭关系由从属转为平等是近代以来家庭法变法之最。[5] 弗里德里希·冯·恩格斯(Friedrich Von Engels)认为个体婚制的产生基于经济条件的发展,发生于私有制对抗原始的自然长成的公有制并取得胜利之时,丈夫在家庭中居于统治地位。[6] 丈夫是一种支配身份,而统治地位则说明了被支配身份的从属地位。无论在东方世界,还是在西方世界,对家父权(家长权)都有浓墨重彩的描

---

① 杨菊华、何炤华:《社会转型过程中家庭的变迁与延续》,载《人口研究》2014 年第 2 期。

② [法]弗朗索瓦·德·桑格利:《当代家庭社会学》,房萱译,天津人民出版社 2012 年版,第 13 页。

③ Jia Yu & Yu Xie, Is There a Chinese Pattern of the Second Demographic Transition?, *China Population and Development Studies*, 2022, Vol.6, p.244.

④ 李婷、宋健、成天异:《中国三代直系家庭变迁:年龄、时期、队列视角的观察》,载《人口学刊》2023 年第 3 期。

⑤ 经过百年变革,中国婚姻家庭法的现代转型主要体现如下:婚姻缔结由父母包办转向由当事人自己做主,婚姻解除由夫权离婚转向自由离婚;婚姻形态由传统的一夫一妻多妾制转向一夫一妻制;家庭关系由从属转向平等,男女平等、夫妻平等、父母子女平等、父系亲与母系亲平等;保护人权;性别平等;儿童权利优先。蒋月:《20 世纪婚姻家庭法:从传统到现代化》,中国社会科学出版社 2015 年版,第 70 页。

⑥ [德]弗里德里希·冯·恩格斯:《家庭、国家和私有制的起源》,中共中央马克思恩格斯列宁斯大林著作编译局译,人民出版社 2003 年版,第 62 页。

述,"年龄和性别属性在家庭关系的维系中起着核心作用,长幼尊卑、男主女从是主导家庭关系的基本原则"。"从属"与"平等"都可以作为对家庭成员之间关系的评判,近代以来权利能力制度的建立能够完全消除家庭成员之间的不平等性,权利能力和行为能力的二分为父母子女的抽象平等奠定了理论基础。《中国家庭发展报告 2014》指出,中国的家庭关系正在由传统走向现代,民主、平等的新型家庭关系正在越来越多的家庭中确立,具体来说包括五大方面转变:从血亲主位转变为婚姻主位;从父系父权转变为夫妻平权和亲子平权,家庭成员无论性别、年龄和辈分,都拥有平等的权利;从男性家长专制转变为家庭民主决策,妻子在家庭事务中拥有平等的发言权和决策权;个体家庭本位取代了家族本位,家庭的私人性和独立性显著增强,并加强了家庭权力的稳固性;家庭生活的主体意义从传宗接代的工具性价值转变为家庭幸福和家庭成员的自我实现。"平等"本身也涉及形式平等与实质平等二分,自然法上的平等得到了实定法的确认,形式平等产生,"每个人都潜在地拥有跟其他人同等的权利"①。实质平等含有对形式平等的矫正意义,是一种保护弱者的思想,考虑到了不同人所处的现实状态。

家庭结构由扩大变为核心。古德认为,在家庭现代化理论之下,家庭结构由扩大家庭转变为夫妇式家庭,②但围绕"家庭是否存在扩大化到核心化的历史变迁"的问题,30年来社会学家和历史学家依然争论不休。③ 从结果出发,可以确信的是在工业社会后核心家庭发挥着越来越重要的作用,因而它受到人们的极大关注。第 7 次全国人口普查数据显示,受人口流动、年轻世代婚后独立居住等因素的影响,中国家庭户规模持续缩小,2020 年的户均人数降至 2.62 人,核心家庭户已经成为中国家庭的主要形态。④ 有代表性的观点认为,"中国人口转变和社会转型的过程中,随着低生育率的持续和城市化的推进,以及住房条件的改善和家庭观念的转变,越来越多的大家庭'裂变'为小家庭"⑤。甚至出现越来越多的微型化家庭,即单身家庭,也反映一些家庭正在走向瓦解:有一些人选择进入或者离开婚姻家庭取决于个人的主观感受,不再被社会主流道德所捆绑,个体婚姻家庭观的多元化和家庭责任感的淡漠化,导致在危机来临时刻,家庭共同体往往不堪一击。核心家庭中存在父亲—母亲—子女的稳定三角结构,雷蒙德·弗思(Raymond Firth)主张:"荧幕上和舞台上的'永恒的三角'是两男一女在感情上的冲突。在人类学者

---

① [德]弗里德里希·冯·恩格斯:《家庭、国家和私有制的起源》,中共中央马克思恩格斯列宁斯大林著作编译局译,人民出版社 2003 年版,第 69 页。

② [美]马克·赫特尔:《变动中的家庭——跨文化的透视》,宋践、李茹等译,浙江人民出版社 1988 年版,第 38~42 页。

③ Steven Ruggles, The Transformation of American Family Structure, *The American Historical Review*, 1994, Vol.99, p.103.

④ 《第 7 次全国人口普查主要数据报告》,http://www.stats.gov.cn/tjsj/zxfb/202105/t20210510_1817176.html,最后访问时间:2022 年 10 月 1 日。

⑤ 彭希哲、胡湛:《当代中国家庭变迁与家庭政策重构》,载《中国社会科学》2015 年第 12 期。

看来,真正'永恒的三角'是由共同感情结合起来的孩子和他的父亲、母亲,即'基本家庭'。①费孝通也认为,"婚姻的意义就在建立这社会结构中的基本三角"②。在核心家庭中,存在夫妻和亲子两种重要的家庭关系。在西方经典家庭现代化理论中,夫妻关系将取代代际关系成为家庭关系的轴心;在我国,至少两者同等重要,"既涵盖了子代包括女性在现代家庭中的地位和权力的上升(相较于传统家庭中的父系家长),也体现了传统父系家庭和代际关系的强韧性"③。在夫妻关系更加重要的现代社会,男女双方更加注重夫妻之间的情感交流、亲密关系,下行性代际关系的处理中所需要承担的义务和责任,既由家庭承担,同时转向社会。

二、家庭变迁对多元专家制的期许

从横向上分析,在家庭向现代化发展变迁的过程中,家庭的冲突与矛盾更加激烈。除了占主要地位的核心家庭之外,多元化的家庭开始出现。托夫勒曾预测,在第三次浪潮到来之时,家庭将长期没有一个单一模式,将看到高度多样化家庭结构的出现,而小家庭只是为社会所接受和赞同的多种家庭模式中的一种,人类将生活在一个包括独居、不育、离异、单亲、多父母、同居等多样化家庭形式的社会中。④这些类型的家庭将会产生更多不同家庭成员之间的情感冲突、经济纠纷;现代社会家庭成员之间人格平等,在自由主义价值观的导向之下每个人都希望实现自身诉求,而且似乎每个人都享有这样做的平等权利,权利冲突无可避免。⑤吊诡的是,人格独立并非意味着现实中的完全自立。由于竞争的激烈化,父代家庭为了解决子代家庭在社会中的生存问题,会提前转移家庭资源,故而"家庭资源也不再对所有家庭成员开放,而是主要集中在了子代家庭,传统时期的'恩往下流'观念出现了异化,子代家庭利用缔结婚姻所需支付的彩礼,实现了对家庭资源的提前转移,彰显出代际剥削的基本逻辑"⑥。代际冲突比以往更加频繁,有些矛盾来源于父母以资源牺牲为代价换取对子代家庭的控制,也有些冲突基于父母即使付出资源为代

---

① [英]雷蒙德·弗思:《人文类型》,费孝通译,商务印书馆 2010 年版,第 92 页。

② 费孝通:《乡土中国 生育制度 乡土重建》,商务印书馆 2014 年版,第 206 页。

③ 赵凤、计迎春、陈绯念:《夫妻关系还是代际关系?——转型期中国家庭关系主轴及影响因素分析》,载《妇女研究论丛》2021 年第 4 期。

④ [美]阿尔文·托夫勒:《第三次浪潮》,黄明坚译,中信出版社 2006 年版,第 295～300 页。

⑤ 学者认为,"过去,家庭解体主要源于配偶的亡故;今天,离异也是重要因素。中国于 2000 年正式进入老龄化社会,离婚水平也在 2000 年后更加快速增长,故出现了老年家庭的解体推迟与年轻家庭的解体提前的并存现象"。杨菊华:《生命周期视角下的中国家庭转变研究》,载《社会科学》2022 年第 6 期。

⑥ 田孟:《从家庭转型到家庭发展:家庭社会学研究的新动向》,https://kns.cnki.net/kcms/detail/62.1015.C.20221114.1157.004.html,最后访问时间:2023 年 1 月 15 日。

价也仍然一味妥协，直到支持衰减、地位边缘化到极限而爆发家庭矛盾。因为家庭职能的减少，不同类型的家庭问题难以依靠家庭自身消化吸收，随着全能式家庭的解体，家庭身份的威慑力变差，家庭的秩序便难以自发维持，需要依赖新的社会机构解决。

从纵向上分析，家庭生命周期理论解释了家庭的脆弱性。美国学者 P.C. 格里克（P.C.Glick）从人口学的角度提出了家庭生命周期的概念，认为家庭有其自身的产生、发展和自然结束的运动过程，一般把家庭生命周期划分为形成、扩展、稳定、收缩、空巢和解体六个阶段。[1] 杜瓦尔（Duval）进而指出，就像人的生命那样，家庭也有其生命周期和不同发展阶段中的各种任务，而家庭作为一个单位要继续存在下去需要满足不同阶段的需求，包括生理需求、文化规范、人的愿望和价值观。[2] 朗特里（Rowntree）发现家庭在两个阶段极易滑向贫困的边缘：儿童年幼尚且无法工作之时，儿童长大离开家庭而父母年老无法工作之时。[3] 就我国的现状来看，家庭的生育、养育成本往往集中于居住、教育、医疗等重要板块，如果育幼工作无法获得其他家庭成员的帮助或者社会、国家的福利支持，主要由家庭的年轻人来承担，那么工作时间便会相应减少，不理想的经济状况会加剧家庭危机的爆发；子女同时也需要承担繁重的养老责任，即使目前有些家庭子女与父母已不同住，但父母仍然直接或者间接从子女处获得经济支持和日常照料。学者认为，对于老人来说，"花儿女的钱"和"花国家的钱"有着截然不同的含义，通过家庭成员获得情感和心理上的满足更是任何专业的社会服务都无法取代的；但问题在于，在制度长期缺位的情况下，中国当代家庭和家庭网络在承担养老责任面前已举步维艰。[4]

综上，由于家庭职能向社会转移，所以其自治性减弱，家事司法需要依赖专门社会机构解决，但风俗习惯、家庭传统的影响力仍然根深蒂固，随着司法逐渐成为一种成熟的技艺和专门的知识，司法人员仍然无法忽视这种软作用力的影响。家庭成员之间虽然人格平等，但家庭成员也存在强弱有别的现实情况，存在供养与被供养、依赖与被依赖的关系。如果强者不顾法律义务、责任，漠视血缘所建立的情感，家庭职能失灵之下弱者权利被侵害也非绝无可能，所以家庭关系有时在强调形式平等的基础上自带弱者保护的滤镜，主动向实质平等价值靠拢；但实质平等的度量并不容易，法律地位平等往往只具备形式意义，实质平等却需要根据相关复杂的社会因素综合评估。在家庭结构走向多元化的过程中，原本"丈夫—妻子—子女"所建构的稳定三角形模式不断受到挑战，每个人根据自己的需求，或者在客观因素的推动下建立多元化的家庭形式，某些脆弱的家庭结构危

---

① 邓伟志、徐新：《家庭社会学导论》，上海大学出版社 2006 年版，第 22 页。

② 邓伟志、徐新：《家庭社会学导论》，上海大学出版社 2006 年版，第 22 页。

③ Tamara Hareven, Cycles, Courses and Cohorts: Reflections on Theoretical and Methodological Approaches to the Historical Study of Family Development, *Journal of Social History*, 1978, Vol.12, p.98.

④ 彭希哲、胡湛：《当代中国家庭变迁与家庭政策重构》，载《中国社会科学》2015 年第 12 期。

机频发。即便是稳定的核心家庭,也无法脱离生命周期的自然规律,在某些脆弱的时间节点矛盾丛生。在对家庭纠纷进行总括观察中发现,无法脱离习惯并且植根于社会便是家庭的宿命。故而,家庭纠纷的解决,既需要拯救危机家庭、治愈家庭问题,也需要使死亡婚姻的家庭成员获得解脱、走向新的生活;既需要平衡夫妻之间甚至夫妻以外第三人的合法权益,又需要对家庭中弱者的利益倾斜关怀。家庭共同体中风险承担与利益共享二元并存,从巩固家庭共同体的立场出发,司法手段稍显刚性、对抗性强,应从家庭责任—社会责任一体共振的角度,寻找新的路径、调动更好的社会资源,这样方能实现争议解决之妥帖、适当、圆满。

| 第二节 |

人类命运共同体视域下家庭关系的生成逻辑

寻找家事司法的出路,既需要从家庭的现代化变迁中追根溯源,又需要明确婚姻家庭关系的理想状态。回顾过去,展望未来,才能够明确家事司法改革努力的方向。在理想状态下,应该以人类命运共同体理论看待家庭关系的生成逻辑。人类命运共同体理论是新一代共产党人将自己置身于世界历史发展中的高度所提出的真知灼见,既体现了将国家利益与世界人民利益相统一的立场,又反映了共产党人对理想社会孜孜不倦、奋力追求的勇气和决心。人类命运共同体作为价值观于2012年在党的十八大报告中正式提出。2015年习近平总书记在联合国总部的讲话中又阐释了"人类命运共同体"的核心思想:"当今世界,各国相互依存、休戚与共。我们要继承和弘扬联合国宪章的宗旨和原则,构建以合作共赢为核心的新型国际关系,打造人类命运共同体。"[①]党的二十大报告指出,"构建人类命运共同体是世界各国人民前途所在",并将"推动构建人类命运共同体"列为中国式现代化的本质要求之一。[②] "人类命运共同体"的命题属于价值哲学的组成部分,又为社会交往方式贡献了中华智慧。在共同体的团体结构中,摩尔根提出了自然共同体、氏族共同体、国家共同体的思想范畴,滕尼斯提出了血缘共同体、地缘共同体、精神共

---

① 习近平:《携手构建合作共赢新伙伴 同心打造人类命运共同体》,载《人民日报》2015年9月29日第2版。

② 习近平:《高举中国特色社会主义伟大旗帜 为全面建设社会主义现代化国家而团结奋斗——在中国共产党第二十次全国代表大会上的报告》,http://www.gov.cn/xinwen/2022-10/25/content_5721685.htm,最后访问时间:2023年5月20日。

同体等概念。① 党的十八大以来,习近平总书记在不同场合多次谈到要"注重家庭、注重家教、注重家风",强调"家庭的前途命运同国家和民族的前途命运紧密相连"②。以人类命运共同体的视角观察家庭关系的生成逻辑为防止家庭危机、维护家庭和谐提供了重要思想源泉。

一、人类命运共同体对家庭共同体的价值关切

家庭共同体、人类命运共同体同属于共同体的话语体系。"人的本质不是单个人所固有的抽象物,在其现实性上,它是一切社会关系的总和。"③人结成多元社会关系而生活、存在和发展,是由家庭关系作为共同体的起点。在较早的时期,家庭关系成为不爱好单一、孤独之人结束自然状态之后的选择。黑格尔认为家庭、市民社会和国家代表了人类历史发展中三种不同的伦理关系和秩序,三种关系和秩序是渐次演进的。④ 作为超越个体之后的选择,黑格尔选择国家作为个体与共同体的最终和解方案,但国家无法避免越来越多的"家庭失灵"现象。人类命运共同体理论作为马克思"共同体"思想的当代创新,为家庭关系的相处模式提供了新的解决思路。

(一)个体、家庭共同体与人类命运共同体的渐进关系

共同体是对个人主义的超越。每一次共同体的进化或者升华历程,都伴随着对个人主义的不满。个人主义的人在卢梭对自然状态的描述中被进行了清晰的勾勒,"自然状态中的人,整日游荡于森林中间,没有劳役,没有语言,没有家庭,既不知何谓战争,也不知何谓关系,他们对同类没有任何需求,也没有任何伤害他们的念头,甚至于根本不能区分他们谁是谁"。⑤ 在经验的驱使下,结成群体更有利于满足追求自身幸福的动机,当相互之间存在朴素义务的模糊观念定格,家庭便成为结束个人主义第一个划时代的变革,"一切社会中最古老的而又唯一自然的社会,就是家庭"。⑥ 马克思在《德意志意识形态》

---

① 赵振辉:《论人类命运共同体的建构逻辑及当代价值》,载《北方民族大学学报(哲学社会科学版)》2019 年第 4 期。

② 殷伟豪:《注重家庭、注重家教、注重家风,习近平总书记这样说》,http://www.china.com.cn/legal/2017-02/10/content_40259773.htm,最后访问时间:2023 年 1 月 31 日。

③ [德]恩格斯:《路德维希·费尔巴哈和德国古典哲学的终结》,中共中央马克思恩格斯列宁斯大林著作编译局译,人民出版社 2000 年版,第 52 页。

④ 李丽丽:《人类命运共同体的思想史溯源——个体和共同体关系的视角》,载《江西社会科学》2018 年第 5 期。

⑤ [法]卢梭:《论人类不平等的起源》,高修娟译,上海三联书店 2009 年版,第 46 页。

⑥ [法]卢梭:《社会契约论》,何兆武译,商务印书馆 2008 年版,第 5 页。

中指出,共同体之形成源于人的以劳动为基础的存在方式。① 家庭劳动所结成的血缘共同体为个体提供了持续可依赖的载体,完成了种族的延续,这是其自发形成的利益动因。

职是之故,家庭作为自然共同体已成为共识。在人类社会形态更替演进的理论逻辑路径之下,"自然的共同体"对应"人的依赖性"状态。② 在这样的共同体状态之下,共同利益的实现成为普遍的价值诉求,个人利益退居其次。摩尔根认为,作为自然共同体的家庭,发展与"生活资料、生产的进步"③并行,故而以"血缘、地缘"等方式形成。滕尼斯认为,"血缘共同体发展着,并逐渐分化成地缘共同体;地缘共同体直接地体现为人们共同居住在一起",前者"联系的是人们的共同关系以及共同地参与事务,总的来说,就是对人类本质自身的拥有",后者"建立在对土地和耕地的占有的基础上"。④ 所以,自然共同体作为社会关系发展的初级阶段具有以下特点:一方面,为了克服恶劣的自然环境,利用有限的自然资源而结成群体,实现利益共享;另一方面,为了维持共同生活的延续性,个人利益让位于集体利益,但在社会意义上,无论是"个体意识",还是"共同体"的意识尚未真正形成。这样的自然共同体难以避免走向衰落、解体的命运。

当"自然共同体"逐渐转向以"对物的依赖"关系而形成的新型共同体国家之时,⑤由于契约伦理的盛行,另一种个人主义便产生了。市民社会、国家的相继形成,将"自然共同体"中利益混沌不明的状态界分个人利益与公共利益,对应私人领域和公共领域的不同范畴。市民社会⑥是个人私利的战场,国家是"契约共同体"。霍布斯认为通过契约建立国家共同体有利于摆脱不利于幸福生活的状态、进入完美的生存条件;⑦卢梭主张人们应该通过社会契约建立民主共和国即政治共同体,以维护人们的自由平等的自然权利。⑧契约伦理具有很强的个体面向,如果个人利益与他人利益始终存在矛盾,各国利益和他

---

① 高惠珠、赵建芬:《"人类命运共同体":马克思"共同体"思想的当代拓新》,载《上海师范大学学报(哲学社会科学版)》2018 年第 6 期。

② [德]马克思、恩格斯:《马克思恩格斯文集》(第 8 卷),人民出版社 2009 年版,第 52 页。

③ [德]马克思、恩格斯:《马克思恩格斯选集》(第 4 卷),人民出版社 2012 年版,第 29 页。

④ [德]斐迪南·滕尼斯:《共同体与社会》,商务印书馆 2019 年版,第 87 页。

⑤ 赵华珺:《马克思主义哲学视域下人类命运共同体建构》,载《重庆社会科学》2019 年第 7 期。

⑥ "市民社会的劳动组织,按照它特殊性的本性,得分为各种不同的部门。特殊性的这种自在的相等,在组合中作为共同物而达到实存;因此,指向它的特殊利益的自私目的,同时也就相信自己并表明自己为普遍物,而市民社会的成员则依据他的特殊技能成为同业公会的成员。所以同业公会的普遍目的是完全具体的,其所具有的范围不超过产业和它独特的业务和利益所含有的目的。"[德]黑格尔:《法哲学原理》,范扬、张启泰译,商务印书馆 1961 年版,第 249 页。

⑦ [英]霍布斯:《利维坦》,黎思复、黎廷弼译,商务印书馆 1985 年版,第 72、131～132 页。

⑧ 张森林:《人类理想社会境界追寻的新内涵及实现的新路径——习近平"人类命运共同体"思想研究》,载《思想政治教育研究》2019 年第 4 期。

国利益难以调和,不超越个人主义、超越单个国家主义,无异于"虚幻的共同体"①,很难达至马克思所述"自由人的联合体"的状态。故而,习近平总书记关于"人类命运共同体"的理论应运而生,以全新的视角思考涉及人自由全面发展的重要问题,体现了人类根本利益、共同追求与共同价值,丰富了马克思"真正的共同体"的思想。

(二)人类命运共同体理念对现代家庭关系的影响

进入现代,由于契约伦理对婚姻家庭的冲击,个人主义的观念又复苏。梅因认为,所有进步社会的运动是一个"从身份到契约"的运动,②在这种新的社会秩序中,所有这些关系都是因"个人"的自由合意而产生的。③个人主义的观念为婚姻家庭带来了结构性的危机:传统家庭能够较好维持"集体主义"的自治,一体承担生产、生育、教育、宗教、保护等各项职能,较高程度地贯彻家长意志。但当新科技革命带来多元化的家庭,④多元化的家庭背后是多元主义的价值观,⑤家庭形式越发不够稳定。也有学者从家庭生命周期理论出发,证实了家庭的脆弱性。⑥故而,在脆弱的、小型化的家庭中,由扩大的社会分工承接家庭分化的部分职能;同时,家庭身份被改造成平等的家庭成员角色,为单个家庭成员的意思自治提供了充分的发挥余地。正基于此,家庭关系比以往冲突更频繁、激烈;当矛盾凸显、分歧发生之时,衰落的家庭自治无法消解现有问题,平等的法律地位与个人主义的观念促成每一方尽力争取自我愿望达成,难以退让。

人类命运共同体之"同",来源之一即中华文化的大同思想,"大道之行也,天下为公。选贤与能,讲信修睦。故人不独亲其亲,不独子其子,使老有所终,壮有所用,幼有所长,矜、寡、孤、独、废疾者皆有所养,男有分,女有归……"。大同思想以"户"为单位,体现了传统家庭的社会交往伦理:这种由己推人的和合文化肯定家庭中的血缘亲情、人伦秩序,并以大公无私的精神在时间和空间范围内予以延展,奉行由家至国的利他主义。人类命运共同体首先建立于家庭之大同的基础之上,推及不同国家,不同文化的相处方式,主张"人类面对共同的问题、挑战和机遇,人类意识、天下意识成为必然"⑦。人类命运共同体作为一种伦理共同体、精神共同体,与马克思共产主义的社会理想一脉相承。在虚幻的

---

① 个体在"政治共同体"中的自由并不是真正的自由。"由于这种共同体是一个阶级反对另一个阶级的联合,因此对于被统治阶级来说,它不仅是完全虚幻的共同体,而且是新的桎梏。"[德]马克思、恩格斯:《马克思恩格斯文集》(第 1 卷),人民出版社 2009 年版,第 571 页。

② [英]梅因:《古代法》,沈景一译,商务印书馆 1959 年版,第 112 页。

③ [英]梅因:《古代法》,沈景一译,商务印书馆 1959 年版,第 111 页。

④ [英]阿尔文·托夫勒:《第三次浪潮》,黄明坚译,中信出版社 2006 年版,第 295～300 页。

⑤ [英]以赛亚·伯林:《自由论》,胡传胜译,江苏人民出版社 2003 年版,第 244～245 页。

⑥ Tamara Hareven, Cycles, Courses and Cohorts: Reflections on Theoretical and Methodological Approaches to the Historical Study of Family Development, *Journal of Social History*, 1978, Vol.12, p.98.

⑦ 郭清香:《大同社会理想与人类命运共同体构建》,载《道德与文明》2019 年第 6 期。

共同体中,个人陷入资本主义异化劳动的旋涡,并非自由、何谈自主,只是体现为人格化的资本。如今的家庭共同体体现出对物,即家庭财产关系的过分依赖,家庭关系存在被异化的危机,与大同的思想理念、人类命运共同体的基本价值观相去甚远。这样的个人主义,将婚姻理解为"一种契约,是一种法律行为,而且是最重要的一种法律行为,因为它就两个人终生的肉体和精神问题作出规定"。①

是故,坚持人类命运共同体理念有利于纠正如今在家庭关系中被过分强调的个人主义的观念;从具体价值观的角度,本理念又同时塑造着新型的家庭关系。人类命运共同体理念帮助树立家庭正义观,平衡家庭关系中自由和平等的价值。在马克思的语境中,公平正义的核心内涵就是自由和平等,人类命运共同体是公平正义的人类共同体。② 按照人类命运共同体的正义价值观,家庭正义中的平等体现为男女平等、机会均等,保障各自的尊严和自主性;自由作为评判家庭关系最终的评价尺度,自由的获得体现为家庭成员实现身心的全面发展。人类命运共同体理念在建立价值共同体的基础上,帮助家庭关系实现利益共同体和责任共同体的合二为一。家庭关系以共同生活为基础,利益共同体的建构是对家庭的正向激励与推动,关键在于"共享原则",家庭资源夫妻共享、协力服务家庭发展,摒弃家庭中的强权支配思维和自我牺牲观念,建立相互尊重、合作共赢的新型家庭关系;而责任共同体的建构是对家庭的反向约束与规制,关键在于"义务承担",家庭成员应主动为对方承担情感、经济责任,避免冲突与对抗。

二、以经济关系为基础的家庭共同体的生成逻辑

人类命运共同体的理念在塑造家庭正义观时,具体到家庭财产关系,将家庭共同体视为"以共同生活为基础的利益共同体"。诚然如此,应该避免对"利益共同体"生成逻辑的理解谬误,而导致夫妻财产关系的异化。"利益共同体"并非属于"契约逻辑",在后者基础上建立起来的夫妻财产共同体只能沦为"虚幻的共同体"。夫妻关系的契约逻辑最早由康德提出,虽然在推翻以人身依附关系为基础的封建婚姻家庭观上具有进步性,但本质上与资本主义商品经济发展要求相适应;严守"契约逻辑"还易造成强调家庭成员法律地位形式平等的谬误,走向婚姻"个人主义"。

(一)"契约逻辑"之下"家庭原子化"的发展趋势

梅因认为,"现代法律允许人用协议的方法来为自己创设社会地位"。③ 契约逻辑内

---

① [德]马克思、恩格斯:《马克思恩格斯选集》(第 4 卷),人民出版社 2012 年版,第 91 页。
② 邹广文、杨雨濛:《马克思正义思想对构建人类命运共同体的启示》,载《山东社会科学》2018 年第 3 期。
③ [英]梅因:《古代法》,沈景一译,商务印书馆 1959 年版,第 196 页。

含意思自治的基本精神,而平等是自治的前提,故而契约逻辑与形式平等是一对孪生兄弟,契约的应用使得个人利益与他人利益能够基本达致微妙的平衡。以上优势令契约帝国的版图星光璀璨,"不仅一切代理、委托、代办制度建立在契约关系之上,而且合伙、公司都是通过契约的缔结而形成的,契约标的的无限制性还把人本身纳入了契约标的范围"①。家庭关系也成为被契约改造的对象,尤其是财产关系:一方面,从夫妻财产制的形成来看,共同财产制的因素在减少,分别财产制的因素在增加;另一方面,从夫、妻与第三人之间关系的角度来看,夫妻处分共同事务的权限在缩减,个人事务个人负责的情形在不断丰富。

在家庭共同体的外衣包裹下,婚姻和谐观被显而易见地建构了,这样的和合文化虽然初步判断符合人类命运共同体的基本理念,但细究起来,由于片面强调男女形式平等和交易安全等价值,夫妻财产关系的建构逻辑又被暗度陈仓为"契约逻辑"。我国台湾地区学者林秀雄认为,"市民法的典型夫妻财产制是分别财产制,具有社会法性质的夫妻财产制是共同财产制"②;大陆也有学者曾提出,"从男女平等的角度而言,最理想的夫妻财产制是分别财产制"③。我国的夫妻财产制虽然是婚后所得共同制,但"契约逻辑"已经逐渐渗透至夫妻财产关系的各个环节中,使得在婚姻关系存续的各个阶段,除非另有约定,否则个人财产无论如何也无法转化为夫妻共同财产。《民法典》的多处规定能够反映这个问题,如婚姻关系存续期间单方举债规则体系的不断完善过程,反映了夫妻财产关系的立法价值存在不断向交易安全进行妥协的倾向。

在"契约逻辑"之下,家庭是原子化的家庭,夫妻共同体的关系相对松散,"普遍物已经破裂成了无限众多的个体原子"。④ 这不是家庭夫妻关系的正常形态,撕开家庭关系的外衣,其实是原子化的个人。更多地抛却共有,回归生产资料个人私有,则个人而不是家庭成员成为生活关系的中心,"个体是第一位的,社会是第二位的,而且,对个体利益的确认优先并独立于个体之间的任何道德的或社会的纽带的建构"⑤。故而,婚姻的约束徒具形式,背后的个人才是夫妻生活的主体,夫妻单方以自己为目的,若目的不达,则家庭会面临碎片化或分崩离析的命运。

(二)"利益共同体"与"契约逻辑"的本质差异性

源于儒家大同思想的人类命运共同体理念,精髓在于"各美其美,美人之美,美美与

---

① 栾爽:《社会变迁与契约法制——关于近代中国社会的一种考察》,载《政治与法律》2013 年第 9 期。

② 林秀雄:《夫妻财产制之研究》,中国政法大学出版社 2001 年版,第 12~17 页。

③ 陆静:《大陆法系夫妻财产制研究》,法律出版社 2011 年版,第 176 页。

④ [德]黑格尔:《精神现象学》(下卷),贺麟、王玖兴译,商务印书馆 1979 年版,第 33 页。

⑤ [美]A.麦金太尔:《追寻美德》,宋继杰译,译林出版社 2003 年版,第 318 页。

共,天下大同"。是故,人类命运共同体中的"利益共同体"是利己主义与利他主义相统一的,至少利他主义占有相当重要的成分。人类命运共同体超越了单个国家,是"中国特色的'国际主义'"①。是故,国与国之间休戚相关、福祸一体、生死与共,"要求摈弃以往那种全然不顾他人、他国正当利益的利己主义和非此即彼的零和思维,建设一个和谐共生、共同发展、持久和平的和谐世界"。② 寻找各国的利益共同点,在手段上互利共赢,建立国与国之间一荣俱荣、一损俱损的关系,是人类命运共同体的本质。习近平总书记强调,"只要我们牢固树立人类命运共同体意识,携手努力、共同担当,同舟共济、共渡难关,就一定能够让世界更美好、让人民更幸福"③。从局部与整体的关系理解"利益共同体":在局部,"利益共同体"将利己主义和利他主义等量齐观;在整体,这样的"利益共同体"符合功利主义的思想,是为了实现全体人民的最大幸福。所有的共同体本质上都是利益共同体。④既然"家庭共同体"应该受到"利益共同体"价值观的总体涵摄,各成员在家庭中利益立场是一致的,即达成共同生活的经济目的,为了这个愿望的满足,家庭的向心力应当优先于个人利益,家庭的向心力通过家庭成员的利他主义来实现。若个人的自主性过强,共同目的则不达,家庭关系面临解体;反之,倘若无限度牺牲自主性,家庭中义务的成分过于浓厚,人对进入家庭关系将始终保持戒备心。

"利益共同体"不等同于"契约逻辑",前者的出现完全是为了克服后者的不足。启蒙运动之后,人的理性价值得到了极大的张扬,出现了"原子式"的个人。原子式的个人作为理性的主体,与人交往时进行理性的精密计算,个人利益的最大化成为追求的主要价值,而"契约逻辑"赋予这种行为正当性,契约形式成为保护这种行为的手段。即便如此,以追求个人利益为最高宗旨的个人最终发现他们自己处于"囚徒困境"之中,在这个困境中每个人都试图实现其目标,然而,没有人能够在其中实现他们最满意的结果。⑤ 没有共同体的约束,契约的逐利性将无止境地被放大,对家庭成员亦是如此。过于张扬契约逻辑,夫妻之间的关系相对松散,对方沦为利益实现的工具,家庭伦理和整体发展将被弱化。

① 李爱敏:《人类命运共同体:理论本质、基本内涵与中国特色》,载《中共福建省委党校学报》2016年第2期。

② 王泽应:《论构建人类命运共同体的伦理意义》,载《北京大学学报(哲学社会科学版)》2017年第4期。

③ 习近平:《共担时代责任 共促全球发展——在世界经济论坛2017年年会开幕式上的主旨演讲》,http://ex.cssn.cn/dzyx/dzyx_llsj/201701/t20170118_3388104_3.shtml? COLLCC = 3761221971&,最后访问时间:2023年2月1日。

④ 任守双:《人类命运共同体:马克思世界历史思想的新时代表述》,载《学术交流》2018年第5期。

⑤ [美]杰拉德·高斯:《当代自由主义理论:作为后启蒙方案的公共理性》,张云龙、唐学亮译,江苏人民出版社2014年版,第105页。

三、以情感关系为基础的家庭共同体的生成逻辑

人类命运共同体和家庭共同体在社群主义的外观之下，手段上均体现为对个人主义的超越，而本质上同属于伦理实体。人类共同体理论对抗机械自然观①，家庭共同体对抗原子化的家庭观。在共同体的层面上，社群主义（共同体主义）如此看待个人和共同体之间的关系：一方面，"人格个体"是"真正的共同体"的主体；另一方面，"人格个体"只有在"真正的共同体"中才能实现。② 共同体自有其作为支撑的伦理内核。黑格尔认为，伦理实体作为蕴含特殊性与普遍性相统一的社会关系与包含差别对立的社会共同体，家庭、市民社会与国家都是普遍性的伦理实体。③ 从人类命运共同体的角度来看，伦理性体现为以人为本，但强调了人本身、人结成的社群（国家）作为主体的谦抑性；从家庭共同体的角度来看，伦理性体现为克服个人主义，强调家庭成员的责任和担当。是故，伦理共同体也是一种精神共同体、信仰共同体。

（一）"情感关系"与"责任共同体"的本质耦合性

家庭作为血缘共同体在近代以来走向衰落和解体，而作为责任共同体在现代获得重生。较早时期，家庭作为原始共同体，也象征着一种初级关系，以血缘为基础、以身份为工具。美国家庭法学者埃什尔曼④以及我国学者巫若枝提出这样的观点，因对"骨肉相连"形成的血缘关系有较高的依赖，所以"初级关系的维持和初级群体的控制，主要通过习惯、风俗、伦理道德以及群体意识等非正式手段实现"⑤。身份作为工具，如起源于罗马法的家父权，包括对作为家庭成员因而隶属于家长的妇女行使的权力，⑥而韦伯认为家长制在古代以及中世纪的欧洲和日本可以看到，1958 年有斐阁出版的《社会学词典》中"家长制"被解释为作为"家长的男子通过家长权来支配和统率家庭成员的家庭形态"。⑦ 近代以来的瓦解主要是由于私有制和商品经济的兴起，将人从束缚自己的身份中解放，个人主义的价值观逐渐建立，个体意志和个人理性获得了至高尊重，人和人之间交往的中介变成商品、货币、资本，这也成为家庭产生结构性危机的根源。即便如此，家庭的框架

---

① 机械自然观成为西方个人主义的本体论翻版，为自私自利的个人主义社会道德观提供了强有力的哲学论证。[美]唐纳德·沃斯特：《自然的经济体系》，侯文蕙译，商务印书馆 1999 年版，第 372 页。

② 侯才：《马克思的"个体"和"共同体"概念》，载《哲学研究》2012 年第 1 期。

③ 肖玉飞：《人类命运共同体的伦理之维》，载《重庆社会科学》2017 年第 12 期。

④ [美]J.罗斯·埃什尔曼：《家庭导论》，潘允康等译，中国社会科学出版社 1991 年版，第 59 页。

⑤ 巫若枝：《三十年来中国婚姻法"回归民法"的反思——兼论保持与发展婚姻法独立部门法传统》，载《法制与社会发展》2009 年第 4 期。

⑥ [意]彼得罗·彭梵得：《罗马法教科书》，黄风译，中国政法大学出版社 2005 年版，第 87 页。

⑦ [日]上野千鹤子：《近代家庭的形成和终结》，吴咏梅译，商务印书馆 2004 年版，第 96 页。

形式仍然得以保留,古德曾断言,"在世界上大多数地区,传统家庭或许已经动摇不定,但家庭机构却可能比享有的任何一个国家都会历时长久"①。是故,改变的只是夫妻关系的生成逻辑,由"血缘"变为"情感",伦理内核的关键内容发生变化,这也是家庭职能消退后的必然结果。一方面,情感作为家庭关系的内涵无法计算、难以量化,导致现代家庭发展走向的可能性变得更多;另一方面,责任成为"情感之锁",责任可以强化夫妻关系的形式稳定性,这种责任是夫妻双方自发形成的责任感,也可以是更高位阶的共同体如国家强加的责任感,这就可以解释为何近些年家庭中的国家干预变得越来越多。

"情感关系"与"责任共同体"的一致性在人类命运共同体理论中有充分的表现,形成了人类命运共同体—政治共同体的国家—家庭共同体三级结构。基辛格曾经在《世界秩序》中提问:在全球化时代,如何把不同的历史经验和价值观塑造成一个共同的秩序?问题的答案即体现了人类命运共同体的情感基础,即"同一个世界,同一个梦想"。人类命运共同体的情感基础在于人类生存地缘环境的唯一性、同一性,他人均是自己的伙伴,相互依存、休戚与共,关注他人的状态也涉及自己的安危。人类命运共同体理念是"理性精神"和"非理性情愫"的有机统一,中国共产党提出的这套话语体系体现了对世界同胞的情感,并展现了中国共产党人参与世界治理新秩序的责任感和担当感。在人类命运共同体的精神感召下,中国共产党人将责任落实于国际合作、生态建设、网络发展等诸多领域。

(二)在"责任共同体"的基础上迈向"有机式家庭"

责任共同体能够促进"有机式家庭"的形成。在"原子式家庭"中,个人利益至上,共同体只是一个"虚幻的共同体"。如此,如果个人付出无法被满足,对价交换存有障碍,家庭的形式也就无法维持,家庭冲突和家庭危机显而易见。人类命运共同体和"有机式家庭"在"责任共同体"方面的一致性,都体现为敦促成员意识到与其他成员之间的共生关系,只有"每个个体的存在都是互为前提的,这样才能走出自我的'牢笼',以公共理性的态度审视自我、尊重他者、携手共赢"②。"有机式的家庭"是一种典型的东方思维,家庭首先是一个整体,其次才是各个成员。因此,"个人的权利就是整个地分享群体的权利"③。

"有机式的家庭"以夫妻轴取代亲子轴成为家庭关系的重中之重。家庭仍然是社会的基本单位,也是未成年人社会化的第一场所,夫妻的家庭意识、角色定位、通力合作对维系家庭成员之间的亲密关系、发挥家庭的功能非常重要。夫妻一方以满足他方的家庭期待为责任的起点,实现利己与利他的有机统一;夫妻双方共同以高度的责任感完成家

---

① [美]威廉·J.古德:《家庭》,魏章玲译,社会科学文献出版社1986年版,第1页。
② 张云龙:《论人类命运共同体的三重理性向度》,载《福建论坛》2018年第5期。
③ [美]理查德·尼斯贝特:《思维的版图》,李秀霞译,中信出版社2006年版,第5页。

庭养老育幼的社会责任,从利他主义的角度完成家庭代际责任的履行。有机式家庭团结以这样的方式建立,"夫妻关系仍被视为一切亲属关系的源头,仍是一体共存的关系"①。

人类命运共同体是对马克思"真正的共同体"理论进行的继承与创新,"有机式的家庭"属于真正的共同体。马克思指出,"对比人类近代自觉或不自觉地形成的大小不同、区域不一的各类政治、经济、文化等这些共同体,正是由于人们充分地认识到人与人之间割舍不开的共同利益,它们才能诞生并得到发展",又说明,真正共同体中的人"不再是孤立性的生存发展,而是互相进行交往,在交往中摆脱外界的不利因素和环境压力,通过明确的分工活动来扩大自己的财富,实现共同发展"。② 是故,若家庭成为"真正的共同体",个人利益和集体利益能实现高度有默契的统一,人的自由全面发展可以期待,此时家庭本身则成为推动人生存、发展的有效载体。人选择进入家庭关系,夫妻关系的情感基础便于保持家庭的相对稳定性,"利益共同体"作为夫妻生活追求的目标,"责任共同体"作为防范家庭风险、解决家庭矛盾的黏合剂。如此,在家庭生活中,"人类能够发挥自身特点,展示自己的能力、价值,从而区别于其他的共同体"③。

四、新时期家事司法与家庭关系生成方式的联系

在人类命运共同体的框架指导下,家庭共同体属于"利益共同体"和"责任共同体"的综合体。我国正面临家事司法改革的机遇:2016 年以前,曾经在广东省、广西壮族自治区局部试点;2016 年 4 月,最高人民法院印发《关于开展家事审判方式和工作机制改革试点工作的意见》,自 2016 年 6 月 1 日起在不同地域共选取 118 个基层人民法院和中级人民法院进行试点;积累一些经验之后,2018 年 7 月 18 日,最高人民法院发布《关于进一步深化家事审判方式和工作机制改革的意见(试行)》,继续深化家事司法改革。许多改革举措的推行,服务于巩固家庭共同体这样的总体目标愿望,充分重视解决家事争议的特殊性,与一般民事争议的解决逐渐区分。

根据人类命运共同体的价值理念,家庭成员形成"利益共同体"。"利益共同体"既强调家庭成员的独立自主,又重视与他方的团结关系;既强调夫妻单方的利益满足,又关注他方的利益实现;既强调家庭成员的个人价值追求,又服务于家庭整体目标的大局。普通民事司法是个人主义的思维方式,案件处理后果一般只对当事人产生影响,但是家事

---

① 金眉:《婚姻家庭立法的同一性原理——以婚姻家庭理念、形态与财产法律结构为中心》,载《法学研究》2017 年第 4 期。

② 王曼、徐国亮:《人类命运共同体是马克思"真正的共同体"的继承与创新》,载《甘肃社会科学》2018 年第 4 期。

③ 王曼、徐国亮:《人类命运共同体是马克思"真正的共同体"的继承与创新》,载《甘肃社会科学》2018 年第 4 期。

司法具有"牵一发而动全身"的效应,涉及多元主体的利益,这些利益主体不仅包括案件当事人,还包括配偶、未成年子女等其他家庭成员。因为家庭成员之间往往具备共同生活的实质,在经济关系上相互牵连、在情感关系上相互依赖。如果家事争议处理得好,总体上有利于家庭和谐,能够间接增进每一个家庭成员的利益;如果以不适当的方式处理家庭争议,不仅会造成家庭成员之间相互埋怨、憎恨,还会令家庭出现危机,甚至走向解体,每一个家庭成员的利益实现将成为空谈。故而,利益共同体可以从正反两个方面理性理解,不仅代表着一荣俱荣,也意味着一损俱损。人类命运共同体中的利益共同体是物理利益的共同体,也是精神利益的共同体。家事司法中不仅存在多元主体,也存在多元利益,这种多元利益超越了经济基础本身,体现为满足家庭成员在情感上的相互需要。故而,家事司法的正义观,应该从更加广义的层面去理解。在狭义层面,家事司法需要合理分配家庭成员之间的财产权利义务,即在物质层面,"给予每个人以其应得的东西的意愿乃是正义概念的一个重要的和普遍有效的组成部分。没有这个要素,正义就不可能在社会中盛兴"。[1]《民法典》第 1043 条第 2 款规定,夫妻应当互相忠实,互相尊重,互相关爱;家庭成员应当敬老爱幼,互相帮助,维护平等、和睦、文明的婚姻家庭关系。这也可以理解为对家庭精神文明建设的要求,故而身份行为既需要合理分配物质上的权利义务,也需要合理分配精神上的权利义务。值得注意的是,利益共同体内部,虽然需要关注每一个家庭成员的利益,但是每个人的利益不是等量齐观的,家事司法应该以实现儿童最大利益为首要。《民法典》已经有相关条文对此提出具体的要求,例如《民法典》第 1044 条规定,收养应当遵循最有利于被收养人的原则,保障被收养人和收养人的合法权益。又如《民法典》第 1084 条规定,离婚后,不满两周岁的子女,以由母亲直接抚养为原则;已满两周岁的子女,父母双方对抚养问题协议不成的,由人民法院根据双方的具体情况,按照最有利于未成年子女的原则判决。儿童作为明日世界的公民在今天应该给予优先保护、特殊对待,很多特殊的家事司法规则关注的重心就在于儿童利益的实现。

根据人类命运共同体的价值理念,夫妻是"责任共同体"。由于家庭成员类型的多元化,夫妻作为责任共同体的内涵更加丰富。国家之间可通过签订国际公约和协议,严肃认真地履行自己所承担的责任;或者通过形成政府间的国际组织,以共同体的方式对违反规则的成员课以经济制裁。家庭作为"责任共同体",是一种纵横交错的责任承担形式。[2] 基于"有机式家庭"的建构目标,"责任共同体"既强调夫妻之间的责任,又关注以夫妻作为主轴所承担的其他家庭成员的责任。夫妻之间,由于法律地位平等的先在前提,相互具有承担义务的平等性,这是横向的结构;夫妻以外,对其他家庭成员的责任承担,

---

① ［美］E.博登海默:《法理学:法律哲学与法律方法》,邓正来译,中国政法大学出版社 1999 年版,第 264 页。

② 冯源:《儿童监护模式的现代转型与民法典的妥当安置》,载《东方法学》2019 年第 4 期。

如对老人、儿童等弱势群体,属于纵向的结构。横向结构,由于家庭身份等量齐观,可以较多依赖意思自治的手段调整,除非构成责任之违反,方才引入强制救济。纵向结构,由于家庭身份存在差别,可以一定程度地引入国家干预进行调整,如对未成年人的国家监护,将其"作为一种调和国家、家庭、儿童之间关系的手段,是转移家庭监护风险的有效选择"①。再者,人类命运共同体的形成,在手段上并不排斥强制达成共识。因为国家之间本来就存在强弱的分别,期待各国在任何情况之下自愿履行义务显得不切实际。家事司法从"责任共同体"的角度塑造家庭关系的生成方式:其一,家庭法更强调权利义务的同一性,家庭法上的身份权利往往同时又是义务。如对子女的抚养权,实际上也是抚养义务;监护权既是父母对子女人身和财产方面的权利,也代表着父母调整应该向子女承担的责任。其二,家庭法制定大量义务性法律规范来调整家庭成员的行为,义务的不履行会触发责任的承担问题。其三,家庭法上的权利义务往往不构成对价。家庭生活一方面表现为互助、温情、扶助和传承,另一方面表现为义务、约束和责任。② 这种责任的履行不仅仅是法律层面的义务,也是伦理道德的要求,这种伦理责任在家庭的内部关系上体现得更加明显。因为家庭这样的责任共同体具有先在性,先于法律而存在,是一种客观事实,法律的调整毋宁更多的是一种确认。故而在家事司法中,家庭成员责任的履行,除了法律层面的权利义务之外,也有很浓厚的道德色彩,直接决定了家事司法的特殊性:需要在促成家庭和谐目标的基础上审视之,每一个家庭成员的责任有没有充分履行,追求夫妻能够实现相互扶持、共同进步,未成年人能够实现健康成长、少有所养,老年人能够实现安度晚年、老有所依。

人类命运共同体是马克思主义理论中国化的成果,具有伟大的理论意义和实践意义;而在现代社会,婚姻家庭对人的意义不言而喻。既然同属于共同体的话语体系,则两者有进行结合研究的可能性。虽然,婚姻家庭仍然是很多年轻人未来生活的必然选择,但婚姻危机频发、家庭结构动荡也是不容忽视的社会现实。人类命运共同体的理论在解读夫妻关系生成逻辑问题方面有较高的说服力,其关于"利益共同体"与"责任共同体"的模式建构,能够纠正个人主义、自由主义在夫妻关系中的泛滥,敦促夫妻通力合作完成家庭建设与发展的宏伟目标。

---

① 冯源:《儿童监护模式的现代转型与国家监护的司法承担》,法律出版社 2020 年版,第 104 页。
② 刘敏:《论家事司法正义——以家事司法实体正义为视角》,载《江苏社会科学》2021 年第 4 期。

| 第三节 |

新时期家事司法转型与社会资源的整合方式

家事司法专门化主要是由于家事争议的特殊性。家庭具有一定的自治性和封闭性而天然排斥外力的介入,法官在裁断家事争议时,也面临着情理与法理交织、道德伦理因素与法律因素相互融合的复杂局面。① 对于家事案件相较民事案件的不同特点,学术界虽早有共识,但家事司法改革之路不算久远。2001 年起,家事司法专门化立足于"柔性司法"的理念,在手段上几乎和强制调解同义,方法单一。强制调解规定于《民法典》第 1079条第 2 款,离婚案件"应当进行调解",调解宗旨主要基于对婚姻家庭关系的维持,在家庭—社会的联动效应上,家庭作为组织社会的基本单元具有一定的公益色彩。《最高人民法院关于适用简易程序审理民事案件的若干规定》(2020 年修正)第 14 条同时规定,对适用简易程序的婚姻家庭纠纷和继承纠纷,应当先行调解。通过实体法与诉讼法确立的强制调解承担了家事司法特有的历史使命,因而在适用范围上总被人解读为"离婚强制调解",而在适用争议类型上不加严格区分。如今,家事司法专门化的立法与实践出现了新的动态,从以法官为中心的单一司法走向多元专家参与制,并探索家事纠纷的专业化、社会化和人性化解决方式。在最高人民法院的倡导下,各省出台家事审判方式和工作机制改革的指导意见。本章以家事司法专门化中的理念与手段作为研究对象,探索家事司法专门化的顶层设计方案,并回应我国家事司法的本土化建构。

一、司法理念的变迁:从刚性司法到柔性司法

柔性司法与司法和谐密切相关。"司法和谐"由最高人民法院前院长肖扬在第 7 次全国民事审判工作会议上提出,不仅体现为一种法治至上的理念,也是一种以人为本、兼顾情理与法理的思想。司法和谐仅为手段,以和谐促公正才是目的;因而,司法和谐与裁判或者调解意义并不同。② 故司法和谐的本质是一种区分主义,即寻找可以柔性司法的

---

① 冯源、姚毅奇:《家事司法改革中家事调查官的角色干预》,载《甘肃政法学院学报》2017 年第5 期。

② 刘作翔:《司法和谐:目的还是手段?》,载《法律适用》2007 年第 9 期。

空间。柔性司法立足于中华民族的文化传统,"在保证司法在律令、程序、执行等基本'硬件'刚性的前提下,以有利于社会长治久安,营造社会和谐伦理氛围为其终极价值追求的司法模式"①。

家的价值和意义为家事领域的柔性司法创造了可能性。在梅因命题中,进步社会的运动被视为由身份到契约②的运动。家作为身份的载体被解构,家所反映的人伦关系被淡化,家作为伦理真正的起源地被忽略。似乎如此,人的个体意义才能被真正确立。从这个角度来看,刚性的司法和推崇个人主义的人能够无缝对接,根据亚里士多德平等公式,相同的人同样对待,法官与当事人各司其职,并无缓和、妥协的余地。即便如此,在中西方的文化传统中,个人与团体有不同的生存论结构,"家"在我国文化传统中具有独特的价值和意义。家是一种生生不息的图景,是超越个体利益的存在,家庭成员之间仁者爱人,并推己及人。③ 故家庭不仅是人生的起点和归宿,家庭成员之间不同的情感结构也是中国文化传统中价值系统的基本规范。这样的价值在当代社会得到了更多的强调,"大国之大,也有大国之重。千头万绪的事,说到底是千家万户的事"④。习近平总书记在2022年新年致全国人民的贺词中,展现了大国领袖的家国情怀,国是千万家、家事无小事,人民的日常家庭生活就是政府最密切关注的事。

人较多情形下无法脱离"家庭"之场域为家事领域的柔性司法创造了必然性。除了单身,离异、单亲、多父母、同性、同居都是不同的家庭形式,都无法避免和前任或者现任家庭成员进行相处的事实。在美国,40岁以上仍无婚史的美国人,占到了男性中的16%和女性中的12%;⑤在我国,独居仍为小概率事件。职是之故,家庭成员之间情感、经济的联系,家庭成员之间关系的可变性,都呼吁家事司法的较弱对抗性。结婚以爱情为基础,⑥而家庭以婚姻为前提,⑦家庭关系绕不开情理;绝对的刚性司法,程式化的痕迹较重,即使结果顺理成章,也会降低当事人的可接受性。当事人之间的对抗,体现为诉求的差别与利益的纷争,但因为身份的连接使得这种对抗性非常微妙,前者为法理而后者为情理,追求法律效果与社会效果的统一性在家事争议的解决中甚至体现得更为明显。如

---

① 姬文清:《柔性司法:"和则"启示以及中国司法机制建构》,载《法律适用》2008年第1、2期。

② [英]梅因:《古代法》,沈景一译,商务印书馆1959年版,第112页。

③ 孙向晨:《论中国文化传统中"家的哲学"现代重生的可能性》,载《复旦学报(社会科学版)》2014年第1期。

④ 《国家主席习近平发表2022年新年贺词》,https://m.gmw.cn/baijia/2022-01/01/35421813.html,最后访问时间:2023年1月15日。

⑤ [美]艾里克·克里南伯格:《单身社会》,沈开喜译,上海文艺出版社2015年版,第71页。

⑥ 马克思、恩格斯认为:"如果说只有以爱情为基础的婚姻才是合乎道德的,那么也只有继续保持爱情的婚姻才合乎道德。"[德]马克思、恩格斯:《马克思恩格斯文集》(第4卷),人民出版社2009年版,第96页。

⑦ 王利明:《民法典体系研究》,中国人民大学出版社2008年版,第471页。

果说对抗体现为人的意思,而家事纠纷中人的意思本来就受到限制,即使是在意思相对自由的夫妻财产行为中,夫妻财产契约亦有身份行为与财产行为的不同争议,①但财产法原理的适用往往受到抑制。

既然柔性司法并未违反司法公正,而是基于传统文化对家的价值的推崇,兼顾结合家事争议的特殊性,仅为手段,并非目的,那么这样的柔是一种怎样的柔?家事司法应该是外刚内柔的。一方面,家事司法的柔并非来自外部力量的推动。从法的实现过程来说,时间上越靠后的环节,有时会对先前的环节造成干扰。司法的柔性需要对立法保持相当的敬畏,不允许过多的司法解释或者通过案例造法,司法的能动对立法需要保持适当的克制,否则立法将变成空中楼阁,"立法性司法观"②不可取。司法与行政之间,司法绝对处于中立而不受干扰的地位,司法面对行政权的刚性体现在面对强势行政权的侵入,司法并不妥协,不若中国传统司法沦为"道德之器械",或者"行政之工具"。③ 另一方面,家事司法的柔来自自身手段的更新。这样的更新包括法理的更新与程式的更新,即在法理中引入伦理,允许程序的变通,兼采其他辅助性的因素。这种更新来自对家庭生活的感同身受,或者诉诸生活经验,因家庭的本质就是以"共同生活"为目的的身份联合。卡多佐认为,司法"最终意见的形成取决于法官的'生活经验',即其对通行的正义和道德准则的感悟;其社会科学的修养;有时求诸其敏锐的洞察力、他的猜测,甚至他的无知或偏见"④。

家庭与社会同构,家事司法要求判决的社会反馈性,个人主义的法与团体主义的法确有不同。立法需要回应社会,司法是否需要回应社会需求呢?基于法律的安定性,必须依法裁判,否则法律也永远陷入不确定;同时,司法由一套严谨的环节所组成,约束了法官发挥的空间。也许这是金科玉律,却不能不考虑法域的差别,个人主义的法可以奉行司法克制。自然人与自然人之间的争议,可以更多地凸显刚性,应该主要考虑法的普适性,而非导入多种需要衡平的因素。但若团体主义的法无法适当能动,将违背司法公正的终极价值,团体并非规则能够横行无忌的领域。团体能够实现自发的秩序维持,潜规则可能是习惯、风俗、情感等其他因素,当需要诉诸法律时,潜规则虽然不能有效发挥,却并不代表潜规则不能够制约法律的施行效果,这属于大传统和小传统之间的张力。柔性司法对小传统有更多的接纳和宽容,符合团体成员之间相处的规律。故社会反馈构成司法能动性的社会基础。应以多维的角度诠释家事司法的能动性,柔性司法为司法能动主义具体发挥的体现,法官在庭审调查、事实认定、法律解释和适用等诉讼全过程中都具

---

① 林秀雄:《夫妻财产制之研究》,中国政法大学出版社 2001 年版,第 188～189 页。
② 杨建军:《"司法能动"在中国的展开》,载《法律科学》2010 年第 1 期。
③ 梁治平:《法治在中国:制度、话语与实践》,中国政法大学出版社 2002 年版,第 120 页。
④ 〔美〕唐·布莱克:《社会学视野中的司法》,郭星华译,法律出版社 2002 年版,第 83～85 页。

有能动性。① 因而,柔性司法的具体方式为注重调解,"在刚性的诉讼程序中,冲突的解决只能是遵从制定法。但在柔性的调解程序中,调解主体会试图以情理、民俗打动父母",②兼采多元化纠纷解决机制;并且,法律之外的因素也属于判案的重要依据,如依据《民法典》第 10 条规定"处理民事纠纷,应当依照法律;法律没有规定的,可以适用习惯""法官在司法中更多地在考量道德的、经济的、政治的、制度的或者其他的社会因素和依据"。③规则主义,未必僵化;而能动主义,防范无序即可。

二、司法手段的超越:从单一司法到专家参与

司法的方法不应当是单一的、恒定的、闭合的,而应是多元的、对应的、开放的,如同J.弗兰克(Jerome Frank)所说"更多地回应社会"④。司法是经验理性,而非绝对理性,究其在家事司法领域,社会的检验可成为司法是否公正的试金石。在职权主义与当事人主义两种不同的诉讼模式中,严格奉行职权主义的司法具有单一性,整个进程中法官实现对司法全局的操纵和控制。但我国的诉讼模式并非绝对的职权主义,而主要体现为两者的折中。毕竟,中国文化是一种实用理性,不是先验的僵硬不变的绝对的理性,而是历史建立起来的,与经验相关系的合理性。⑤ 因此,在历史上,对于柔性司法的接受与否,主要视社会与司法的互动情况而定:20 世纪 50 年代,董必武先生主导司法改革,既要维稳树立司法之威信,又要走群众路线,因此职权主义审判和调解并重;20 世纪 90 年代初,避免职权主义走入绝对化,司法改革围绕如何增加庭审的对抗性和法官的中立性进行,近年来又重新强调法院职权介入和调解。⑥ 实践理性之下,建立的是一种回应性的民事诉讼结构。⑦ 但观察家事司法和民事司法所处的历史阶段,家事争议的特殊性被充分认知也是在《婚姻法》(2001)颁布之后,之前家事诉讼和民事诉讼多从共性方面进行统合。家事司法面对更多社会回应性的需求、程序特殊性凸显,加之目前处于相对淡化法院职权的历史阶段,家事司法的手段逐步走向多元,具体体现为法官设立辅助人。辅助人分为两种类型,或助益法官审判,或以协助当事人的方式间接推动司法程序。

① 汪进元:《司法能动与中国司法改革的走向》,载《法学评论》2012 年第 2 期。
② 汤鸣:《比较与借鉴:家事纠纷法院调解机制研究》,法律出版社 2016 年版,第 27 页。
③ 孙笑侠:《判决与民意》,载《政法论坛》2005 年第 5 期。
④ [美]P.诺内特、P.塞尔兹尼克:《转变中的法律与社会:迈向回应型法》,张志铭译,中国政法大学出版社 2004 年版,第 73 页。
⑤ 李泽厚:《历史本体论》,生活·读书·新知三联书店 2002 年版,第 39 页。
⑥ 高志刚:《民事诉讼模式正当性反思——一个实践哲学的视角》,载《法学论坛》2011 年第 1 期。
⑦ 实践理性主导的回应型的民事诉讼结构努力将实质正义与形式正义统合在一定的制度之内,通过缩减中间环节和扩大参与机会的方式,在维护普遍性规范和公共秩序的同时,按照法的固有逻辑去实现人的可变的价值期望。季卫东:《正义思考的轨迹》,法律出版社 2007 年版,第 128 页。

家事调查官的设立使得家事司法领域"多元专家参与制"走向可能,家事调查官产生于更加精细的社会分工,由其协助法官发现家事案件的事实真相,缓解情理与法理冲突对法官造成的审判压力,从而令法官更加聚焦法律适用的核心工作。家事调查官制度在深受儒家文化影响的亚洲区域,包括日本、韩国以及我国台湾地区已付诸司法实践,理论研究也作了一些探讨。从1951年起,日本开始在家事裁判所内设置家事调查官,并在诸多法律规范中将规则细化。作为家事法院的常设人员之一,家事调查官的司法定位是法官的辅助人,需要经过选拔与考试,一名法官可以配备多名家事调查官,家事调查官帮助法官调查案件事实、证据并形成调查报告以辅助家事审判。韩国的家事调查官制度始于20世纪60年代,家事调查官酌情进行一定的实质审查,如审查离婚真意,也确保离婚后子女的抚养能够真正得到有效的法律保障。在首尔家事法院,家事调查官积极参与"子女问题解决会议"以及"父母教育"程序,推动儿童最大利益的实现。[1] 我国台湾地区2010年"少年及家事法院组织法"第10条明确规定少年及家事法院应当设立家事调查官,并在2012年"家事事件法"中进一步明确了家事调查官的具体职能。在我国台湾地区,家事调查官授权调查的正当性、调查范围、调查结果的公信力均受到一定质疑,表明相关规定不够成熟,仍处于探索阶段。多数学者认同家事调查官应该具备教育学、社会学、心理学等多元化的教育背景或经历。近年来,在最高人民法院的积极倡导下,一些地方的法院已经初步形成家事调查员的雏形或已经开展了相关方面的试点工作。

　　以协助当事人的方式间接推动司法程序,如为儿童设立程序代理人,保证监护类案件的顺利进行,既避免法官擅断儿童利益,也避免由于近亲属与儿童之间的利益冲突而妨害儿童利益。例如,德国法上的类似制度安排规定于《德国家事事件和非讼事件程序法》(2009),本法分设程序辅助人与程序照护人。前者为了保证未成年人的身份程序权,如程序辅助人在亲子事件中维护儿童利益必要时设立;[2]后者主要负责监护以及留置等类程序,如程序照护人的选任针对监护事件,根据《德国家事事件和非讼事件程序法》第

---

　　① 陶建国:《韩国法院离婚案件处理机制中子女利益的保护及其启示》,载《中国青年政治学院学报》2014年第4期。
　　② 《德国家事事件和非讼事件程序法》第158条第2项:(1)子女和其法定代理人存在明显的利益对立;(2)在依照《民法典》第1666条和第1666a条进行的程序中,有可能部分或全部地剥夺父母一方对子女的人身照顾权;(3)可能导致子女与目前共同生活者分开的;(4)在程序标的为交还子女或留下命令的程序中;或(5)有可能剥夺或严重限制探望权的。《德国家事事件和非讼事件程序法》,王葆莳等译,武汉大学出版社2017年版,第73页。

276条①于符合法定情形下设立。程序辅助人代言未成年子女的利益,是程序的关系人,但并不是未成年人的法定代理人,其职能可以由律师或者其他合适的程序代理人代替,此时程序代理人的选定应该被撤销或者中止。在德国法上,无论是职业程序辅助人,还是非职业程序辅助人,都能获得相应报酬。在韩国,对于涉及惩罚的特殊案件,比如涉及儿童虐待的罪犯,立法允许在儿童保护程序进行中为儿童虐待的受害者设立特别的代理人。我国台湾地区的"家事事件法"(2012)也有类似的程序代理人制度设计。其参考德国旧《非讼事件法》的规定,为未成年子女设置了程序监理人,可以依申请或者以职权选任。②

此外,多元专家和专业机构的参与,使得家事司法有机会发展以治愈家庭为核心宗旨的技术系统,其场景和方法有利于从最根本上解决家事争议。这样的技术系统不是完全去情感的、被动性的、独白式的,而是情法交融的、服务式的、恢复性的、社会联动型的。心理疏导法和个案介入是经常采用的方式。《最高人民法院关于进一步深化家事审判方式和工作机制改革的意见(试行)》第28条和第31条规定,只有在案件涉及未成年人表现出较大情绪波动或有反常行为时,人民法院可以向案件当事人或者未成年人的监护人建议让未成年人接受心理疏导,适用的范围失之狭窄。个案介入,综合了外部评价法、外部观察法与内部理解法的优势,能够有针对性地适应不同家庭矛盾的具体情况,目前这种方法尚未被推广。

三、两条路径的比较:少年审判与家事审判之争

在柔性司法理念的主导之下,家事审判的专门化路径循序渐进。从单一司法走向多

---

① 《德国家事事件和非讼事件程序法》第276条:第一,依第278条第4项连接第34条第2项应不考虑对于被监护人之听审者;第二,程序之标的系为被监护处理人所有事务而选定监护人或对于其任务扩张范围之事项,此亦适用于若此一程序标的非民法第1896条第4项及第1905条所规定事件之范围之内者。若被选任程序照护人对于应为被监护或安置人之利益显无必要者可不适用第1项第2句。对于不予选定之理由应予说明。以程序照护为职业者,仅于不存在其他适当之荣誉程序照护人之情形下,始能被选定。若被监护及安置人之利益已被律师或其他适当之程序代理人所适当代理时,程序照护人之选任应中止或撤销。若未予事先之撤销,则于终局程序发生效力时或以其他方式终结程序时,此一选定终结之。程序照护人之选定或此类处置之撤销或拒绝,不能独立被撤销。程序照护人不负担任何程序费用。姜世明:《程序监理人》,载《月旦法学杂志》2012年第5期。

② 我国台湾地区"家事事件法"(2012)第15条:"处理家事事件有下列各款情形之一者,法院得依利害关系人声请或依职权选任程序监理人:一、无程序能力人与其法定代理人有利益冲突之虞。二、无程序能力人之法定代理人不能行使代理权或行使代理权有困难。三、为保护有程序能力人之利益认有必要。前条第二项及第三项情形,法院得依职权选任程序监理人。法院依前二项选任程序监理人后,认有必要时,得随时以裁定撤销或变更之。法院为前三项裁定前,应使当事人、法定代理人、被选任人及法院职务上已知之其他利害关系人有陈述意见之机会。但有碍难之情形或恐有害其健康或显有延滞程序者,不在此限。"

元专家参与制的建立,是专门化实践的第一步。这样的柔性司法,突破了仅以"调解"作为手段的单一模式,超越了法官本身所定义的僵化角色;同时,并不强求法官承担超越自身角色范围的过重责任,家事司法所体现的对情理因素的特殊性考虑,由社会分工的专门化予以解决,由其他角色分担,或者辅助法官,或者辅助当事人。专门化实践的较高层次,不再局限于角色的分离,家事纠纷逐渐从民事纠纷中分离,并与其他相关争议走向综合,从而寻求建立独立机构进行审判。但面对已有少年法庭之建制,是另立家事审判庭,还是以家事审判统合少年审判而建立家事综合审判庭,都是可能的选择。

在英美法系的代表国家,如美国,少年法院和家庭法院存在千丝万缕的联系。少年法院起初仅仅受理涉及罪错少年的案件,但由于少年案件与家事案件之内在联系,促使少年法院受案范围进一步扩大,最终推动家事法院的建制。[1] 少年罪错案件,多半与不和谐的家庭生活存在因果关系,而问题少年的监护也反映了复杂的家庭问题,如家庭功能失灵的情况下往往会影响儿童的身心健康状态。因此,部分法院将家事案件和少年案件统合处理。对英国社会,家事法庭的产生主要基于实践因素的推动,特别是以离婚为核心的家庭事件逐年增多,离婚不仅仅涉及当事人之间的身份与财产关系,更涉及儿童,因此,1970 年《程序执行法案》推动英国在高等法院中创设家事法庭。在英国,郡法院内设的家庭诉讼法庭审理一些收养儿童、监护和无答辩的离婚案件;高等法院的家事法庭,负责管辖家庭、婚姻、监护和遗嘱等方面的案件。[2] 在大陆法系代表国家,家事审判的兴起事实上与亲属会议职能的退化或者消弭存在关联。亲属会议最早起源于罗马法,选择承继不同罗马法传统的代表法典,以分属于法典编撰第一次浪潮的代表作《法国民法典》(1804)和第二次浪潮的代表作《德国民法典》(1900)为例,都包括亲属会议的内容。日本深受儒家文化影响,《日本民法典》也有亲属会议。近些年多数国家逐渐将家庭纠纷视为公务事务,以德国为例,其亲属会议的规定在 1980 年《亲权法》修正时已加以删除,转由法院代表国家行使;日本在第二次世界大战后,逐渐由家事裁判所行使亲属会议大部分权利。[3]《法国民法典》是亲属会议制度较为坚定的支持者,并一直延续至今。即便如此,亲属会议在如今《法国民法典》上较多受到法官的司法干预与部分替代。如,亲属会议的成员和会议较多受到法官的干预,成员由法官指定,会议由法官主持。再如,对关乎未成年人利益的审议决议事项,若出现相左两种表决意见且票数相等,法官表决票有主导

---

① "这一由少年法院发展,而终形成家庭裁判所之趋向,不仅在少年法院之实务处理上,有如此要求,纵在理论上,亦非经过如此演变过程不可。详言之,为针对具体的、个别的少年犯罪人,施以适当的保护处分,既应成立有特别组织及权限之专门化的少年法院,则为个别的妥善处理具体的个人身份法关系纠纷,亦自有成立家事法院之必要。"陈棋炎:《亲属、继承法基本问题》,三民书局股份有限公司 1980 年版,第 555 页。

② 陈爱武:《家事法院制度研究》,北京大学出版社 2010 年版,第 13 页。

③ 李霞:《成年监护制度研究——以人权的视角》,中国政法大学出版社 2012 年版,第 122 页。

意义。

这两条路径之间存在理念或者视角的差别,但并不是相互独立、渐行渐远的两条平行线。在借鉴的意义上,可以勾画出少为先、家随后,家事司法逐渐统合少年司法的轨迹,在日本这已经变成了现实。在英美法系国家,少年审判的兴起,主要基于对儿童权利、儿童福利的关注,儿童被视为区别于成人的独立个体而认真对待,并考虑到儿童继续社会化的可能性,这样的司法被认为是"恢复性的司法",而非惩罚性的司法。在国家监护"以非刑罚的替代性措施处理少年违法"①的理念之下,儿童误入歧途,家庭与社会也有责任。自伊利诺伊州在 19 世纪末(1899)率先通过《少年法院法》在芝加哥建立少年法院起,②其他州争相仿效,1932 年全美国已经有超过 600 个独立的少年法院。③ 可见少年司法的独立性,主要是从理念、组织、运作规则、术语等方面实现少年司法与刑事司法之间分野,指向整个审判活动的组织。④ 从受案范围主要为少年罪错案件来看,在审判领域,少年与家的联系刚开始相对微弱。仅有极个别的州建立家事法院,管辖权扩大到少年罪错、抚养、收养、不尽赡养义务以及家庭成员间的犯罪等家事案件。⑤ 有学者指出,美国的少年司法体系严厉与否具有历史阶段性,特定阶段侧重于儿童公民或者政治权利的维护,相当数量少年在司法体系之外,尚处于监狱、拘留所、公立或者私立少年矫正机构、依少年法院的指令安置儿童的社会机构、社区矫正机构、训导学校、家庭等不同角色的掌控之中。⑥ 学者研究表明,对观护和社区监管的倚重,非常契合少年法院的转处主义正当化理念。⑦ 在少年司法如此严密的体系之下,家事司法仍然有独立化的倾向。1914 年美国俄亥俄州辛西那提市设立家庭关系法院,60 年代美国开始家事法院独立运动,至今约 12 个州设立了专门的家事法院(庭)。⑧ 考察日本家事裁判所的建立情况,发现其建制与运行较具特色,借鉴"美国家事法院理论中的先进部分,并在大陆型裁判制度中引入新的要素",⑨日本的司法实践较能反馈家事司法综合少年司法的规律性:日本战后设立家事裁判

---

① 侯东亮:《少年司法模式研究》,法律出版社 2014 年版,第 28 页。

② Douglas R. Rendleman, Parens Patriae: From Chancery to the Juvenile Court, *South Carolina Law Review*, 1971, Vol.23, p.218.

③ John C. Watkins. *The Juvenile Justice Century*: A Sociolegal Commentary on American Juvenile Courts, Carolina Academic Press, 1998, p.52.

④ 姚建龙:《美国少年法院运动的起源与展开》,载《法学评论》2008 年第 1 期。

⑤ [美]罗伯特·考德威尔:《少年法庭的发展及存在的若干主要问题》,房建译,载《青少年犯罪问题》1986 年第 4 期。

⑥ 王新:《美国少年法院发展变革之路及其启示》,载《中国青年政治学院学报》2011 年第 1 期。

⑦ [美]富兰克林·E.齐姆林:《美国少年司法》,高维俭译,中国人民公安大学出版社 2010 年版,第 50 页。

⑧ 陈爱武:《论家事审判机构之专门化——以家事法院(庭)为中心的比较分析》,载《法律科学》2012 年第 1 期。

⑨ 张晓茹:《日本家事法院及其对我国的启示》,载《比较法研究》2008 年第 3 期。

所,此时美国少年司法体系运行已经超过半个世纪,家事司法有渐渐从少年司法中分化的倾向,日本家事裁判所的建立主要是迫于美国的压力,家事裁判所区分少年部和家事部。同时,在家事审判践行过程中,在一定程度上参考德国的立法,区分家事事件的诉讼与非讼性质,设置人事诉讼程序、家事调停程序和家事审判程序。

四、家事司法的本土化:我国的选择与改革之路

家事司法的专门化既需要处理好外部关系,也需要进行合理的内部设计。外部关系主要体现为家事司法与民事司法的关系、家事司法与少年司法的关系。前者相对容易,家事司法与民事司法体现为种属关系,家事司法的专门化相对于民事司法而言体现为"相对独立性",即体现为司法模式往纵深方向发展,法的实现在规范性期望和审理期望方面所作出的妥协,①但未突破民事司法大的框架结构。后者相对复杂,家事司法与少年司法存在并列、交叉的关系;少年司法在英美法系起源于对作为个体之儿童的关注,家事司法作为与儿童问题相关联的司法,在某些地域走向综合化审判;家事司法在大陆法系的发展更多的与亲属会议的职能被替代有关,家庭无法依赖身份关系实现绝对自治,家庭事务一部分转化为公共事务,同时基于儿童的国家责任与社会责任,少年司法获得了相应的发展空间。在我国,如何处理少年司法与家事司法的关系,值得深思,我国少年司法的专门化以部分地域的起步为试点已逾30年,由于少年司法的格局所限制,效果不尽如人意。一方面,少年司法的受案范围仅限于刑事犯罪,不符合儿童最大利益原则指导下对儿童全面保护的考虑,这是主要的争议。② 另一方面,少年司法对司法资源的要求与其本身所实现的效益有差距,与当前社会司法人员精英化、法官案多人少、司法容量有限的现实状况不相符合。具体的,"合议庭形式缺乏独立性是毫无疑问的;具有独立编制的少年法庭由于受案数量的有限等原因,生存有较大的困难;在基层法院内部设置的综合性少年法庭,在案件管辖上常常会与其他法庭发生冲突;而指定管辖的做法如果严格依照法律来判断,是否还存在着与现行法律相违背的地方也值得研究"③。职是之故,少年司法不得不走向案件集中以及地区集中审判之路,前者指将统筹少年审判的受案范围,扩大为主要受理少年犯罪案件、民事少年保护案件和行政少年违法案件;后者指由上级

---

① 法律系统的运作在规范上是关闭的,同时在认知上又是开放的。前者说明道德在法律系统中直接发生作用变得愈加不可能,后者表明规范性期望能够保持学习适应能力,也就是说能够在认知(审理)联系中有所变动。[德]卢曼:《社会的法律》,郑伊倩译,人民出版社2009年版,第38~39页。

② 姚建龙:《中国少年司法制度发展中的问题与少年法院的创设》,载《青年研究》2001年第12期。

③ 肖建国:《试论少年法院建设过程中的疑难问题》,载《青少年犯罪问题》2011年第4期。

人民法院指定某一个区县法院受理不在地域管辖范围内其他区县的少年犯罪案件。① 相比之下,家事司法综合审判更易实现,家事案件受案数量居高不下,在较大多数的离婚案件中子女属于重要的争议点;同时,少年犯罪往往与家庭问题关联度较高,有统合处理的现实需求。以家事司法统合少年司法,成为我国未来家事司法专门化探索的重要路径,具体从专门化的司法理念、专门化的司法人员、专门化的司法机构三个角度展开。

1. 专门化的司法理念。家事司法应实现司法理念的转换,从刚性司法到柔性司法,柔性司法需要建立于区分主义的理念之上。家事调解作为柔性司法较有代表性的手段,已经推行多年,应该继续发挥调解的作用。不可将家事调解流于形式,使得调解本身徒具名义,同时应该进一步明确可以调解的范围,并不仅仅适用于离婚强制调解。据学者考证,2014 年年底最高人民法院宣布不再对调撤率考核之后调解率陡降,并出现调解失灵、当事人对被迫调解不满、规则约束软化、裁判结果难以预判等负面影响。② 同时,当事人因为争议而难以调解和好也是现实状况,判决不离已经取代了调解和好而成为法院处理具有严重争议的首次离婚请求的主要做法,③并成为今后再次提起离婚诉讼感情已经破裂的证据。若令调解能够真正发挥作用,必使得法官关注的重点并不仅在于外部考核的压力,而使得当事人关注的重点并不仅仅在于利用规则。据此,将案件分类处理是一种明智的措施,也不至于太过理想主义,判断的标准是双方的感情基础、案件的争议性,并优化当事人与法官参与的环境。调解的本质为法官利用经验逻辑挽救危机婚姻,恢复家庭原初功能,而非将枷锁继续套牢于死亡婚姻当事人之上;依照案件性质不得调解的案件不调解,对离婚合意、债权债务、子女抚养等存有争议的案件可以调解,此类案件当事人之间都具有讼争性的要素,仅确认婚姻关系的效力、亲子关系存在不存在等无讼争性的案件不得调解,双方利益明显失衡或者涉及公共利益,④如反家庭暴力类的案件不适用调解。优化法官参与调解的环境,既需要调动其他专门人员辅助法官,也需要致力为当事人创造非对抗性的司法氛围。以调解为中心,可以建立多元家事争议解决模式,包括法院附设调解、诉讼和解、早期诉讼评估、诉讼外调解等在内的一系列非对抗性纠纷解决机制。⑤

2. 专门化的司法人员。家事司法是法官综合运用逻辑思维和经验思维的结果,要求

① 周道鸾:《中国少年法庭制度的发展与完善——苏、沪少年法庭制度调查报告》,载《青少年犯罪问题》2007 年第 6 期。

② 汤鸣:《家事纠纷法院调解实证研究》,载《当代法学》2016 年第 1 期。

③ 贺欣:《离婚法实践的常规化——体制制约对司法行为的影响》,载缪因知主编:《北大法律评论》(第 9 卷·第 2 辑),北京大学出版社 2008 年版,第 462 页。

④ 冯源:《论我国家事案件中司法调解的适用——以台湾地区"家事事件法"司法调解之改革为借鉴》,载梁慧星主编:《民商法论丛》,法律出版社 2015 年版,第 386 页。

⑤ 齐玎:《论家事审判体制的专业化及其改革路径——以美国纽约州家事法院为参照》,载《河南财经政法大学学报》2016 年第 4 期。

法官不仅需具备丰富的专业知识,还需具有体察家庭纠纷的人文关怀。由于家事司法统合少年司法的需求,法官需要兼具民事、刑事司法的业务能力,这样也能够节省司法资源。如此,法官的工作压力较大,需要增设司法辅助人分担法官查明事实的压力。最高人民法院虽已开展家事调查员的试点工作,期待通过改革帮助法官作出社会效果好、可接受程度高的裁判,并在实质上有利于保护弱势家庭成员、维护家庭结构稳定、延续家庭价值理念。通过调研,不少改革试点法院已经设立家事调查员,但是多为兼职,仅能够保证家事调查员心理学、社会学、教育学、法学等多元化的背景,却无法保证家事调查员的参与性,司法辅助人的设立显得形式化。可参照日本、我国台湾地区的做法,家事调查员应成为常设、专职职位,通过考试选拔,进行多元化背景评估以及实务训练,纳入体制之内,才能够发挥家事调查员的真正作用。在韩国,家事调查官设置初期仍为兼职,2001年,韩国最高法院作为推进"司法发展计划"的一环导入家庭法院专职调查官制度,通过大法院考试后录用。[①] 家事调查员助益家事审判程序,并参与其他替代性家事纠纷解决机制,应该成为我国将来改革的方向。家事调查员参与家事案件或少年案件,形成司法审查报告:对于家事案件,所调查的事实涵盖法律事实、生活事实与心理事实,法律事实可以被视为中间事实,生活事实与心理事实可以被视为周边事实。[②] 对于少年案件,家事调查员协助制作关于未成年人的社会调查报告[③],并承担少年犯的帮教与回访职能,因为少年司法的环节较多,从恢复少年的社会化来看,审判仅仅是一个主要环节。司法辅助人还包括为儿童选任程序监理人,程序监理人应该承担双重角色:其一,作为法官的程序辅助人的角色,帮助及时、顺利解决相关纠纷,也避免法官对儿童利益进行直接、武断的处置,因此,其可以对法官的自由裁量权进行一定程度的制约和监督;其二,作为儿童的特别代理人的角色,在尊重有认知能力儿童意见的基础上,代理儿童进行特定的程序处分和实体处分,防止出现儿童无人代理的情形,也避免法定代理人损害儿童的利益。程序监理人可以由律师或者其他合适之人担任,由法官进行选任,报酬由法官确定,纳入程序费用。根据美国律师协会以及美国家庭律师研究会规定的儿童代理的标准,儿童足够年长或者成熟之时有权对结果表达偏好,儿童能够对代理人的选择进行一定的控制以建立诉讼的客观性;当代理人被要求选择辩护地位时,他们可以只为结果的正确性负责;多项选择皆合适时可以更多自治,在确定何为无疑的偏向选择时,代理人应该争取让审判符合儿童的法律利益、需求以及偏好,迅速解决问题以保证儿童稳定安全的居所,使用最

---

① 陶建国:《家事诉讼比较研究——以子女利益保护为视角》,法律出版社 2017 年版,第 14 页。

② 冯源、姚毅奇:《家事司法改革中调查官的角色干预》,载《甘肃政法学院学报》2017 年第 5 期。

③ 《最高人民法院关于审理未成年人刑事案件的若干规定》规定:"开庭审理前,控辩双方可以分别就未成年被告人性格特点、家庭情况、社会交往、成长经历以及实施被指控的犯罪前后的表现等情况进行调查,并制作书面材料提交合议庭。必要时,人民法院也可以委托有关社会团体组织就上述情况进行调查或者自行进行调查。"

小约束手段或者最小伤害可替代手段。① 除了家事调查员和程序监理人等惯常制度的推行,适时调动社会参与或者进行专家介入也成为必要,有专家建议以建立多元化、强制性的心理辅导方式为宜:在前期家事调查过程中应当考量儿童的家庭环境、心理承受能力、对父母离婚的接受程度,以及在家事纠纷解决过程中,根据儿童的参与积极性、表达能力和状态建议儿童选择接受短期、有针对性的辅导或者长期、全面性的辅导。而对于遭受了家庭暴力或父母存在不良嗜好的儿童,应当采取强制性辅导以矫正其可能受到的不良影响。另外,还要积极询问儿童的需要并给予主动要求心理疏导的途径;针对抗拒、明确对心理辅导表示排斥的儿童,也不能强制进行,可以向其说明未来有权利随时接受心理辅导或通过其他途径(如社区、学校)进行。② 个案介入法可以进行适当试点,在制度上进行宏观支持,将个案工作法作为常态工作法,为开展个案工作提供较为充分的人员保障,在具体运用中,需要形成统一的工作方式。

3. 专门化的司法机构。统合少年司法的家事综合审判庭是现在改革的计划,而建立专门化的家事法院是将来努力的方向。部分学者认为,"若能一举建制家事法院,而将少年法庭设于家事法院之中,则可资源共享,达到两全其美的效果"。③ 在家事综合审判经验已经探索成熟之际,可以考虑在局部地区设立家事法院作为初审法院进行试点,我国台湾地区的家事法院亦设于局部地区(高雄少年及家事法院),并借鉴日本经验,家事法院设有少年审判庭和家事审判庭,配置法官以及家事调查官。家事法院独立的必要性不仅在于家事争议的特殊性,也基于诉讼数量庞大,环节相对复杂;同时,上诉到该区域中级人民法院进行二审,逐级设立家事法院没必要、徒增改革难度,故中级以上法院只需要建制家事审判庭即可。一方面,在上诉环节,很多材料业已形成,调查需求不多,一些当事人主要纠结法律适用问题而非事实认定问题;再者,部分环节主要依赖初审法院实施,对当事人较为方便。值得注意,多元化的纠纷解决机制在初审环节将过滤一部分家事案件,少年犯的社会矫正机制在初审环节将过滤一部分少年案件,故专门化司法机构改革的重中之重应为初审法院审判模式的变化。另一方面,这种专门化的司法机构不仅意味着家事审判的专门化,同时也意味着将法官从社会性事务中解放,但基于家事司法作为"柔性司法"、需要回应社会的基本要求,其相关社会性工作应该由其他专业组织、机构来承担。如,妇联、未成年人保护组织以及反家庭暴力协会、心理学团队等社会团体组织的引进,淡化了家事审判的司法属性,提高了家事审判的社会效果。④ 具体说,需要建立一

---

① Mary Kay Kisthardt, Working in the Best Interests if Children: Facilitating the Collaboration of Lawyers an Social Workers in Abuse and Neglect Cases, *Rutgers Law Record*, 2006, Vol.30, p.4.

② 陈奇伟、邱子芮、来文彬:《论"儿童利益最大化"在家事立法与司法中之贯彻与完善》,载《南昌大学学报》2020 年第 5 期。

③ 张晓茹:《日本家事法院及其对我国的启示》,载《比较法研究》2008 年第 3 期。

④ 谭江华:《家事审判制度改革的路径与选择》,载《齐鲁学刊》2021 年第 2 期。

种由司法、妇联、民政、文教、街道等部门合作的"联合化解工作机制""家庭危机救助机制",需要通过家事调解员、家事调查员、情感观察员、心理疏导员、人民陪审员等吸收社会贤达或专业人士参与到司法之中;需要发挥"老党员""老干部""老模范""老教师""老娘舅"等人员威望高、影响力强的优势;引入群众评议机制,会同"两代表一委员"工作室、各级人民调解组织,形成"百姓说事、群众说理、法官说法"工作合力,形成多元化的纠纷解决机制。①

---

① 李拥军:《作为治理技术的司法:家事审判的中国模式》,载《法学评论》2019 年第 6 期。

第二章 司法角色分工：家事调查官论

域外家事调查官制度的比较考察

家事案件形成最终的处理结果,比普通民事案件需要更充分的事实基础,方能窥探其中隐情,作出准确的判断。虽然法官可以取证,但碍于被动、中立的传统,需要新的社会角色来扩展搜集事实的长臂,家事案件司法干预扩大化的趋势也为其奠定了正当性基础。家事调查官来源于司法调查制度,在少年司法中最先得到应用,由于少年问题和家庭问题的强相关性,应用范围扩张,大陆法系有些国家是通过准确定义角色来厘清职能边界,而英美法系有些国家更关注承担的调查事务本身,人员和机构相对作模糊化处理,仅体现为一种多元社会干预方式。家事调查官对案件和事实作不同程度的介入,使得家事案件的处理过程更加妥帖、适当,兼顾情理和法理,实现法律效果和社会效果的统一。

一、家事调查官产生的历史由来

家事调查官和少年、家事司法专门化的发展进程有一定的关联性。少年司法的基本理念经历了从惩罚到保护的变迁。在"惩罚性司法"的基本理念之下,儿童应该为自己行为的偏差负责,社会应该对罪错儿童进行矫治。随着专门性的少年司法机构在美国率先建立,"恢复性司法"的理念逐渐形成并渗透到司法程序中,少年犯罪案件更多和成人相区分,受到特殊的对待,"少年犯罪人所犯者,并非犯罪,而应该视之为非刑;而对非刑少年所谓处置,亦应该是刑罚,而仅是一种保护处分耳"。[①] 少年调查官的设立便是保护措施之一,司法机关受理少年案件之后,由专门的调查人员对少年的具体情形进行调查,走访少年的学校、家庭及周边邻居,甚至接触父母的工作单位,收集与少年相关各方面的信息,涉及学习、生活和社会交往等,对少年的性格、品行有一个基本的了解、判断,最终形成调查报告,同时可以在报告中对少年提出具体的处遇建议,建议对少年案件最终的判决有重要的参考作用。

少年调查官析出于少年保护系统,辅助少年司法更好地进行。少年司法继续独立或者少年、家事司法走向合并虽然是两种不同的选择,但不可否认的是,家庭作为儿童社会

---

① 陈棋炎:《亲属、继承法基本问题》,三民书局股份有限公司 1980 年版,第 553 页。

化的第一所学校,儿童的行为和家庭的环境密切相关。随着人们对少年事件认识水平的不断提高,人们也发现少年问题的背后往往牵扯着复杂的家庭问题,尤其是少年和父母之间存在的问题往往是少年问题产生的主要原因。因此,人们认识到应该将家庭问题与少年问题作为一个整体来处理,在防止家庭崩溃的同时,使少年能重新做人。[①] 故而,在少年司法与家庭司法走向统合的基础上,家事调查官诞生,在这些争议的处理中更有效、全面地发挥作用。

家事调查官在家事案件的纠纷解决中具有不可替代的价值。家事调查官和法官有明确的分工,法官更多关注法律适用问题,而家事调查官协助法官收集一定的证据材料,主要发挥探明事实的作用。家事事实相对于一般民事案件的事实更加复杂、隐蔽,时空跨度大、法律与伦理交织,不仅关系当事人自身利益的实现,还可能涉及社会公益。法官没有更多的时间和精力完成全面准确的事实审查,加之在我国司法机构地位倾向于中立、被动,能动性有限。家事调查官的设立实际上是将家事案件中涉及问题来龙去脉的复杂事实工作交由专门的社会分工解决。家事调查官作为司法专业辅助人员,具有以下特点:

家事调查官介入案件具有被动性。家事调查官缓解了司法的僵化与刻板,具有更强的能动性。司法需要实现法律效果和社会效果的统一,家事调查官的设立更多的是考虑到案件的社会效果,本质上是司法职能的分解,即面向社会工作的那一部分独立出来。故而,家事调查官对案件的介入受到司法性格的影响,且客观上保持被动、中立。一方面,被动意味着家事调查官服务于司法实践,其权限来源于法官的授权委托,具有辅助性,针对特定家事纠纷的解决提供帮助,不可擅自行动;另一方面,家事调查官是案件事实重现的还原者,客观记录调查结果、作成调查报告,不偏袒家事案件的任何一方当事人,应该与案件的当事人之间不存在利害关系。值得注意的是,这种介入前提是不存在争议的,因为通常家事纠纷的解决奉行职权探知主义原则,在职权探知主义原则下法官对事实需要负责,[②]其对家事案件存在更高的干预度,则相应家事调查官对事实也有更多的权限。

家事调查官通常由多元专家担任。多元专家指家事调查官的背景不仅仅限于法律,教育学、社会学、心理学等其他多元专家的加入,能够有效解决特定类型的法律争议。例

---

① 陈爱武:《家事法院制度研究》,北京大学出版社 2010 年版,第 5 页。

② 法官在职权探知主义原则下获悉其裁判所需事实的逻辑为:法官基于查明要件事实的需要,除非已知悉(司法认知),否则法官有权限也有义务调查(或委托第三方调查)该事实;法官调查的案情事实和其他对裁判有影响的信息应当向当事人开示;当事人应当在其所知悉范围内协助法官查明事实,否则可能因其行为(主观违法性)遭受制裁或不利益;但当事人不必对结果承担自我责任;如果事实最终无从知悉,则法官根据已获悉的事实情况酌情裁判。傅向宇:《家事审判中职权探知的限度》,载《中外法学》2021 年第 1 期。

如,家庭暴力类的案件,有时受害女性体现为受虐妇女综合征①,需要心理学专家进行疏导、稳定当事人情绪,采用心理学量表评估、访谈等较为专业的干预方式,帮助其尽快走出家暴受害的循环怪圈;在少年罪错案件中,有些少年走向犯罪道路缘于原生家庭的教育缺失甚至伤害,需要教育学、心理学专家通过信息挖掘、互动方式设计等对症下药,帮助罪错少年重返社会;除了常规家事调查之外,家事调查官往往还肩负其他社会责任,如社区普法、实地调研等,社会学和法学的复合背景,往往令这些工作的开展游刃有余。

家事调查官具有相对广泛的职能。家事调查官的调查职能不仅限于在法官委托范围内的司法调查,还包括与司法事实相关的社会调查。在接触事实的时间范围上,家事调查不仅立足现在,而且还原过去、展望未来,过去的信息指向家庭争议爆发的原因,而未来指向裁判之后是否能够真正案结事了,所以以现在的事实作为中心圈,家事调查官对事实材料的时间范围作了一定的扩展;在接触的空间范围上,对事实材料的收集不仅仅限于矛盾爆发的场域,如家庭,还包括与矛盾爆发有高度牵连关系的其他场域,如单位、学校、扩展的亲属网络等,家事调查官同样对事实材料的空间范围作了一定的扩展。这种广泛的职能立足于家事争议的特殊性,而通过法官的授权获得正当性。在家事调查官作成调查报告之时,对事情的把握应条理清晰、务求全面。

二、家事调查官的基本组织结构

(一)大陆法系代表国家及地区

在大陆法系代表国家中,日本的家事调查官制度比较成熟。在日本,家事调查官是专职辅助法官的多元专家。1948 年家事调查官的前身少年保护司设立,另立家事裁判所负责家事审判,次年家事裁判所统合受理少年、家事事件。起初少年调查和家事调查分开进行,1956 年家事裁判所统一的调查官制度正式形成。日本通过《裁判所法》(2003)实现人事诉讼的一元化裁判,家事裁判所的调查官制度在家事诉讼和非讼案件中得以全面运用。② 在日本,家事调查官的选拔比较严苛,针对特殊专业背景出身的人员经"裁判所职员采用综合职试验"考试合格,需要在"训练研究所"进行 2 年的研习,不仅要学习法学知识,还要进行多元化的技能训练,结业后方能取得任命,以综合专业背景、理论水平与实务经验的优势。在日本,以家事调查官为家事法官之辅助人的地位非常明显,通常家

---

① 受虐妇女综合征原是一个社会心理学的概念;受虐妇女遭受家庭暴力后,有时候施暴人会因为悔恨自我反省,受害人同时也寄希望于施暴人能够修正行为,但是在暴力周而复始发生之后,受害者深陷循环怪圈、无法自拔;甚至陷入心理瘫痪,认为自己无论如何也阻止不了暴力行为的发生,还不如默默忍受。

② 张丽:《日本家事调查官制度》,载《人民法院报》2021 年 2 月 19 日第 008 版。

事案件的法官可以配备多名调查官。家事法院通常设置一名首席调查官、两名次席调查官，另外还有总括调查官、主任调查官以及普通调查官，同时设置助理调查官协助具体调查。① 根据《调查官培养研修制度》(1981)、《首席家事调查官等的相关规则》(1982)，家事调查官确立了一个上意下达的模式。

韩国的家事调查官有兼职和专职两种类型。20 世纪 60 年代，韩国家事法院创设初期，只有兼职家事调查官，后这类调查官保留在妇女儿童保护机构或社会团体，进行辅助工作且不太使用；2001 年借助司法改革，韩国大法院建立了专职调查官制度，作为大法院统一考试录用的具有法院公务员编制的人员。② 家事调查官是具有丰富背景的多元专家，在家庭法院的内部，一般家事调查官的人数超过法官的人数。家事调查官不仅接受法官指令参与调查，还参与一些特殊辅助机构的组织工作，如韩国首尔家庭法院子女问题解决会议由 5 名法官、6 名法院调查官、3 名外部咨询委员组成，其中外部咨询委员主要为家庭福祉学科教授、心理医学专家、健康家庭中心的负责人等。③

我国台湾地区的家事调查官是在学习日本、韩国相关制度的基础上设立的，首先规定于"家事事件法"(2012)，2013 年 1 月、2015 年 7 月在"少年及家事法院组织法""地方法院组织法"中随即作出相应修正。任职资格规定于"少年及家事法院组织法"第 22 条："(1)经公务人员高等考试或公务人员特种考试司法人员考试相当等级制家事调查官考试及格；(2)具有法官、检察官任用资格；(3)曾任家事调查官、少年调查官、少年保护官、管护人，经铨叙合格；(4)曾在公立或公案之私立大学、独立学院社会、社会工作、心理、教育、辅导、法律、犯罪预防、青少年儿童福利或其他与家事调查业务相关学系、研究所毕业，具有荐任职任用资格。"我国台湾地区对家事调查官的选拔以司法人员特考三等考试家事调查官类科考试进行，每年考试，考试的内容涵盖比较广泛，包括法律、社会学、心理学等方面的知识。家事调查官不仅需要了解家事事件法的理论和实务，还需要懂得如何介入目标家庭，甚至需要具备心理学常见干预的方法和技巧。

(二)英美法系代表国家

在英国，并不采取法院内设家事调查的形式。英美法系采取当事人中心主义的司法模式，法院干预的程度不高。故而目前的家事调查主要由两方承担。一是由当事人提供的专家证人出具报告，如专家可以进行抚养能力的评估等，调查显示与地方机构的意见相比，儿童的父母可能更容易接受由独立的专家出具的报告，专家的参与便于儿童父母

---

① 温云云:《家事调查员制度研究》,中国民主法制出版社 2021 年版,第 60 页。
② 张丽:《韩国家事调查官制度》,载《人民法院报》2021 年 2 月 26 日第 008 版。
③ 陶建国:《韩国法院离婚案件处理机制中子女利益的保护及其启示》,载《中国青年政治学院学报》2011 年第 4 期。

与法院之间建立更易合作的关系,保障儿童最大利益的实现。① 据学者研究,近些年专家参与出现一些明显的弊端,如滥用专家证人造成诉讼进度迟延、拖沓等,故而英国进行改革,通过对《2010 年家事诉讼规则》《家事公法纲要》《2014 年儿童与家庭法》等诸多规范性文件的修改,对专家参与家事司法实践进行限制:减少专家的使用,在需要专家介入的案件中采取更为集中的方式,缩短专家报告的长度。② 二是借助 CAFCASS(儿童及家事法庭顾问暨协助服务中心),英国司法部据《刑事司法和法院服务法》设立工作人员进行调查,该机构作为中立机构接受法院的委托对特定事项展开调查,尤其是涉及儿童利益的相关事项。例如,父母双方分居或离异,且尚未就其子女的安排达成协议时;当社会服务机构介入,并为保障孩子的安全而有可能让其脱离父母的照管时;当孩子有可能被收养时。在这些案件里 CAFCASS 工作人员不仅扮演咨询的角色,还可以撰写报告提交法庭;他们都是受过训练的多元专家,法院需要认真对待报告,如若拒绝需要解释原因。

在澳大利亚,家事调查见诸家庭咨询服务中。依照《澳大利亚宪法》第 17 条的规定,家庭法院属于联邦法院,因为私人事务主要是归联邦管辖,联邦家庭法院和联邦助理法官法庭、西澳大利亚家庭法院、州法院、北部地区最高法院和各州的简易法庭构成澳大利亚的家事司法体系。澳大利亚的家事纠纷解决新机制(FDR)通过澳大利亚国会 2006 年颁布的《家庭法修正法》而建立。独立的家事司法体系,保证了家事案件中法官和多元专家有广泛密切的合作,集诉讼、协商(或辅导)、调解、仲裁于一体,非诉的方式被称为"PDR"。③ 在这样的模式中,多元专家不仅扮演着争端解决的作用,而且帮助当事人更好地理解家庭问题。非诉模式的服务中,涉及三类工作:家庭咨询服务,咨询员主要来自司法部批准的具有从事家庭咨询资质的组织,如"家庭关系中心",也可以通过授权法院官员或工作人员甚至购买服务来完成;家事纠纷调解服务,针对夫妻分居离婚时的财产归属及子女抚养等家事,主要通过法官委托的多元专家完成;家事纠纷仲裁服务,一般由律师完成。诉讼家庭服务制度,即家庭顾问制度,根据《家庭法》的规定,顾问在某些情况下有调查的权力,类似于调查官:家庭顾问可以向法院提供帮助、建议以及提供涉及诉讼的证据;可以就诉讼中的未成年子女的照管、福利或成长等事项向法院提交报告;可以向法院建议可指示诉讼当事人参加家庭咨询、家事纠纷调解、课程计划以及其他服务;可以告知法院有关政府、社区或其他机构为家庭所提供的服务情况;法院在指令或建议当事人参加家庭咨询、家事纠纷调解课程计划或其他服务之前,应当就适当满足当事人需要的服务和这些服务的最适当提供者向家庭顾问征询意见,并在行使职权之前考虑采纳家庭

---

① Family Justice Review Interim Report(March 2011),p.108.
② 齐凯悦:《论英国家事司法中的专家参与改革及其对我国的启示》,载《青少年犯罪问题》2018 年第 4 期。
③ 白红平、杨志勇:《澳大利亚家庭法院的特点及对我国的启示》,载《山西大学学报》2008 年第 2 期。

顾问的意见。①

　　在美国,家庭法主要是州法,各州之间的制度设置差异较大,协助法官工作的主体也较为多元:一方面,类似于澳大利亚的做法,多数州设置了家庭顾问,接受法官的委托,行使一定的调查权力。另一方面,大量的调查工作由法院机构完成,如弱势群体的保护组织、福利机构等,调查结果对法官有参考作用。② 值得注意的是,在英美法系国家,家事调查更多应用于涉及未成年子女的案件,相对于父母而言,子女是需要特殊保护的对象,特殊调查主体的介入也是为了保护未成年人的最大利益。

三、家事调查官行使的主要职能

　　由于英美法系国家采取的只是类似家事调查的形式,并没有形式意义上家事调查官的建制,所以这里着重分析一下日本、韩国和我国台湾地区的具体做法。

　　无论如何,由于家事案件涉及社会公益与弱势群体的利益保护,大多数国家和地区通常都会谨慎对待之,稍微强化司法的能动性,多了解与案件事实相关的其他情况,多元专家在不同的专业领域具有技术优势,越来越受到法院的重视。对英美法系的国家和地区而言,多元专家对未成年子女利益保护类的案件介入居多;而大陆法系国家和地区的家事调查官在家事案件的使用中越加广泛、深度介入,主要可以总结为以下几个方面:

　　1. 承担事实调查的职能。在事实调查方面,日本、韩国和我国台湾地区的规定比较类似。根据日本《人事诉讼法》第 34 条的规定和日本《家事事件程序法》第 58 条的规定,家事调查官接到裁判官的指令之后,应该进行事实调查和证据收集,事实调查主要在于调查当事人的社会网络,与关系人进行交谈,有时候还需要和保护机构以及福利组织进行联络。事实调查的范围主要有:对《家事事件程序法》中涉及的有关家事调停案件和审判案件进行必要的调查,对人事诉讼中涉及的部分人事诉讼案件进行调查,对涉及未成年利益保护案件的涉案事实进行调查,其他事项的调查。③ 在韩国,《家事诉讼法》第 6 条第 1 款规定,家事调查官受裁判长、调停长或者调停担当法官的命令调查事实。《大法院规则》第 9 条第 2 款规定,家事调查官在必要时,对案件相关人的学历、经历、生活状态、财产状态和性格、健康状况以及家庭环境等进行科学性调查。这样的调查除了调查官亲自进行之外,还可以委托相关机构调查并提交报告。在我国台湾地区,根据"家事事件法"(2012)第 18 条以及"家事事件审理细则"第 33 条的规定,审判长或法官可以依申请或依职权命令家事调查官就特定事项调查事实。家事调查官就特定事项调查事实时,调

查事件当事人或关系人的性格、经历、身心状况、家庭情形、财产状况、社会文化、教育程度及其他必要事项。[1] 调查类型可以分为一般调查和特定调查,前者指"家事事件审理细则"第34条第1款至第5款所列事项,后者指需要查明的具体事项,如是否有选任程序监理人的必要性、有没有家庭暴力发生等。家事调查官在实施调查之时,附带收集证据资料的职能,收集资料的范围取决于家事调查官的主观判断,服务于提高司法程序的效率。

2. 承担履行确保的职能。部分家事案件存在执行难的问题,当事人对义务履行的配合度比较差,此时需要家事调查官的介入,调查其中的隐情,推动当事人之间达成合作。在日本,《家事事件程序法》第289条规定:"根据确定义务的第39条的规定作出审判的家庭法院,在有权利人申请时,可以就该审判确定的义务履行状况进行调查并向义务人发出履行义务的劝告。根据确定义务的第39条的规定作出审判的家庭法院以及根据前款规定接受调查和劝告委托的家庭法院,可以让家庭法院调查官进行前款调查和劝告。"可见在履行确保中,家事调查官承担两方面的工作:调查和劝告,前者指向调查不履行的原因,后者指向对拒绝履行的当事人进行劝导,督促其履行义务。家事案件中,当事人不履行有很多复杂的理由,主观上不愿意履行、情绪上产生对抗,或者客观上履行不能、经济条件不允许,针对不同的情况,家事调查官的应对策略也存在差别。在家事案件中,当事人之间往往存在情感和血缘的联系,减少对抗性也是家事调查官需要关注的重要方面。对存在主观原因的当事人,家事调查官应该说服当事人以理性的方式接受结果,提高主动性;对存在客观原因的当事人,家事调查官也需要联络当事人,给予其表达意见的机会,特殊情况下可促成履行方案调整。履行劝告和强制执行不冲突,当事人不接受履行劝告的,另一方当事人仍然可以申请强制执行。在韩国,家事调查官主要在两种情况下对义务履行状态进行调查和劝告。一是当事人申请强制执行探望权、给付抚养费等生效的命令时,法院会先行委托家事调查官进行义务履行情况调查后再作决定,家事调查官在调查过程中可以劝告义务人履行义务。二是法院发出强制执行令后,可以根据当事人的申请,命令家事调查官对义务履行情况进行调查并劝告义务人履行义务。[2] 在我国台湾地区,如果当事人不愿意履行家事法院的裁判,法院会发出"自动履行令",如果当事人仍不履行,法官会委托家事调查官协助履行、进行劝导,确保履行能够落到实处。根据台湾地区"家事事件审理细则"第166条的规定,家事调查官协助履行职能的发挥,体现在以下几个方面:"评估债务人自动履行之可能性、何时自动履行、债权人之意见、未成年子女之意愿、心理、情感状态或学习生活状况及其他必要事项等,以拟定适当之对策;向其他关系人晓谕利害关系,请其协助促请债务人履行;协助债权人或债务人拟定安全执行计划或短期试行方案;劝告债务人就全部或已届期之金钱或其他代替物之给付,提出

---

① 刘敏:《论家事司法中的家事调查员制度》,载《法治现代化研究》2020年第4期。

② 张丽:《韩国家事调查官制度》,载《人民法院报》2021年2月26日第008版。

履行之方式。"

3. 向法官提交调查报告。在日本,根据调查对象的差异,内容也不一样,大体上需要对案件相关人员的性格、经历、生活情况、财产状况以及家庭和其他环境的情况等事实进行调查。[①] 例如如果是涉及监护权确定的调查报告,应该对儿童现有的监护情况进行说明,征求儿童个人的意愿以及对潜在监护人的相关情况进行全面的梳理,必要时应在学校、医院等社会机构处收集信息。在韩国,调查报告的主要内容有:反映当事人结婚前的日常生活情况(出生、就学、恋爱等)、结婚后的日常生活情况(纠纷的产生过程和现象)、财产状况、家族状况、抚养环境(子女的性格、上学时间、辅导班时间、辅导费用、子女的意愿、与父母的亲疏程度、分开后的探视状况)、当事人的身心状态等 10 个部分。[②] 在我国台湾地区,根据"家事审理细则"第 34 条之规定,调查报告主要包括的内容有:未成年子女、受监护或辅助宣告人、被安置人之意愿、心理、情感状态、学习状态、生活状态、沟通能力及其他必要事项;评估当事人或关系人会谈之可能性;进行亲职教育或亲子关系辅导之必要性;进行心理谘商、辅导或其他医疗行为之必要性;其他可连接或转介协助之社会主管机关、福利机关或团体。我国台湾地区学者沈冠伶认为,家事调查官应提出调查报告,调查报告中除调查之事实陈述外,尚应包含与本案有关之评估、建议,但此对法官并无拘束力,当事人亦得对之表示不同意见;法官命令家事调查官就特定事项调查事实前,应听取当事人或关系人之意见,此得以书面或言词方式为之;法院于斟酌家事调查官之调查报告书为裁判前,应开示其内容而使当事人或关系人知悉,并有辩论或表示意见之机会。但调查报告之内容有涉及隐私或有不适宜提示当事人或关系人为辩论或令陈述意见者,应于报告中载明,未成年子女陈述意愿,经表示不愿公开者,亦同。[③]

4. 到场陈述意见。在日本、韩国和我国台湾地区,家事调查官都有到期出庭、进行陈述的义务。司法程序进行中,如法官在办理调解、审判或履行劝告程序之时,认为相关事实存在理解歧义或者模糊不明的情况,给全面了解真实情况带来困难,可以在必要时要求家事调查官参与相关司法程序,现场观察各方当事人的表现,听取当事人或者关系人陈述意见,以便于对特定情况进行更准确的验证、判断。同时,家事调查官也可以接受法官的指示陈述意见,这是调查程序前之意见陈述。除此之外,家事调查官也可以在调解、审判或履行劝告程序期日时,即调查报告形成之后,对所涉事项进行说明,这是调查程序终结后之意见陈述。

5. 其他工作的承担。在日本、韩国,家事调查官可以接受法官指示,在为了维护当事人利益确有必要,或者为了推动庭审程序顺利进行之时,对当事人的家庭环境进行调整。

---

① 刘敏:《论家事司法中的家事调查员制度》,载《法治现代化研究》2020 年第 4 期。

② 温云云:《家事调查员制度研究》,中国民主法制出版社 2021 年版,第 81 页。

③ 沈冠伶:《专家参与民事审判之多元角色及听审请求权之保障:商事事件审理法是否为最后一块拼图?》,载《台大法学论丛》2021 年第 50 卷第 2 期。

在我国台湾地区,家事调查官可以作为资源连接的桥梁,在家事争议的处理过程中,司法单位需要和网络单位(如社政、卫政、警政、教育等)相互协助,如参加行政机关的联合会议、评估会议等,家事调查官可以从中进行沟通联络。

四、家事调查官介入的案件与事实

在家事调查官对案件事实进行调查干预时,需要根据案件的具体类型进行适度的干预。但分类有依据不同标准而进行者,如我国对家事案件的分类是一种扁平化的分类:把纠纷分为婚姻家庭与继承两大门类,门类下面设具体的子类,而子类之间没有明确界分标准,基本思路似乎主要是根据争议的相似性而合并同类项,最后希望穷尽所有的争议情形。也有主要依据家事案件的程序性特征逐渐递推,大体分为诉讼与非讼两类。

在日本,家事裁判所受理人事诉讼以及与此相关的损害赔偿案件,主要有以下三类:婚姻关系案件,包括婚姻无效之诉、婚姻撤销之诉、离婚之诉、协议离婚无效及离婚撤销之诉、婚姻关系存否确认之诉;收养关系案件,包括收养关系无效之诉、收养撤销之诉、离缘之诉、协议离缘无效之诉及离缘撤销之诉、收养关系存否确认之诉;亲子关系案件,包括亲生子女否认之诉、子女认领之诉、认领无效之诉、认领撤销之诉、确定父亲之诉、亲子关系存否确认之诉。[①] 对这些案件的处理,法院实行职权探知主义。日本的《家事事件程序法》是在《家事审判法》基础上进行修改而制定的,而家事审判是指法院以职权探知主义为基本原则,通过裁量权的行使,实现对家事案件具体而恰当解决的一种非公开程序,属于非讼程序的一种,适用非讼原理。[②] 在韩国,家事法院和家事法庭专门处理家庭婚姻关系中的各类纠纷和非讼案件,主要有家族关系纠纷案件、未成年人案件、反家庭暴力案件、反虐待儿童案件以及家庭关系登记案件。首尔的家事法院于1963年成立,负责审理家事关系案件和未成年人犯罪,在其他地方则由一般法院的家事部负责处理家事案件。我国台湾地区"家事事件法"(2012)则将案件根据讼争性分为五种类型:甲、乙、丙三类为家事诉讼事件,甲、乙两类是身份关系事件,丙是与身份有密切关联性的财产关系事件;丁、戊两类均为家事非讼事件。丁类为严格的非讼事件,戊类为有讼争性因素的非讼事件。[③]

在扁平化的家事纠纷解决机制中,家事调查官并不能够起到很好的作用。因为家事争议占全部争议的相当数量,如果不能够很好地调配家事调查官,也会出现案多人少的局面。因此,家事调查官的选任大致遵守以下各项规则:其一,根据案件的讼争性决定家

---

① 郭美松:《日本人事诉讼法及其对我国的启示》,载《太平洋学报》2009年第11期。
② 刘敏:《21世纪全球家事诉讼法的发展趋势》,载《中国应用法学》2017年第5期。
③ 蒋月、冯源:《台湾家事审判制度的改革及其启示——以"家事事件法"为中心》,载《厦门大学学报(哲学社会科学版)》2014年第5期。

事调查官的介入程度。讼争性强的案件,表明情理和法理的冲突已经达到比较紧张的状态,有时确实需要家事调查官对事实进行全面调查,以起到缓解紧张关系的作用。而讼争性比较弱的家事案件,一般依照法官的职权即可进行有效的处分,当事人较少争议,家事调查官可依具体案件按需介入。其二,根据案件所保护利益主体的特殊性选择决定家事调查官介入程度。涉及家庭暴力或未成年子女利益的案件,需要重点发挥家事调查官的作用。家庭暴力纠纷的解决涉及的因素较多,对于施暴者以及受害者需要进行全面的调查,才能够作出正确的裁判,而且在处理过程中涉及较多医学、心理学知识的应用,家事调查官刚好发挥专业特长。而未成年子女利益,需要慎重对待,如今奉行儿童最大利益原则,需要对最大利益的构成与实现作出全面评估,这就需要更多地了解事实,家事调查官的介入也非常合适。其三,在家事案件中,人身关系案件可以较多选任家事调查官进行调查,而财产关系案件家事调查官可以较少介入,因财产关系具有较强的可恢复性,而人身关系较难恢复原状。

家事调查官协助法官的立场已无争议,但家事调查官在具体介入案件、调查事实之时,需要对事实本身进行深入、全面的了解,包括"法律事实—生活事实""客观事实—心理事实",以便更加清晰地还原案件本身的真实情况,①从而有效缓解情理与法理的冲突。家事案件不能单纯以法律和社会一般观念进行裁判,法官需要考虑当事人性格、心情以及现在所处境遇,努力探究事件发生的背景、隐藏的真相。这需要与人际关系有关的心理学、社会学、教育学等各学科知识、技术,故家事调查官需要具有相关专业知识与实践经验。

家事调查官所调查的事实涵盖法律事实、生活事实与心理事实,法律事实可以被视为中间事实,生活事实与心理事实可以被视为周边事实。既然有广泛的事实覆盖,则意味着家事调查官必然具备多元化的背景。(参见表2-1)。在日本,日本家事裁判所②的职能是审判和调解有关家庭的案件、审判少年保护案件、审理危害少年福利的成年人刑事案件。③ 其主要有两点特色:其一,家事调查官在法官对未成年人案件作出判决之前,调查相关事实,对法官负责;其二,家事调查官具备多元化的专业背景,如医学、心理学、教

---

① 陈刚主编:《自律型社会与正义的综合体系——小岛武司先生七十华诞纪念文集》,陈刚等译,中国法制出版社 2006 年版,第 232 页。

② 在日本,家事裁判所于 1949 年成立,在《少年法》修改之后,基于少年事件与家事事件密切的关联,家事裁判所处理家事纠纷,承担类似监护法院的职能,家事调查官自 1951 年在家事裁判所内配置。

③ 1991 年 1 月 1 日开始,为了在开庭的当日就可以更顺利地进行调停,增加了事前对可能影响调停的诸因素进行预先评估程序,譬如当事者的性格、精神状况、是否有暴力倾向等。在监护权变更案件中,事前会充分考虑如果小孩的现行监护者对调停结果反对的话可能发生的问题。在新的体制中,通过调查官在事前调查、出庭劝告、列席调停等工作中的参与,大大提高了调查官对案件的参与度,其意见在调停过程中就可以反映出来。[日]重松一义:《日本家事调停制度的半世纪历程》,黄毅编译,载徐昕主编:《司法:调解的中国经验》(第 5 辑),厦门大学出版社 2010 年版。

育学、社会学等专业知识。在日本《家事事件程序法》(2011)中,旧的《家事审判法》得到了全面修正,明确了家事调查官和未成年人程序监理人之间的职责分工:家事调查官更加关注案件的整体解决情况,可以依职权对未成年人进行询问,尽力维持家庭圆满。在日本,除了非讼性质比较明显的案件,一般需要进行家事调停。在调停中,为了弥补调停委员会专业知识不足而设的家事调查官须通过候补调查官的考试,考试科目为心理学、社会学及教育学等,通过考试后须受两年调查实务训练,成为正式家事调查官后,仍需参加在职培训,以维持其专业性。①

表 2-1 日本家事调查官参与监护案件调查举例②

实例:围绕着小学一年级男孩和保育园女孩监护权的归属问题发生争执的事例

母亲将 2 个孩子留给了父亲,离家出走,已经过去了 1 年半。通过对家庭、学校、保育园等进行访问调查,查明父亲认真地履行了养育的义务。按照母亲的希望,在家事裁判所的儿童室分别进行了母子交流、父子交流。父亲能够使用孩子们不断拿出的玩具,玩得很熟练。母亲透过玻璃观察这个场景。母亲可能由于很久没有见孩子们,有些不自然。孩子们凑到母亲身边想要引起母亲的关心,母亲只是高兴地掉着眼泪,没能注意到。事后,母亲透过玻璃看了父子交流的场面,知道了父亲认真地履行了养育孩子们的义务,和家事裁判所进行联络说父亲做监护人比较好,希望面谈交涉。

调查要素	具体情况
调查时间	在询问当事人与证人后,发布调查命令;或完成与亲权人指定有关的争点整理后,与辩论准备和证据调查程序同时进行。
调查范围	法官一般会对调查范围进行指定,并明确调查重点,涉及当事人的工作、身心、经济、家庭状况等事项。调查官不能超越调查命令的范围,进行宽泛调查。
调查对象	依据法官委托,可以为原告、被告;未成年子女;与未成年子女的养育有关,或者进行事实上监护的亲属;客观、详细把握未成年子女信息的幼儿园、学校、儿童咨询机构、医院等。
调查方法	会面为原则,书面为例外。
调查结论	书面报告,调查官可附上自己意见。原则上允许诉讼当事人阅览或者复印。这是基于证据开示原则保障诉讼当事人的反驳机会。但如果在认为可能危害儿童利益或者第三人私生活的情形下,应该限制当事人的申请。

---

① 汤鸣:《让调解回归本位——日本家事调停制度的特色与借鉴》,载《江海学刊》2015 年第 5 期。

② 陈爱武:《人事诉讼程序研究》,法律出版社 2008 年版,第 47～48 页;[日]佐藤千裕、竹野均、山岸均等:《关于对孩子的采访、观察的问题——以家事调查官的工作和发展为研究视角》,载《法与心理》(2009 年第 8 号),第 83～85 页。

| 第二节 |

家事调查官制度运作的基本原理

家事司法改革是司法改革的重要议题之一,最高人民法院自 2016 年 6 月 1 日起开展为期两年的家事审判方式和工作机制改革试点工作,而家事调查官的引入作为重要的探索方式。[①] 一些地方高级人民法院出台的家事审判方式和工作机制改革的指导意见中,要求配备充实家事调查员。在亚洲国家,如日本、韩国都有设立家事调查官,我国台湾地区在"家事事件法"(2012)中也引入了家事调查官的干预,此项探索似乎有经验可资借鉴。即便如此,对家事调查官的理解,亦不可仅停留于对多元化纠纷解决机制的丰富或依其特殊的专业背景助益审判,其本身仍然存在诸多疑云,其中重要问题为:其一,家事调查官的设立立足于家事纠纷的特殊性,对照此种特性如何理解对家事调查官的角色期待;其二,家事调查官究竟主要是辅助当事人还是辅助法官;其三,家事调查官在具体实践中如何运作,才能与法官形成较好的互动。本部分围绕这几个重点问题展开,完成家事调查官的角色干预设计。

一、家事争议中法官角色的局限性

法官角色的局限性主要基于家事争议中的身份伦理。现代社会由身份走向契约,人与人之间的社会关系主要依赖契约伦理维持,而身份伦理仍然顽固地存在于家庭关系内部,即使身份被改造成平等的家庭成员角色,家庭中的身份伦理亦无法消除,夫妻与亲子的身份固然存在。故而,学者将家事纠纷定义为复合性纠纷。[②] 法官的无奈在于,当法官进行裁判、适用法律之时,由于法律本身是普适的、统一的标准,法律的性格和契约伦理

---

① 宁杰:《周强主持最高人民法院专题会议强调积极推进家事审判方式改革》,http://www.chinacourt.org/article/detail/2016/04/id/1834413.shtml,最后访问时间:2018 年 12 月 27 日。

② 家事审判的对象是家事纠纷,与一般民商事纠纷相比,该类纠纷是一种复合性的复杂纠纷,它不仅涉及家庭成员之间的身份关系纷争,还涉及身份人之间的财产关系争议;不仅涉及成年人之间的争执,还涉及未成年子女的利益保护;不仅涉及法律上的争议,还可能涉及当事人情感上、伦理上的纠葛。陈爱武:《论家事审判机构之专门化——以家事法院(庭)为中心的比较分析》,载《法律科学》2012 年第 1 期。

有天然的融合性。道德本身是多元的而难以进行统一衡量，"如果我们选定'道德'为自变元的值，那么，根据'道德'与因变元的关系，就可以得出十种以上关于'道德相对于 Y'的不同组合"①，以刚性的、统一标准的法律调控家庭成员之间的身份关系，具有天然的不适应性，一些家事案件由于社会效果较差而饱受诟病。

　　社会效果差，特别体现于法学家、法官、当事人、社会一般人对家事案件裁判结果的不同立场。法学家信仰法律之治，合法律性是法学家考虑的首要因素。在这种合法化模式之下，无须诉诸任何实质性的外在标准（如道德），单单形式上自足、自主且自洽的合法律性即可使政治秩序和法律秩序赢得民众的服从信念，进而使之产生合法性。② 同时，法学家也是具有理性精神的一类群体，而法的理性也首先是法的一种逻辑思考能力。③ 马克斯·韦伯认为"最高层次发展的法的合理性，只不过是'逻辑形式的合理性'而已"④，即形式合理性。其方式是"由受过法律教育的人（专业法学家）进行系统的制订法的章程和进行专业的、在文献和形式逻辑培训的基础上进行的'法律维护'"，如法律"发展为愈来愈专业化的、法学的即逻辑的理性和系统性，而这样一来——首先纯粹从外表观察——就发展为法的日益合乎逻辑的升华和归纳的严谨，以及法律过程的愈来愈合理的技术"⑤。

　　社会一般人对法律仅存朴素的认知，他们眼中的法律，毋宁说是符合社会道德的另一类规范。每个人对于道德的理解差异，令他们希冀法律天然支持自己的立场。法学家所坚持的一以贯之的法律，往往对社会一般人造成较大的心理落差，从而影响法律本身的可接受性。这样的争议集中体现于"泸州遗赠案"，⑥电影《我不是潘金莲》⑦也体现了这样的冲突。

---

① 张言亮、卢风：《道德相对主义的界标》，载《道德与文明》2009 年第 1 期。
② 孙国东：《基于合法律性的合法性——从韦伯到哈贝马斯》，载《法制与社会发展》2012 年第 2 期。
③ 王申：《论法律与理性》，载《法制与社会发展》2004 年第 6 期。
④ 何勤华：《西方法学史》，中国政法大学出版社 1996 年版，第 227 页。
⑤ ［德］马克斯·韦伯：《经济与社会》（下卷），林荣远译，商务印书馆 1997 年版，第 201 页。
⑥ 黄伟文：《法律与道德之争：泸州遗赠案的司法裁判研究》，载《湖北大学学报》2013 年第 2 期；余净植：《旧案重提："泸州遗赠案"两种分析路径之省思》，载《法学论坛》2008 年第 4 期。
⑦ 李雪莲因为一个假离婚的案件，谋划与其前夫以生下孩子再复婚的办法来逃避超生罚款，结果离婚之后丈夫与别人结婚而彻底变为前夫，并以结婚时不是处女为理由指责自己是潘金莲，李雪莲诉请到县法院不获得支持，逐渐走上了漫长的上访道路，市长马文彬颇受困扰，指责当年主审法官王公道，"还不是因为十年前你把案子判错了！"，王公道答："就是因为十年前这案子判对了。"

虽然法学家与法官同属于法律共同体的成员①，但法官的角色更加复杂。法官必须有能力平衡家事案件的情理、法理因素，这对于法官而言是天然的两难命题。因其所受到的法律训练，其不自觉倾向于支持法学家的阵营。因对案件社会效果的预估，期待案件能够真正定分止争，其不自觉又一定程度地顾忌当事人的感受，预测社会一般人对案件本身的可接受性。法官类似于钟摆的角色，学者周赟将法官定义为"法律家"，从形式上与法学家存在差别，"法学家的任务在于'认识世界'，而法律家的任务在于'改造世界'"，②即使他们在思维层面、实践理性上具有一致性。在断案过程中，法官使用的也是一种平衡之术，"当法官在应用一条规范处理案件时，他并不像手艺人那样只需要简单地将规范照搬或套用到案件中就可以，因为法律总是抽象、概括的，而案件本身又一定是具体的，所以法官必须进行'缓和'，即根据案件的具体情况进行一定的修正才可以公道地适用法律"。③

二、家事争议中家事调查官的角色期待

学者曾将司法比喻成剧场，"法官是以'法律表演者（演员）'的身份出场的，他们的服饰（法衣）、姿态和言行代表着法律符号的象征意义，因此他们演示法律之技艺（技术）的高低，将直接影响'旁听人'对法律的感性认知"。④ 这些符号仍然表明合法律性应该是法官考虑的首要因素，符号本身影响法官和当事人互动的效果，若不遵守符号互动的剧场规则，法官可能偏离自身角色，从而影响当事人对案件的可接受性；但在家事案件中，如果坚守自身角色，当事人对案件的可接受程度将不理想。家事案件中的情理因素引致的道德考量已经跃出法官自由裁量权的范围。这就需要另立角色分担法官的角色压力，不然过度的角色负担会导致对法官本身角色意蕴的根本性违反。

家事调查官的产生是社会分工的结果。家事调查官对应家事争议中的情理因素，而由法官对应家事争议中的法理因素，是家事审判的有益方式。法律职业的兴起从来都是社会分工精细化的体现，家事调查官的出现理应如此：在罗马法时代，先有法学家而无法

① 人们正在怀着矛盾的心情来接近他们，接近这些出没在公司、饭店、宴会、酒席上的律师，这些活跃在课堂、讲坛、媒体上的法学家，以及那些深居简出的法官，而这些人正在不断地聚集起来，形成一个独特的共同体，那就是我们这个时代最伟大的共同体——法律共同体（legal community），这些人我们概括地称之为"法律人"（lawyers）。强世功：《法律人的城邦》，上海三联书店 2003 年版，第 7 页。
② 周赟：《论法学家与法律家之思维的同一性》，载《法商研究》2013 年第 5 期。
③ 周赟：《论法学家与法律家之思维的同一性》，载《法商研究》2013 年第 5 期。
④ 舒国滢：《从司法的广场化到司法的剧场化——一个符号学的视角》，载《政法论坛》1999 年第 3 期。

律家,法学家也是从僧侣的职业中分离而成的;①后来,从法学家中分离出法律家,专司法律实践,这是角色分工的发展;当角色分无可分,法律家所从事的工作可以按照具体事务的性质实现进一步的分工。

家事调查官所承担的角色期待已经跃出法官自由裁量权的范围,自由裁量权的行使以必要、被动、克制为原则。学者认为,自由裁量权是一种公正裁量,但需要受到外在约束和内在约束,外在约束体现为不得违反法律的明文规定,内在约束体现为不得违背法律的原则和精神。② 与此相反,家事调查官履行职责应该不受案件基本事实的约束,主动进行调查,以求勾勒出案件全貌,其所对应的应该是灵活的、能动性强的法律角色。家事调查官既助法官晓之以理,以便法官作出正确的决断;又对当事人动之以情,以便当事人能够真正理解并且接受判决。

三、当事人之辅助抑或法官之辅助

家事调查官设立的初衷,在于缓解家事案件中情理与法理的冲突。因此,应为家事调查官设置相应辅助性的、较灵活的实体职能或程序职能。辅助意味着独立性弱,家庭调查官只能起到配合、协调的作用,并无法取代所服务的主要角色。

家事调查官的辅助对象是当事人或者法官,是值得思考的首要问题。对当事人而言,不应该将辅助人与代理人等量齐观,否则便没有设置辅助人的必要性。代理人,如律师,具有较强的独立性,处分权及于当事人的授权范围,在特别授权的情况下角色甚至类同于当事人本人。职是之故,辅助人的补充职能,在于令被辅助人的形象更加丰满。在我国民事诉讼模式中,当事人、法官可能同时面临角色发挥受到局限的问题,是否都需要家事调查官来进行辅助? 家事调查官的设置主要基于家事案件的特殊性,即情理与法理的冲突已经从根本上影响到案件的可接受性,这是其他民事案件并不具备的特点,否则调查官应该在所有类型民事案件中存在。此种冲突对当事人或法官哪一方带来困扰,则其理所当然地应该成为家事调查官的被辅助对象。

基于家事案件的特殊性,法官在以司法三段论处理案件事实并适用法律时,面临很大困扰。法律面前人人平等的观点,事实上将法律面前的每个人进行了抽象化,勒鲁认

---

① 3世纪中叶,奥古尼加次才首次明文规定,除贵族外,平民亦享有当选为僧侣的资格。这样,平民出身的僧侣柯伦康尔斯利用自己的合法身份,公开就法律问题任人质疑,尽量予以解答,打破了贵族僧侣的垄断,为更多的平民争得了学习法律知识的机会。从此,习法之士日渐增多,研究法学的空气日趋浓厚,一个专门以解答法律为荣誉职业的法学家派别随之崛起,一时法学竟成了人们普遍产生兴趣的学问。李进一:《罗马法学家与罗马法》,载《暨南学报》1997年第2期。

② 蔡伟:《法官的自由裁量权》,载《宁夏社会科学》2007年第2期。

为,"就迄今人们的智慧所能揭示的大自然的范畴而言,人与人是平等的"①,自然法上的平等得到了实定法的确认,形式平等产生,"每个人都潜在地拥有跟其他人同等的权利"②;而家事纠纷中人与人之间千丝万缕的身份、情感联系,又将家事矛盾具体化。案件审理中,法官更多地进行形式审查,并适用普适的法律,对一般案件而言毫无问题;而家事纠纷中的"酌情",却尽量要求法官进行"客观真实"的审查,与法官的被动、中立职能相距甚远。总之,基于情理与法理的冲突,若以法官固有职能作为出发点则无法使家事纠纷获得真正解决,若非如此则易引发法官职能僭越之危机,如此尴尬无异于"按下葫芦浮起瓢"。

当事人的立场如同多棱镜,对家庭纠纷的多面向理解,从情理的角度都能够到达,是当事人给法官造成压力的原因,并非来自司法角色自身的困扰。若为当事人设立辅助人,多由于当事人不同于一般人的特殊身份,导致其对法律相关实体或程序存在理解隔阂,有必要进行保护性特殊对待。

家事调查官承担一定的实质审查职能。例如在《韩国民法典》第 836 条及相关规定中,家庭法院法官仅对离婚真意进行形式审查,这种对于离婚自由的放任招致很多人的非议,既无法确认离婚究竟是否出于当事人的真意,也无法确认离婚后子女的监护是否得到实质保障。家事调查官制度的引入,能够在一定程度上避免法官形式审查的弊端,因其设立的本意在于帮助法官全面了解案件的事实状况。家事调查官利用丰富的经验尝试尽力挖掘案件事实,其发生作用在法官形成裁断之前。在裁判离婚之时,由于家事调查官的参与,法官与当事人关注的焦点往往集中于子女的监护或者抚养问题,即离婚后子女利益的实现。在离婚之时,有关儿童保护的问题,或者监护类的事项,通过"子女问题解决会议"以及"父母教育"程序获得实现,家事调查官的参与发挥了重要作用。子女问题解决会议主要由家事调查官协助法官评估担任监护人的最佳人选,深入剖析儿童的成长环境,包括了解不利于儿童成长的相关因素,如果属于父母亲职履行的缺失,如抚养技能缺乏、家庭成员关系处理不当、无法为子女提供必要心理支持等问题,则提供帮助完善的具体方案,推动家庭监护能力的修复或者维持,减少家庭关系变动对子女身心健康的冲击。子女问题解决会议的结论对法官有参照意义,首尔法院的经验在 2010 年普及韩国全国。在首尔家庭法院,裁判离婚中的"父母教育"亦由家事调查官组织,重点涉及以下内容:说明父母之间的争议对子女的影响;分析父母的心理状态;分析离婚后子女的心理状态,建议父母应持的态度;告知诉讼中应保持的态度;讲解家族法律知识。③

---

① 〔法〕皮埃尔・勒鲁:《论平等》,王允道译,商务印书馆 2012 年版,第 70 页。

② 〔法〕皮埃尔・勒鲁:《论平等》,王允道译,商务印书馆 2012 年版,第 69 页。

③ 陶建国:《韩国法院离婚案件处理机制中子女利益的保护及其启示》,载《中国青年政治学院学报》2014 年第 4 期。

家事调查官应该主要承担程序职能还是实体职能,仍然存有疑问。例如,在我国台湾地区"家事事件法"的立法过程中,对此有不同争议。对于家事调查官存在实体职能和程序职能相互混同,吴明轩法官有非常精辟的论述,我国台湾地区的家事调查官制度"唯调查证据属于法官之职权,许法官以外之家事调查官调查证据,授权失之太宽,且未就调查证据之方法为明确之规定或限制,家事调查官如有滥用职权情事,所调查证据之可信度极低,后果堪虑,施行结果可能得不偿失"①。因此,家事调查官若程序性职能与实体性职能兼具,其本身的灵活性又具有天然的优越性,则法官没有用武之地,可能会掣肘法官,显得本末倒置;如果既无程序性职能,也无实体性职能,则其最终履行职能的结果无非在于收集有效的案件事实与材料给法官,但行为本身指向当事人,权限正当性有所争议。

| 第三节 |

试点区域家事调查员的履职情况

《最高人民法院关于开展家事审判方式和工作机制改革试点工作的意见》(以下简称2016年《意见》)提出"探索引入家事调查员、社工陪护及儿童心理专家等多种方式,不断提高家事审判的司法服务和保障水平"。家事调查员在试点区域逐渐引入,同时优化多元专家工作的环境条件,如配套家事调解室、心理评估室、单面镜调查室等设施。经过两年地方各级法院司法经验的积累,《最高人民法院关于进一步深化家事审判方式和工作机制改革的意见》(以下简称2018年《意见》)提出建立完善的家事调查制度,如规定家事调查员的选任条件、建立名册,并明确了家事调查员接受法官委托行使对特定事实的调查职能。家事调查员进行事实调查时,有广泛的权利,也需要承担严格的法律义务,并需要遵循回避、听取当事人意见等其他程序,同时配套了对家事调查员的相关罚则。课题组重点考察了试点区域家事调查员的履职情况,以对家事调查员制度实践状况进行客观评估。

---

① 吴明轩:《试论家事事件法之得失(上)》,载《月旦法学杂志》2012年第7期。

一、家事调查员的人事选任现状

在调研地区,法院大多通过建立家事调查员名册的方式进行管理,这与最高人民法院 2018 年《意见》要求的精神相一致,"人民法院应当建立家事调查员名册";同时,为了节约资源、提高效率、普适推广,上级法院与下级法院可以通用家事调查员的名册。在受访法院中,很少见设置专职家事调查员的情况,家事调查员一般为兼职设置。根据《立法法》(2023)第 11 条的规定,"下列事项只能制定法律……(二)各级人民代表大会、人民政府、监察委员会、人民法院和人民检察院的产生、组织和职权";而受限于《人民法院组织法》对人民法院审判组织和人员组成具体限制,家事调查员在我国目前也只能采取兼职设立的方式。根据《人民法院组织法》的规定,对人民法院的组成人员进行的完全列举,包括法官、审判辅助人员和司法行政人员三类。审判辅助人员主要指的是书记员和司法警察等;司法行政人员主要指在人民法院从事行政管理、后勤服务、党务工作、纪律监督等各项工作的人员。但是,家事调查员既不属于司法行政人员序列,也不属于审判辅助人员。作为法官和当事人之间的桥梁,其也很难被纳入司法行政人员的序列,后者主要处理法院的内部工作,不涉及对外关系。

在兼职设立家事调查员的人员架构中,家事调查员很难成为常态化的人员安排,一般是"按需设立"。这个"需"既来源于家事改革的宏观要求,又基于优化家事纠纷处理社会效果的现实考虑。如果前述原因成为主要原因,而在基层法院案件量庞大的工作压力下,兼职家事调查官的设立形式胜于实质,在家事调查员建册管理上可见一斑。个别法院对家事调查员独立建册,而一些法院对家事调查员和家事调解员混合建册,"一套班子、两种说法"。由此可见,家事调查员从试点建制之初,就难以摆脱我国大调解的制度阴影,家事调查员调解与调查职能几乎不作区分,家事调查员也是家事调解员,既调解,又调查。与其说家事调查员发挥着辅助审判的职能,具有相对独立的法庭角色,不如说家事调查员在大调解的虹吸效应中,已经隐没不见。

为了验证之前的观点,可以仔细观察一下选拔家事调查员的人员池。2018 年《意见》中规定家事调解员的人员池构成如下,"人民法院可以邀请人大代表、政协委员、人民陪审员、专家学者、律师、基层法律服务工作者、仲裁员、退休法律工作者、基层工作者以及其他具有社会、人文、法律、教育、心理、婚姻家庭等方面专业知识的个人加入家事调解委员会特邀调解员名册"。2018 年《意见》中规定家事调查员的人员池构成如下,"人民法院可以邀请人大代表、政协委员、人民陪审员、人民调解员、专家学者、律师、基层法律服务工作者、仲裁员、退休法律工作者、基层工作者以及其他具有社会、人文、法律、教育、心理、婚姻家庭等方面专业知识的人员加入家事调查员名册"。两者没有任何区别,甚至为人民调解员成为家事调查员设置通道,具备多元背景的专家,既可以担任家事调解员,又可以担任家事调查员。根据大多数受访法院的情况反馈,如 T 市某区法院,家事调查员从人民调解员里面借调过来的情况比较常见。在法院邀请的人中,退休党员、干部的参与积极性比较高;或者与妇联、工会合作,推荐具有性别意识、群众工作经验的人参加。工作较有成效的家事调查员,甚至被冠以"××老娘舅""××好人"的称号,可见目前的多元专家社会干预胜于专业干预,停留于熟人社会工作的方式,以情动人、以理服人。

在沿海 S 市某区法院进行调研中发现,在他们的操作过程中注意到了家事调查员和家事调解员的选任差别。家事调解员的任职要求规定,"家事调解员应当品行端正,具有丰富的社会知识、经验和高度的责任意识。家事调解员符合下列情形之一的,应当优先选择:具有教育学背景,具有心理学背景,具有调解、和解技能培训背景,其他具有适宜家事纠纷处理的专业背景"。家事调查员的任职要求规定,"家事调查员应当品行端正,具有丰富的社会知识、经验和高度的责任意识。符合下列情形之一的,应当优先选择:具有法律从业经历或法学专业背景,具有基层工作经历,其他具有适宜家事纠纷处理的专业背景"。在此处对任职要求的差别规定中,区分社会干预和专业干预非常明显。社会干预仅要求丰富的社会经验、知识阅历、人生体验即可,运用的是经验知识,也不排斥熟人社会的规则,因为特殊的、密切的情感联系更加有利于工作的开展。在社会干预中,每个人都是社会网络中的一个具体的点,周围人和事物的作用力,甚至压力,对家事争议的解决也具有正面的推动力。而在专业干预中,家事调查员必须帮法官分担家事案件中事实调查的压力,法律专业背景是必须的,日本、韩国以及我国台湾地区对家事调查员选拔要求中司法专业知识都是必备的,有其他多元的背景属于锦上添花,是否利用经验知识视情况而定。所以,家事调查员是需要受到回避制度约束的,是"半个司法人员"。在 2018年《意见》中,也规定了家事调查员有下列情形之一的,当事人有权申请回避:是一方当事人或者其代理人近亲属的;与纠纷有利害关系的;与当事人、代理人有其他关系,可能影响公正调查的。同样的,调解员没有回避规定,放在一个人员池里面较不妥当。

二、家事调查员的工作方式现状

在受调查法院,家事调查员一般采取"调查＋调解"的工作模式。在不严格区分家事调查员和家事调解员的角色干预下,家事调查员的工作是纠纷解决主导型的,而不是辅助司法职能实现型。在日本、韩国和我国台湾地区,家事调查官属于辅助司法职能实现型,这些国家和地区的司法系统是法官中心主义的,采取纠问制,所以家事调查官能够分担法官事实查明的压力,使其集中精力聚焦于法律适用问题,作为司法精细化分工的结果,家事调查官大多被纳入司法编制。在英美法系的一些代表国家,这些国家的司法系统是当事人中心主义的,采取对抗制,所以家事调查往往成为可供当事人所选择的、丰富的司法服务方式的组成部分,即"购买服务";这是从当事人利益的立场出发,间接驱动司法职能实现。纵观我国家事调查员的工作模式,既不体现为由当事人付费购买服务,家事调查员也没有被纳入司法编制。其本质上是一种大众司法,作为法院精英司法程序的补充,起着调诉分流的作用,是纠纷解决主导型。法院司法作为精英司法,追求的是合法律性,由"他人作为自己事务的最佳判断者";大众司法追求的是合理性,由"自己作为自己事务的最佳判断者"(参见图 2-1)。

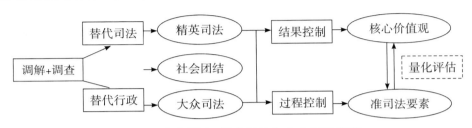

图 2-1 家事调查、精英司法与大众司法图解

"调查＋调解"的工作方式是一种对争端解决的替代措施,采用不同于依赖司法与行政解决问题的第三条道路。司法通常指精英司法,运用法律人的思维对事实和关系进行抽象,并借助于推理、归纳、演绎等法律技艺,在严格程式的约束下,得出在特定时空条件下相对客观的结论。行政措施来自宪法和法律的授权,"作为政府应对行政事务的重要管理手段,关涉公民权利义务的决定与处置。良善的行政措施,有助于政府通过高效的职能为公民服务;若措施不当,则可能使这一愿望落空"[1]。用行政措施处理公民之间常见的法律争议,往往体现为限制型行政措施,用价值否定来约束不当行为,恢复受损人的权利。"调查＋调解"的工作方式不受形式司法的约束,更加灵活多元,比行政措施相对柔和,能规避简单粗放、拖延形式化的处理引发的目标偏差问题。这种工作方式的深层,是大众司法的路线,寻找当事人能够达成团结的社会共识,即主持者"动用了强有力的政治、经济、社会和道德上的压力,并施加于一方或双方当事人身上,使他们最终保留小的争议但达成'自愿的'一致意见"。[2]

在结果控制上,"调查＋调解"的工作方式与社会主义核心价值观一脉相承,也反证了其作为大众司法本质上属于社会干预。"富强、民主、文明、和谐"是国家层面的价值观,"调查＋调解"是手段和目的兼顾的,调查事情为基础、调解纠纷为目标,与国家层面价值观中所蕴含的"我为人人、人人为我"[3]理念若合符契,人与人相处的智慧在于在协商一致的基础上达成谅解;大众司法是中国特色社会主义法治体系之不可或缺的一环,是

---

① 黄学贤、李凌云:《行政措施的性质界定及其法律规制》,载《法治现代化研究》2019 年第 3 期。
② 〔美〕柯恩:《现代化前夕的中国调解》,王笑红译,载强世功编:《调解、法制与现代性:中国调解制度研究》,中国法制出版社 2005 年版,第 88～89 页。
③ 韩震:《"民主公正和谐"体现了社会主义核心价值观追求——兼论社会主义核心价值观的凝练及原则》,载《红旗文稿》2012 年第 6 期。

推动国家稳定、健康发展的重要手段。"自由、平等、公正、法治"作为社会层面的核心价值观,在于维护良好社会氛围、营造有秩序社会环境、激发社会正能量。① 其作为共同理想与美好愿景,是大众司法追求的重要价值目标,大众司法主要通过尊重当事人意思自治的方式化解社会矛盾,优化社会环境。"爱国、敬业、诚信、友善"体现了马克思主义、科学社会主义原理指导下的人际关系,②大众司法有助于和谐互助良好人际关系的建立,体现了对刚性、对抗式精英司法模式的纠偏,防止了道德失范和理想信念的危机,增强了当事人对社会主义核心价值观的认同,是一种多方互利共赢的替代性争议解决方式。

在过程控制上,"调查+调解"的工作方式具备准司法的要素。其作为与传统司法③类似,但具备自身特色的争端解决方式:一方面,解决争端的效果不具备终局性,即使当事人之间达成调解协议,仍然存在诉诸司法程序的可能性;另一方面,更重要的是,有学者认为准司法与司法中间最大的差别在于"程序缺乏强制推进措施",④能否顺利进行取决于各方相互妥协的程度,对个人权利的适当让渡有助于各方共识的形成,家事调查员熟练的工作技巧能在一定程度上推波助澜。准司法的倾向甚至在这几年还有加强的趋势:其一,由于司法机关的介入进一步增强,司法要素逐步渗透,这种方式一定程度上起到了过滤诉讼的作用;其二,司法行政量化工作方法的加强,对公共法律服务的要求从"有没有"过渡到"好不好",具体要求对工作效果进行指标评估,如果调解不成功、当事人不能履行协议或后续转化为其他行政、司法案件,则效果不佳。

(一)原子式的"家事调查"

T市某区法院,家事调查员配置模式是原子式的,根据家事调查员的专长配置案件。有些家事纠纷处理起来耗时日久,如土地拆迁补偿收益的家庭分配问题,做工作的难度很大,需要村干部、家庭亲属和调查员多方共同努力完成,调查员由熟悉当地风土人情的退休干部担当比较合适;有些家事纠纷需要引入专业干预,如对于家庭暴力纠纷的调查中需要引入对受害人的心理谘商、心理治疗,调查员由心理咨询师担任比较合适;有些家

---

① 王永贵:《社会主义核心价值观培育的目标指向和实现路径》,载《思想理论教育》2013年第2期。

② 刘书林:《论社会主义核心价值观的几个重要关系》,载《思想理论教育导刊》2014年第9期。

③ 埃利希认为,"至于那些非属国家司法机构的法庭,人们不再主张,此类法庭必须以法律命题为基础来裁判案件。国家的行政法院、警察机关、纪律法院、人民代表机构的首脑必须经常基于道德、伦理习俗、荣誉、礼仪、言行得体、礼节等规范作出裁判。这更适用于非国家的法庭、各种各样的仲裁法庭、社会法院、荣誉法院、卡特尔法院、信托法院、工会法院和会所法院……以上所有这些法庭都是由社会自己建立和维持的法院,它们的裁决主要以非法律规范为基础,它们开展了富有成效的、日益增加的活动,而且,在某种程度上,这些法庭有其自主决定的强制手段,这些强制手段比国家裁决机构的强制手段更有效"。[奥]尤根·埃利希:《法律社会学基本原理》,叶名怡等译,中国社会科学出版社2011年版,第96页。

④ 王伦刚、纪麟芮:《准司法和泛行政:劳动人事争议仲裁院性质实证考察》,载《中国法律评论》2019年第6期。

事纠纷需要密切关注弱势群体的生活状态,如涉及未成年人的离婚、抚养费、抚养权、探望权等亲权关系诉讼,需要从儿童利益最大化保护的角度促成家长通力合作,调查员由具有教育学背景的人担任比较合适。在原子式的"家事调查"中,也是遵循边调查边尽可能解决争议的方式;各调查员采取的调查技术有所差别,总体需要兼顾情理与法理,具体可以分为经验型和专业型两种方式。

有学者总结家事调解时所采用的"情理法技术",这是家事调查员工作中可供参考的重要学理模型构造,共分为五个重要的步骤:步骤一,归纳"实情"(注意倾听的技术);步骤二,接受或同意实情(注意"情、理、法"的说服和运用技术);步骤三,当事人与自己达成和解(注意让当事人自我决定,不要在外部给当事人强制);步骤四,达成外部的双方协议(注意巩固成果,形成书面文书);步骤五,调解成功。[①] 学理型的"家事调查"更加关注当事人自我说服的过程。家事调查员通过对涉及争议相关全面事实的掌握,为当事人扮演沟通桥梁的角色,帮助当事人完成自我说服。这样的家事冲突,发生原因主要在于当事人内心期待和现实状况的反差,当事人无法接受;当事人主观期待的不合理主要由于当事人只了解部分事实,且有一些根深蒂固的价值观念。家事调查员帮助这类当事人由价值封闭走向价值开放,同时客观展示信息全貌,从而完成"调查+调解"的过程。

经验型的"家事调查"多借助外在干预的方式,干预人利用生活经验进行介入(参见表 2-2)。例如家事调查员在对离婚纠纷进行介入时,先试图挖掘最核心的家庭冲突,再结合当事人自身特点和感情基础作出处理。如果家事调查员认为属于危机婚姻,可以恢复,就会进入纠纷解决模式,不仅依赖个人生活经验进行说服,还会利用当事人的社会关系网络给予压力。如果属于死亡婚姻,就会建议转介法律程序。

表 2-2 经验型调查的特点、工作方法与记载事项

离婚类型	特点	工作方法	记载事项
基础薄弱型		面对面做工作	当事人
冲动草率型			结婚时间
感情出轨型		背靠背做工作	申请时间
应酬喝酒型			住址
两地分居型	"80 后""90 后"居多低文化水平多农村比城市多	深入家庭做工作	特点
婆媳关系型			离婚理由
不孕无子女型		利用亲戚朋友做工作	办理效果
赌博引发型			
别有企图型			
家庭责任型			

---

① 陈爱武:《情理与互让:家事调解的技术构造解读》,载《社会科学辑刊》2013 年第 2 期。

专业型的"家事调查"多借助外在干预的方式,干预人利用专业技巧进行介入。在 T 市某区法院,与某高校合作,对家事纠纷采取心理干预的方式,充分根据家庭冲突的类型,并结合当事人的人格特点,挖掘家庭矛盾产生的根源、对症下药,取得了良好的效果(参见表 2-3、表 2-4、表 2-5)。双方联合设计了《离婚纠纷当事人心理压力及疏导调查问卷》与《心理状况测评量表》,前者主要调查离婚纠纷当事人的心理压力、压力疏导及其相应期待,后者改编于心理健康测评量表 SCL-90。调研情况显示:离婚诉讼给 90% 以上的当事人带来不同程度的心理压力,其中 70% 以上的当事人表示有很大或非常大的心理压力,压力根本是经济压力,压力来源于诉讼本身,败诉风险,再婚选择,社会舆论,影响父母、子女和其他家庭成员等多方面;离婚诉讼的当事人对抗情绪比较激烈,故而庭审时而发生争吵、打骂现象,当事人本人也会发生焦虑抑郁等不健康的心理情绪,数据显示有超过 1/3 的当事人很难通过自我调节获得改善,亟须外力进行矫治。大多数当事人对心理矫治是被动接受型的,不会主动申请心理干预,但是并不排斥心理帮助,当事人更希望具有心理学背景的多元专家进行矫治。在对心理学资料进行庭审运用中,多元专家还积极参与旁听、进行记载,根据当事人的语言表达、肢体语言等表现对行为进行观察、评估,挖掘当事人的心理冲突原因,协助法官判断下一步庭审工作方向;尤其在对离婚纠纷的处理结果进行预判时,有较好的运用,通过对当事人心理、行为、离婚原因进行综合考量,能够得出婚姻属于危机婚姻还是死亡婚姻,帮助法官更好地把握婚姻未来的走向,作出法律效果和社会效果相统一的结论。

表 2-3　(要素一)

庭审观察要素表				
			案号:(201×)××××民初××号	
要素	语调	动作	面部表情	情绪	推测和评估

表 2-4　(要素二)

要素	离婚原因	家庭情况	重大事件	亲朋调研	结论

表 2-5　(合并)

推测和评估			婚姻诊断
心理因素	离婚原因	行为预判	(危机—死亡)

(二)有机式的"家事调查"

原子式的家事调查更多的是依赖家事调查员的个人技能,手段使用丰富多元,做工作的方式是一对多的;社会效果不仅取决于家事调查员的个人能力,还取决于多元背景与所面临纠纷的匹配、适应程度。故而,原子式的家事调查虽然具有灵活性、成本低的特点,但是体现出来的社会效果较不稳定。而且,原子式的家事调查制度本质上兼容于大调解机制,受到大调解操作模式的经验束缚,缺乏独立性、流动作战、劳心劳力,时间和精力投入很大,结合案件处理的时间周期、难易程度、家事调查员的工作情况等以案定补,但补贴很少对其工作积极性形成较大挫伤,也很难发挥家事调查员的工作特色。基于原子式家事调查的固有缺陷,一些基层法院在家事调查方面积极探索新的工作方式。

"独立建制、内设机构"是一种更加稳定的工作方式,相当于常设家事调查员的工作平台,形成普适的操作规程,但是需要平台建设费用(场地、设备等)和兼职多元专家的聘任费用,运作起来投入较大。独立建制指的是家事审判庭独立建制,这在很多家事改革试点法院都已经完成。家事改革试点法院大多具有良好的改制基础,专司家事审判的合议庭早已存在,由多个专业化家事审判团队组成,合议庭优先选择熟悉家事业务、工作正直热情、生活经验丰富的女性担任主审法官。在最高人民法院的倡导支持下,一些法院家事审判庭实现独立建制,并内设辅助性机构配备多元专家,为当事人提供高质量的家事审判服务。

独立建制的家事审判庭在组织架构上与其他民事审判庭相对独立,审判场所一改普通审判庭庄严、肃穆的装潢风格,显得相对温馨、较有亲和力,能缓解当事人的对抗心理和紧张情绪。例如在审判场所外悬挂提示家庭和睦的名言警句,采用现代化圆桌式审判,原告与被告的称谓也改为丈夫、妻子,唤起当事人对家庭曾经美好的回忆,企图调和矛盾,探索拯救、治愈家庭的可能性。主审法官、陪审人员等其他庭审角色主持、参加庭审程序时,言语措辞较为中立亲和。

内设机构指为家事调查的顺利开展提供的平台条件。在沿海 S 市某区法院进行调研时,该地为辅助家事调查的顺利进行,成立了家事诉讼服务中心,配置了专业调解室、单面镜观察室、心理疏导室、调查室等场所。调解室是联动多方资源、综合治理的结果,妇联和法院联合成立婚姻家庭纠纷人民调解委员会,选拔家事调解员介入纠纷,实现家事纠纷诉前分流,取得了良好的社会效果,调解成功率高达 77.3%,每年具结调解工作分析报告。多元专家也可以利用单面镜观察室进行工作,如在抚养权归属纠纷中,通过单面镜观察父母与子女的相处情况来判断亲子的情感密切程度;在心理疏导室设置了沙盘模型,在必要的时候,通过沙盘游戏互动,帮助当事人缓解心理压力、寻找家庭问题的根源。在 S 市某区法院,家事调查员利用平台设施获得的心理资料,如通过心理疏导及家庭关系修复服务获得的个案报告,结合实地走访邻居、询问案件当事人及其亲友、向有关机关调查取证等方式查明事实之后,可以具结家事调查报告,作为法官裁判参考。此外,家事调查员在特殊类型的案件处理中,也有密切的参与,如反家暴案件中人身安全保护令的协助执行,S 市某区法院与当地妇女儿童工作委员会、区妇联、公安、民政等部门共同搭建全区统一的家庭暴力预防与处理平台,渗透社区成立家暴防治工作室,第一时间处理当事人对家庭暴力的报案、调查,家事调查员也有机会介入保护令的签发、执行、回访等各项工作,维护受害者合法权益。

在 K 市某区法院进行调研时,该地建立了婚姻家庭建设指导中心,虽然不属于多元专家的工作平台,但是属于联动各方资源的常设机制,也有一定的参考性。在常设机制中,有家事调查员的参与,家事调查员属于其所编织"幸福家庭引导网络"中的重要一环。婚姻家庭建设指导中心作为综合治理的方式,除了法官审理案件,还配备了心理咨询师、社工等多元专家,由会客厅、学法堂、关爱室、家事调解室、家事法庭等五大功能室发挥作用。会客厅与调解室主要由人民调解员介入,调解员由退休老干部担任,帮助调停家庭纠纷。家事调查员可以参与学法堂的工作,联合法官、妇联执委(律师)、人民调解员一同,送法进妇儿之家、进女性驿站、进校园、定期为辖区女性、儿童、家庭开展线下法律知识普及、心理健康减压等服务,同时做好线上普法宣传活动。家事调查员也可以参与关爱室的工作,为家事纠纷中合法权益受到侵害的弱势群体提供各项帮助。

三、家事调查员制度存在的问题

家事调查制度虽然在各地法院试点都取得了一定的成效,但是在我国总体还处于起步阶段、较不成熟。在宏观制度设置上,家事调查制度与人民调解制度应该各有侧重,目前的现状是两者相互交叉、很难区分,很多家事调查员承担的是"既调解,又调查"的双重职能。在工作细节的规范上,家事调查员的在角色干预、调查范围、出具报告、义务承担等方面均存在不少漏洞,详述如下:

(一)人民调解制度与家事调查制度难分彼此

人民调解制度与儒家传统的"和合"文化一脉相承,具有无可比拟的价值优势与制度优势。传统的诉讼模式具有解决纠纷的成本高、解决纠纷的周期长、解决纠纷刚性化等诸多缺陷。[①] 人民调解制度在新中国成立之初就受到了高度重视,制度化始于政务院发布的文件《人民调解委员会暂行组织通则》(1954),人民调解制度运行在 2002 年之前主要依据国务院颁行的《人民调解委员会组织条例》(1989)。2002 年颁布了三个重要文件[②],虽然规范效力较低,但对调解协议的效力和人民调解组织的性质等重要问题进行了

---

① 张卫平:《人民调解:完善与发展的路径》,载《法学》2002 年第 6 期。
② 《中共中央办公厅、国务院办公厅转发〈最高人民法院、司法部关于进一步加强新时期人民调解工作的意见〉的通知》(中办发〔2002〕23 号)、《最高人民法院关于审理涉及人民调解协议的民事案件的若干规定》(法释〔2002〕29 号)和司法部《人民调解工作若干规定》(司法部令第 75 号)。

明文规定。伴随着重要文件的颁布,而调解数据的现实仍待提高,①规范性文件企图扭转人民调解的颓势。无论如何,作为诉讼可替代方式的调解,仍然凝聚了较高的政治期待,调解能够实现争议"解决在当地、解决在基层、解决在萌芽状态",②最终凝聚成《人民调解法》(2012),作为中国特色社会主义法律体系的重要组成部分。职是之故,人民调解是替代性争议解决方式,与诉讼是并列的方式,当事人可以选择调解或者诉讼解决争议。

　　人民调解是柔性司法的重要体现,以调解代替诉讼中的对抗,"使当事人在争取利益,搞清问题真相的同时,明辨是非,互谅互让,既满足了当事人维护合法权益的要求,又促进了社会关系的和谐发展"。③ 人民调解以自治作为手段,充分赋予当事人自我选择的机会,"通过说服教育,规劝引导纠纷当事人互谅互让、平等协商,依照法律、政策和社会公德自愿达成协议,从而消除争执的群众自治性纠纷解决方式"④。人民调解意味着法治实现的多种途径和多元化的方式,也是一种社会变迁的直观反映。争议的解决方式由诉讼时代走向后诉讼时代,从此单一的诉讼模式被分解,法官中心主义被突破,"这种后诉讼时代正是谋求纠纷解决体系结构合理化的时代,它将在解构诉讼时代纠纷解决体系结构特征的同时,建构诉讼、调解以及其他纠纷解决方式共同发展、相互促进的纠纷解决体系"。⑤ 诉讼与调解,在不同的领域、针对不同的案件,作为解决争端的方式各有千秋,放弃哪一种手段,都会带来巨大的制度成本损失。诉讼和调解存在平行关系,也许在相互转化关系(参见表2-6)。

表 2-6　调解和诉讼的关系图解

	时空	有合意	无合意
	有履行	协议履行率 精确调解率	选择不借助外力,自己承受矛盾
	不履行	调解成功率 粗调解率	矛盾仍然无法消化,转为诉讼

合意性
调解失败　调解有效
履行率
可能诉讼　无须调解

　　综上分析,从选择争议解决方式来看,调解和诉讼都是目的,而非手段。但是家事调查制度只是手段,而非目的。实践中,将人民调解制度与家事调查制度混同带来了诸多弊端:其一,在人事选任上,边界不清楚。实践中,存在将法官助理选任为家事调查员或者将人民调解员选任为家事调查员的情况。法官助理是既是审判辅助人员,又是储备法

---

① 朱新林:《人民调解:衰落与复兴——基于1986—2009年人民调解解纷数量的分析》,载《河南财经政法大学学报》2012年第4期。

② 刘加良:《论人民调解制度的实效化》,载《法商研究》2013年第4期。

③ 唐茂林、张立平:《论人民调解的价值》,载《社会科学家》2009年第6期。

④ 徐昕:《迈向社会自治的人民调解》,载《学习与探索》2012年第1期。

⑤ 韩波:《人民调解:后诉讼时代的回归》,载《法学》2002年第12期。

官,协助法官做分拣案件、撰写摘要、起草初稿等工作,主要在于分担法官审判职能的压力,很难具备调查员那样的"长臂",关注案件背后的更多事实。人民调解员在诉讼之外另辟蹊径,走向替代性争议解决方式,是以相对温和的方式解决争议,挖掘事实不在其职责范围内,或者说他们更加关注解决问题,至于研究问题本身倒在其次。法官与人民调解员,除了专业背景和经验背景要求存在差异外,其他条件,如品格素质、工作能力、回避等要求应该是相似的。其二,在工作方式上,重调解、轻调查。从韩国、日本以及我国台湾地区,甚至英美国家的经验来看,调查是家事调查员的核心职能,指向发现问题。而我国的家事调查员一般都是"调解+调查"模式,承担双重职能,甚至主要以解决问题为主,很难发挥专业优势。在调解与诉讼二元并立的模式下,家事调查员可以参与调解以及诉讼,但都是服务于调解员以及法官的。家事调查在收集事实时,涉及广泛的时空,很难再专注于解决问题,而设置这些不同角色的初衷也是为了精细化社会分工、各司其职,而不是"眉毛胡子一把抓"。(参见图 2-2)其三,在实现方法上,重经验、轻专业。社会经验和人身阅历是对人民调解员的要求,而不是对家事调查员的要求。从这点来看,人民调解员的工作方式相对主观,是结果导向的,只要能够运用社会经验解决问题,事实本身相对次要。经验一般是从家庭生活和工作经历中习得的,所以人民调解员可以来自司法实务部门、基层行政机关、村委会、居委会、妇联、工会等,甚至由退休老干部完成,都能做得很好,在对争议本身有一定的了解和掌握的情况下,也可以不需要充分的事实信息。家事调查员是专业干预甚于社会干预的,工作就是要充分、客观地展现事实的全貌;在对特殊主体进行调查时,如对有被害妄想症或者受虐妇女综合征的家庭暴力受害人进行调查时,仅凭社会经验根本无法胜任,应获得准确的信息进行事实判断。调查员将信息反馈给调解员或者法官之后,方便他们开展后续工作。其四,在运行保障上,培训少、经费难。家事调查的方式方法必须与时俱进,在一些设置家事调查员的法院,目前培训并未成为常态,培训时间、地点、内容均不确定,甚至没有培训,仅有少数法院会组织座谈会交流一下经验。外聘的家事调查员,工作经费很难得到有效的保障。除了法院内部存在专项经费,以购买服务的方式开展家事调查外,大部分家事调查员以案定补,面对家事调查中纷

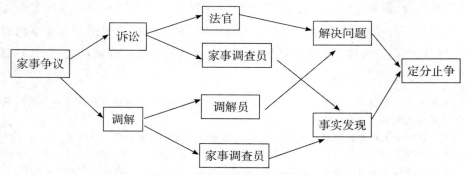

图 2-2　家事调查员与调解员、法官工作配合图解

繁复杂的工作压力,收入和付出不成比例,有些家事调查员甚至还是志愿者,没有任何劳务报酬,并非长久之计。

(二)家事调查员在工作细节的规范上存在疏漏

1. 家事调查员角色干预的方式比较单一。家事调查员对事实是否能够作出准确的判断取决于对信息的理解、掌握程度,因此获得信息的方法非常重要,也需要资源连接的途径进一步验证信息的准确性。实践中,家事调查员对于家事纠纷直接相关的当事人往往会采取面谈的方式,如夫、妻、未成年子女等;对当事人的社会交往网络会采取走访和电话了解的方式,如社区、学校、医院、工作单位等。也有一些专业手段的介入,如对家庭暴力的受害人进行心理咨询或者向未成年子女提供心理游戏以便了解他们的真实想法等。在具体干预中,由于经费不足、人员有限等问题,除了最重要的人用面谈解决问题,事实上通过其他方式了解到的信息比较有限,也缺乏资源连接的途径、难以对接收的信息进一步验证;家事调查员在具体操作中如何了解信息、处理信息完全取决于自己的经验知识,所以不同人操作的社会反馈差别较大。在对未成年人了解情况时,操作往往比较刻板,用8岁或者10岁进行一刀切,年龄较小的儿童还是更多地考虑父母情况。

2. 家事调查纠纷的范围相对受到限制。实践中,家事调查员在介入调解时,往往承担着与诉讼实现分流的职责,相当于家事调解员;而真正发挥调查功能之时,所涉及的家事纠纷的类型却比较有限,往往是夫妻离婚纠纷,并涉及财产分割与子女抚养的案件。事实上,家事调查可以广泛运用于各类家事纠纷中。例如在法定继承纠纷中,家事调查员可以深入了解继承人之间以及与被继承人之间的关系、是否有共同生活,继承人的经济条件以及单位、社区对继承人履行赡养义务的评价等;又如,法院决定签发人身安全保护令时,可以请调查员深入了解家庭冲突爆发的原因,是否存在现实的家庭暴力,对人身安全保护令的需要是否紧迫,人身安全保护令的具体内容如何对受害人形成有效的保护,甚至可以考虑请调查员协助执行。因为人身安全保护令的主要执行机构是法院,公安部门只是协助执行,而人身安全保护令在法院的具体执行主体、流程、方式现在也较不明确。

3. 是否出具报告以及报告规范存在分歧。在T市某区法院进行调研时,家事调查员的工作成果不用具结正式报告。T市某区法院的心理干预比较有特色,但是也存在如下问题:一方面,心理干预结果缺乏明确统一的范式,且未向当事人告知,心理干预报告法律性质不明,在家事裁判中的具体运用并不清晰,更多的是对法官裁判给予一定帮助,从情感上使得当事人放弃成见、推动纠纷解决。另一方面,现有审判方式可以完成审判质效指标、心理学知识在司法审判中长期未引起重视,家事审判法官对心理干预制度认同度并不高,故而心理干预适用次数较少。在S市某区法院调研时,家事调查报告相对规范,包括调查主体、调查方式、调查事实、调查结论等诸多要素,并要求在法庭上出示,接受当事人质证。当事人提出异议的地方,家事调查员需要进行说明。

4. 家事调查员的义务承担较不明确。家事调查员在承担调查任务之余,还会受到一些其他义务的约束。一方面,在调查过程中,会接触到当事人大量的隐私,应该予以保密。另一方面,根据新修订的《未成年人权利保护法》第 11 条的规定,"国家机关、居民委员会、村民委员会、密切接触未成年人的单位及其工作人员,在工作中发现未成年人身心健康受到侵害、疑似受到侵害或者面临其他危险情形的,应当立即向公安、民政、教育等有关部门报告",调查员应属于强制报告义务的承担主体,属于密切接触未成年人的工作人员之列。

第四节

家事调查员制度的若干构建对策

在家事司法改革的过渡阶段,需要在现有体制的基础上寻求突破、有所作为,所以家事调查员由法官助理兼任属于权宜之计。根据《最高人民法院关于完善人民法院司法责任制的若干意见》的规定,法官助理有"完成法官交办的其他审判辅助性工作"之职责,可以作为专职家事调查员备选项之一。很多地方法院,对审判工作引入多元专家也比较重视,如福建省高级人民法院曾经规定,应从探索相关的公益性服务机构及人员配合法院调查审理家事案件着手,积极引入社会化辅助力量,通过引入社工、社会团体工作人员和向社会购买服务等方式,配置充实家事调查员的形式。① 如今,家事司法改革已往纵深处推进,积累了很多宝贵的经验,家事调查员制度也趋于成熟完善,应该更加精准地定义家事调查员所发挥的功能,避免多元专家之间的角色相互混淆,抵消改革的成果。家事司法程序也应该逐渐量变,与多元专家制改革相互呼应,追求家事审判更好的社会效果。对此,最高人民法院杜万华大法官提出,借助司法人员分类管理改革,对家事审判法官和辅助人员分类管理,明确对法官的要求,设立家事调查官制度,通过试点探索逐步推动出台家事特别程序法。②

---

① 参见福建省高级人民法院闽高法〔2016〕427 号《关于全面推进家事审判方式和工作机制改革工作的指导意见》(2016 年 12 月 17 日)。

② 杜万华:《杜万华大法官民事商事审判实务演讲录》,人民法院出版社 2017 年版,第 464 页。

一、家事调查制度与人民调解制度相互区分

如果不能够清晰定义家事调查与人民调解所发挥的不同制度功能,家事调查制度迟早会被人民调解制度所渗透、吸收而缺乏设立的必要性,也没办法发挥出常设制度的优越性。家事调查制度与人民调解制度容易区分,人民调解制度诞生的目的就在于缓解刚性的司法审判机制,与诉讼实现并列、并行发展。随着当事人维权意识的增加、案件量的增多,以及司法体制对社会效果的追求,司法必定会走向精细化的发展,需要对法官的角色进行分解,这就有了家事调查员适用的余地;而调解员相当于"民间法官",其角色可以作类似法官那样的分解。对人民调解员或法官,家事调查员都作为辅助性的角色而出现:辅助法官,给刚性的司法一定的弹性;辅助人民调解员,增加柔性司法适用的准确度。

定分止争的准确性是人民调解和诉讼的共同追求,也是家事调查员能够发挥作用的不同场域。基层人民调解目前面临各项指标被量化评估的压力,调解工作并不是简单的"和稀泥",正逐步走向准司法化。调解成功率、调解协议履行率、民间纠纷转化率、司法确认率等指标约束均属于对调解本身的结果考察,故而家事调查员的过程参与显得尤其重要。在基层,如在村居,调解员主要由村主任和村委委员担任,调解仅仅是他们工作的一方面,导致他们在不同工作之间疲于奔命,影响调解效果。在必要的时候,可以向基层法院申请,家事调查员介入,帮助承担事实发现的工作。越是复杂的家事纠纷,家事调查员介入的必要性越高;每个地方有不同的基础状况,家事纠纷的复杂性应该授权地方性规范文件予以明确,以简易、一般、复杂、疑难、特别重大进行案件分类,参考时间、标的额、伤亡结果等。家事调解属于社会治理的重要部分,可以依据基层的具体情况设立婚调委等专业的联合调解委员会,妇联、律协、法院、基层组织和行政机构、高校专家学者等作为联合调解的支持机构,此时法院可以委托家事调查员介入处理纠纷。在诉前,人民调解员发挥诉调分流的作用,家事调查员可以接受人民调解员的委托,进行相关调查。总之,在人民调解员和家事调查员的通力合作下,圆满解决家事纠纷。"调查官与家事调解委员一同出席与调解,协助调查事项及相关程序,给予当事人建议或观察当事人等。且家事调查官参与调解能给当事人分析建议报告,协助当事人面对纷争、理清问题,甚而由家事调查官建议采取其他有效措施解决当事人纷争,更有助于当事人纷争之自主解决,且能在调解程序之进行中,确保子女利益不被牺牲。"[①]

人民调解员和家事调查员同样作为多元专家,选拔标准、职能承担应该尽量互补:其一,人民调解员重社会经验,家事调查员重专业知识。其二,人民调解员承担调解工作,

---

[①] [日]小岛武司:《家事法院的诉讼法意义》,载陈刚主编:《自律型社会与正义的综合体系——小岛武司先生七十华诞纪念文集》,陈刚等译,中国法制出版社2006年版,第232~233页。

家事调查员承担调查工作,在争议解决中各司其职。其三,人民调解员走行政或司法经费,家事调查员走司法经费,落实以案定补制度;人民调解员独立解决家事争议或者在综合治理的框架中与家事调查员合作。现在的人民调解制度,已经比较完善,从调解申请、调解过程调查记录、调解协议达成,到部分调解进行司法确认都有相对成熟的经验,在某些复杂难办、有重大隐情的家事纠纷中,家事调查员可以积极参与调解过程、帮助收集信息,减轻人民调解员的工作压力,与人民调解员形成合力,实现综合干预应有的效果。

二、明确家事调查员的各项具体履职要素

协助法官的审判工作,是家事调查员的核心工作任务。应借鉴韩国、日本以及我国台湾地区的相关立法,设立家事调查员,作为法官"事实发现"的辅助。家事调查员是法官的助手,调查的对象主要指向经验事实,帮助法官缓解亲情和法理的冲突,尤其若能实现少年与家事案件统合处理,家事调查员能够发挥更加重要的作用。当家事案件进入法院之后,基于司法救济的被动性,法官审判案件更多关注当下案件所反映出来的情况以及法律的明文规定;家事调查员却能够以当前反映出来的案件事实为中心,在时间和空间上进行扩展,回溯案件形成之前的各种事实,预测案件形成之后的具体走向,对案件的把握更加充分、全面。同时,对于案件关注的重点,法官主要集中于法律事实,而家事调查员却能够利用自己多元化的专业背景,把握与案件事实相关的其他经验事实。从这个角度分析,在审理家事案件中,法官关注的是案件的主要矛盾,并在此基础上形成裁断,而家事调查员却能够帮助法官验证其对主要矛盾的解决是否符合情理。法官与家事调查员的协调分工,能够增益案件的社会效果,增加案件的社会可接受性。究其根本,司法干预象征着国家权力对家庭事务的干涉,而家事调查员能够缓解司法的刚性,兼顾家庭的伦理道德基础。家事调查员的具体操作规程如下:

家事调查员在具体履职的过程中,必须兢兢业业、尽职尽责,严格遵守身份法理。对家事纠纷进行深入了解,就是探寻笼罩在不同家庭身份背后谜团的过程。家庭矛盾中人身问题和财产问题交织,要避免用形式平等、等价有偿的原理整理身份法律关系。因为此类家事纠纷,财产关系往往附随于身份关系。学者陈棋炎认为,"人类在日常社会生活上,须与其他个人或团体,经营共同生活,而其结合关系,则可分如上述:即一为本质的社会结合关系,可以亲属的身份关系为代表;他为目的的社会结合关系,则可分以财产关系为其支配的领域。其与亲属法有关者,应为本质的社会结合关系,故不待言"[①]。身份法理需要用代际视角来整理,代际视角立足于身份的差异性,差异性越大,利他主义的成分越浓厚,财产法原理的适用范围越应受到限制;同一代际,如夫妻,大致是平权的,只剩下

---

① 陈棋炎、黄宗乐、郭振恭:《民法亲属新论》,三民书局股份有限公司1987年版,第3页。

性别视角。① 故而,在家事调查中,既需要注意男女平等对待,倾斜保护女性的利益,又需要特殊照顾未成年人最大利益。

在家事改革经验较成熟的地区设立专职家事调查员,在家事改革尚在起步阶段的地区以社工暂代家事调查员的工作,最终过渡至专职调查员。如果不设立专职的家事调查员,不进一步明确家事调查员的具体职能,家事调查员无法和人民调解员实现区分,则家事调查制度会被人民调解制度所吸收。在日本,家事调查官是通过考试选拔的专职人员;在韩国,兼职家事调查官只在制度初创时期为了过渡而设立,2001 年司法改革后已经成为经过大法院统一考试录用的具有法院公务员编制的人;在我国台湾地区,家事调查官的选拔以司法人员特考三等考试家事调查官类科考试进行。设置专职的家事调查员,明确其法律地位,并配套经费,对准确、高效进行工作非常有帮助。当社会对调查工作有稳定的认知,信任度也会增强,被调查主体的配合度会越来越高。在部分地区,人员短缺、经费短缺的情况比较突出,风俗习惯与法律之间存在较大的张力,可以以社工暂代家事调查员的工作,社会工作的内容相对丰富多元,法律地位不具有独立性,可以灵活、便宜行事。专职的家事调查员必须具备法律职业背景,但要求没有法官、检察官、律师那么高,同时必须具备性别意识和多元背景。所以,在条件成熟的时候,以国家统一考试的方式进行选拔最为合适。在探索阶段,可以以申请结合推荐的方式选拔,"法律背景＋任一多元背景"进行均衡配置,如规定通过"法律职业资格考试＋心理咨询师(三级以上)"的人可以担任家事调查员。为了不破坏家事调查的中立性、客观性,家事调查员应该遵从回避制度,与当事人有亲属关系或者其他利害关系的人不适合担任家事调查员,家事调查员的回避由人民法院决定。为了确保家事调查员的工作能力和任职水平,应该定期进行考核、培训,向理论界和实务界的专家吸取丰富的经验。

此前已有论述,家事调查员在协助人民调解员工作之时,有依申请和依委托两种方式。家事调查员在协助法官工作之时,主要采取法官委托的方式,法官须出具委托调查函,并在调查函中说明家事调查报告的出具时间。在家事案件的审理原则中,存在当事人处分主义和法官职权探知主义之间的冲突;如果不加区分地、对所有的家事案件普适家事调查制度,会破坏证明规则体系,损害法官的中立地位,不正当地扩大司法权的能动范围。前文已述,在家事纠纷中,身份法理优先于财产法理,身份法理的适用性越强,当事人的对抗性就越弱,法官的职权探知就越强,家事调查适用的空间就越大。举证也是当事人行使程序处分权的体现,被分配到举证责任的当事人如果举证不能,则无法支持和实现相应的实体请求;但是家庭中的身份具有事实先在性和组织社会的功能性,前者

---

① 冯源:《〈民法典〉视域下亲属身份行为与财产行为的冲突与整合》,载《云南师范大学学报》2020年第 6 期。

指"先有身份事实,法律再为评价,加以规范"①,后者指"私法中存在的身份一定与当时的社会基本结构相适应,在社会基本结构发生变化之前,身份结构一般不会发生变化"②。故而,身份原理的适用早已突破个人自治的范畴,这种公益性确定了身份法的人伦秩序;当事人不能任意处分身份利益,这会挑战民法的公序良俗原则,需要借助国家干预,因此法官的职权探知在身份法理较多适用的场域就具备了正当性。例如,在涉及离婚案件时,若为夫妻财产分割,家事调查员发挥的作用就比较有限,基本适用"谁主张、谁举证"的原理;在涉及子女抚养权的归属时,家事调查员发挥的作用比较广泛。根据一项研究,在夫妻直接抚养权归属中法官需要考虑诸多因素,③因此家事调查官需要帮助调查父母的经济能力、对抚养的时空参与度、未成年人的情感依赖和具体意愿、辅助支持的亲属网络和社交网络等。

家事调查员实施具体调查任务时,应该拟定详细的工作环节和实现方式。家事调查员主要搜集资料、全面了解各种信息,并通过调查报告的形式给法官提出建议或者作出判断。例如人身安全保护令签发类的家事案件,根据我国《反家庭暴力法》第 28 条的规定,"人民法院受理申请后,应当在七十二小时内作出人身安全保护令或者驳回申请;情况紧急的,应当在二十四小时内作出"。从时间条件来看,对法官的要求非常高,法官需要迅速结合初步证据进行初始判断,既不能误发,加深夫妻之间的误解和矛盾,也不能漏发,造成受害人不可逆转的身心健康损害。故而,家事调查员的及时参与很重要,帮助法官了解当事人基本情况、家庭成员相处情况、家庭矛盾爆发原因、有无存在受伤害情况等;在介入过程中如果发现当事人存在情感、精神障碍等心理问题,还可以及时启动心理咨询和疏导,心理咨询和疏导需要符合专业规范。家事调查员的调查过程应该进行详细记录,并出具统一格式的家事调查报告。家事调查报告应在法庭上出示,并由各方当事人对家事报告的真实性、合法性、关联性进行质证,如案件当事人对家事报告的内容提出异议,人民法院可要求家事调查员出庭说明情况或由家事调查员对当事人的异议进行书面说明。人民法院可结合案件的其他证据对家事报告全部采纳、部分采纳或不予采纳,不予采纳要说明理由。

作为多元专家,结合其他国家、地区的经验,家事调查员还需要完成其他职能。具体而言,有以下三项:其一,协助履行。在我国,法院的执行局负责案件的强制执行工作,但是在家事案件中,有些主体不能成为强制执行的标的,而有些案件不能不了解其中隐情一味投入执行,家事调查员的参与能改善这些案件的执行效果。例如,在探望权纠纷中,子女的人身不能成为强制执行的标的,但的确存在夫妻双方矛盾冲突剧烈,一方拒不配

① 王泽鉴:《民法概要》,中国政法大学出版社 2003 年版,第 625 页。
② 马俊驹、童列春:《私法中身份的再发现》,载《法学研究》2008 年第 5 期。
③ 冯源:《儿童监护模式的现代转型与国家监护的司法承担》,法律出版社 2020 年版,第 167 页。

合另一方行使探望权的情况,甚至有些基层法院无可奈何地把探望地点选择在法院。家事调查员是多元专家,通晓情理和法理,也具备进行专业干预的沟通技巧,可以由家事调查员介入,推动这类案件的执行工作顺利展开。再如不支付抚养费的案件,也许义务承担方在近期存在经济状况恶化、无法负担开支的情况,家事调查员通过详细调查原因,也可以综合评估调整抚养费用支付数额和方式的必要性。其二,参加法定程序并陈述意见。家事调查员此前有参与案件的调查工作,如果人民调解员和法官在具体调解、审理案件时,发现涉及调查的事项存在模糊和歧义之时,可以要求家事调查员现场说明情况;经过解释法官认为有必要恢复、重启或者继续调查某项特定事实的,委托家事调查员继续调查;法官也可以视具体情况,要求解释调查员参与接触当事人的任何程序,现场观察各方当事人的表现,指定某些事实要求展开调查。其三,连接社会资源。家事调查员需要连接的部门机构包括公安机关、司法机关、人民调解组织、仲裁机构、行业性专业性调解组织、医院、教育部门、妇女与未成年保护组织等单位,与这些部门、机构通力配合、协同解决家事纠纷。例如涉及人身安全保护令执行中的相关调查,可以联动公安协助执行、妇联参与配合工作、基层群众性自治组织进行监督等,落实人身保护令的执行效果;多元化的干预方法需要更新时,也应该积极和高校联络,扩展家事纠纷的处理途径、维护当事人的合法权益。

三、在家事程序与机构改革中考量家事调查制度

家事调查制度本质上是司法权的延伸,是柔性司法的具体体现。但由于在通常的民事诉讼程序中,法官主要是被动发现事实,主要的事实发现通过向当事人分配举证责任来实现。家事调查员是主动发现事实,代表着司法的能动性,故需要以讼争性对家事案件进行分类干预,对应司法权介入的程度和范围。讼争性强的案件,家事调查员介入相对较少;但如果从家事案件讼争性逐渐弱化的发展趋势来看,家事调查员的总体介入还比较广泛。故而,家事调查制能够有效发挥作用,建立于家事程序改革和机构改革的基础之上。

(一)家事司法程序改革

最具有代表性的做法是按照家事案件的涉诉性质进行分类。英美国家不作这样区分,一般所有家事案件都可以作为非讼案件。日本较多学者赞同将家事案件划分为诉讼类以及非讼类,前者存在两造对立的诉讼结构,而后者并不存在明显对立而主要依赖于

法官进行裁判。① 因此,日本按照诉讼与非讼区分人事诉讼案件和家事审判案件、采取双轨体制,前者规定于《人事诉讼法》,管辖婚姻案件、收养案件及亲子关系案件;后者管辖包括成年监护事件、保佐事件、家事辅助事件、不在者财产管理的处分事件、宣告失踪事件、婚姻等相关事件、亲子关系相关事件、亲权事件、未成年人监护事件、扶养事件、废除推定继承人事件、遗产分割事件、继承的承认和放弃事件、遗嘱事件、遗留分相关事件、任意监护契约法规定之事件、户籍法规定的事件、儿童福利法规定的事件等 27 类。② 与日本类似,韩国的家事诉讼法将因身份关系而引发的纠纷案件分为诉讼案件和非讼案件。我国台湾地区"家事事件法"(2012)的立法更加具有开创意义,试图进行具有创造性的改革以破除诉讼与非讼案件的壁垒,实现家事事件的"统合处理"。"家事事件法"(2012)不仅是我国台湾地区在家事司法上的重要改革,也是反映现阶段家事司法模式走向的重要尝试。所谓家事事件的"统合处理"有两方面的意义:其一,在形式上将涉及家事事件的实体规范、诉讼程序规范与非诉讼程序规范等规定于同一部法典之中;其二,在实体上由同一位法官在同一程序中解决由同一家庭所涉及的诉讼以及非讼问题。③ 在普遍规则上,"家事事件法"(2012)将所有家事事件划分为甲、乙、丙、丁、戊五类:甲、乙两类是身份关系事件,丙是与身份有密切关联性的财产关系事件,丁、戊两类被视为家事非讼事件,丁类为严格的非讼事件,戊类为有讼争性因素的非讼事件;划分标准是事件类型之讼争性强弱、当事人之处分权宽窄、法院自由裁量程度之大小。

我国目前对婚姻家庭纠纷是扁平化的处理方式,分为人身关系纠纷、以人身关系为前提的财产纠纷;前者包括离婚纠纷,婚姻无效、可撤销纠纷,同居关系子女抚养纠纷,变更扶养、抚养、赡养关系纠纷,确认和解除收养关系、监护权、探望权纠纷;后者包括婚约财产纠纷,离婚后财产纠纷,离婚后损害责任纠纷,夫妻财产约定纠纷,同居关系析产纠纷,抚养费、赡养费、扶养费纠纷,分家析产纠纷。这种分类方式无法相对框定家事调查员的介入范围。有学者针对以上情况进行批评,"在六大类型的案件中,家事调查员制度在哪些类型中可以适用,其适用标准现均没有明确的规定,也未分设不同程序。事实上,就现状而言,家事调查员制度的适用并没有严格的规范,大多依靠法官的个人判断来启动,往往是当法官认为诉讼有回旋余地,可以通过调解方式解决纠纷,或者需要实地走访调查而其自身无暇顾及,就需要借助家事调查员的力量去调查案件事实"④。以上实践操

---

① 〔日〕重松一义:《日本家事调停制度的半世纪历程》,黄毅编译,载徐昕主编:《司法:调解的中国经验》(第 5 辑),厦门大学出版社 2010 年版,第 234 页。

② 陈爱武:《论家事案件的类型化及其程序法理》,载《法律适用》2017 年第 19 期。

③ 蒋月、冯源:《台湾家事审判制度的改革及其启示——以"家事事件法"为中心》,载《厦门大学学报(哲学社会科学版)》2014 年第 5 期。

④ 葛海波、杨磊、杨春洁:《我国家事调查官制度的实践反思与规范构建》,载《中国集体经济》2021年第 5 期。

作任意性很强,应借鉴韩国、日本、我国台湾地区等对家事案件的处理方式,优化家事案件处理的结构和模型,按照诉讼、非讼、中间类型建立家事案件的分层干预机制,以确立家事调查员干预的范围。我国台湾地区学者姜世明认为,不同法理的适用部分取决于事件之特性,主要判准系事项内容是过去纠纷事实之确定,或是未来生活的展望,如果属于过去纠纷事实之确定,由于必须依照证据方能判断,衍生诉讼事件之程序法理;如果属于未来生活之展望,由于无法透过证据程序确认未来的生活,而有赖法官借由其他专业人士之协助,裁量决定未来生活之安排,衍生出非讼程序法理。[①]

1. 家事诉讼案件的范围与具体处置。诉讼法理指处分权主义、辩论主义、言辞主义、直接审理主义、公开主义、职权证明主义、严格证明、自由心证、集中审理及适时提出主义等法理。诉讼类的案件包括部分人身争议与财产争议,争点明确、对抗性强,双方处于势均力敌的地位,因此可较充分调动当事人的主观能动性,较多贯彻私法自治,限制法官发挥的空间。如此,法院作出判断的材料主要由当事人提供,则家事调查员参与调查的机会相对较少。一方面,身份关系的确认之诉、形成之诉应属于诉讼类案件。另一方面,与身份关系相牵连的财产关系诉讼亦属于诉讼案件。因为,确认之诉中当事人对权利归属有争议,而形成之诉牵扯到双方当事人法律关系的变化,由此可生财产请求或损害赔偿,至于大部分财产关系类的案件本就具有较大争议性,应该属于诉讼类案件。

2. 家事非讼案件的范围与具体处置。非讼法理指适用职权探知主义、不以公开审理为原则、不以直接审理主义为原则、不以言辞主义审理为原则、限制或者部分限制当事人处分权,对于自由证明之容许度较高,限制适时提出主义等。非讼案件由法官主导程序,此类案件在家事案件中较无讼争性,当事人或者利害关系人对程序标的无处分权限。依法官裁定程序事项、委托家事调查员进行相关调查、限制当事人处分权、采用特殊审理原则,既能够避免程序烦琐,又能保障当事人程序利益与重大社会公益,家事调查员的介入具有正当性。应将我国一部分属于家事争议的民事非讼案件[②]纳入此范围,如宣告或撤销自然人失踪、死亡、无民事行为能力以及相应的财产管理事项等。

3. 中间类型案件的范围与具体处置。这类案件具有某种程度的讼争性,且当事人或者利害关系人对程序标的有某种程度的处分权,其既可以作为家事诉讼案件处理,也可以作为家事非讼案件处理。但基于扩大家事非讼案件类型的需要,法律可以进行人为技术处理而较多适用非讼法理,此时家事调查员可以依照具体情况进行介入,意在辅助法官职权而为妥当、迅速之裁判。例如以下类型:其一,因身份关系发生变更而产生财产请

---

① 姜世明:《家事事件法论》,元照出版有限公司 2012 年版,第 191 页。

② 有学者认为,家事非讼程序的相关规定即使在《民事诉讼法》特别程序中有所体现,但由于其存在根本性的差异,并不能完全等同、替代使用,而我国目前将两者不加区分的混同,不仅不利于有效处理家事事件,而且对家事非讼程序的发展与完善产生了消极影响。柯阳友、张瑞雪:《我国家事非讼程序的反思与重构》,载《河北法学》2023 年第 4 期。

求权的案件,如因婚姻无效、撤销或离婚之给予赡养费案件,撤销监护权案件等;其二,涉及未成年子女利益保护的案件,如未成年子女权利义务之行使负担案件、变更子女姓氏、解除收养关系等。中间类型的案件体现了家事案件并非采取诉讼与非讼截然二分,而是不同法理交错适用、灵活转换的立场,家事调查员依需要介入。

(二)家事司法机构改革

在理论上少年与家事法院的建制①似乎能够对应最广义的家事纠纷,如此一来,法院不仅解决家事纠纷,也解决少年案件,监护案件的审理也被纳入其中。日本在制度上进行了这样的安排,日本的家事裁判所和地方法院同属一级,其家事裁判所由家事部和少年部构成,家事部受理家事诉讼事件和非讼事件,可以进行调停、审判和诉讼;少年部则主要受理少年犯罪案件和少年非行案件等。② 德国曾采取监护法院的建制,作为专门法院,监护类案件由监护法院全面管辖。③ 德国 1977 年 7 月 1 日引入家事法院,并通过 2008 年 12 月 17 日进行的家事与非讼法改革进一步拓展了家事法院的管辖权,如今的家事法院对因婚姻与家庭这一社会组织产生的实质相联的一切纠纷均享有裁判权,德国在撤销监护法院的同时将其余非属家事法院管辖范围的案件归由新引入的照管法院管辖。④ 在我国台湾地区,与"家事事件法"(2012)施行同一日,正式成立台湾地区第一所专业家事法院——高雄少年及家事法院,其余地区仍然由地方法院的家事法庭处理家事案件。⑤

澳大利亚的家庭法院创立于 1975 年颁布实施《澳大利亚家庭法》之后。设置较有特色,除了西澳州⑥之外,几乎所有州都设有专门的联邦家事法院,负责处理婚姻事项、监护权事项与抚养费纠纷等家事案件,涉及儿童以及相关家事纠纷,地位相当于联邦法院,家事法院的判例具有拘束力。⑦ 1999 年成立的联邦助理法官法庭也同时行使澳家庭法院的大多数管辖权,如所有的离婚申请现在都在联邦助理法官法庭提起。近年来,英国对

---

① 关于专门法院的建制,有建立统一的少年法院的观点,或者建立少年法院与家事法院双轨制的观点。姚建龙:《中国少年司法研究综述》,中国检察出版社 2009 年版,第 94 页。还存在建立统一的家事法院的观点。陈爱武:《家事法院制度研究》,北京大学出版社 2010 年版,第 172 页。
② 根据日本《裁判所法》第 31 条之 3 的规定,家事法院的权限主要包括:就家事审判法所定有关家庭事件有审判及调解的权利;就少年法所定少年保护案件,有审判权;就《少年法》第 37 条第 1 项所列各罪,有第一审裁判权,对 16 岁以上未成年人犯有严重罪行需要给予刑事处罚时,应移送监察厅起诉,对 16 岁以上未成年人犯有严重罪行需要给予刑事处罚时,应移送监察厅起诉。
③ 余延满:《亲属法原论》,法律出版社 2007 年版,第 503 页。
④ 赵秀举:《家事审判方式改革的方向与路径》,载《当代法学》2017 年第 4 期。
⑤ 张艳丽:《中国家事审判改革及家事审判立法——兼谈对台湾地区"家事事件法"的借鉴》,载《政法论丛》2019 年第 5 期。
⑥ 西澳州存在地方性的州家庭法院,即西澳大利亚家庭法院。
⑦ 肖扬:《当代司法制度》,中国政法大学出版社 1998 年版,第 83~84 页。

家事审判机构进行了进一步的改革,根据 2013 年生效的《法院和犯罪法案》的规定,英国于 2014 年 4 月设立了专门的家事法院,进一步整合了治安法院和郡法院对于家事案件的管辖权限,治安法院保留未成年人刑事案件、家事法律程序的案件的管辖权。全国可被划分为 42 个家事管辖区域,每个家事管辖区域设立一个家事管辖中心,并指定 1 名家事法官负责处理该区域的家事案件。① 美国的部分州也是将家庭案件与少年案件都归于一个家事法院管辖。② 1914 年俄亥俄州辛西那提市设立的家庭关系法院(Court of Domestic Relations)是美国第一家家庭法院,管辖所有少年事件及家庭事件,排除收养事件及与子女无关之抚养懈怠事件;纽约州等其他一些州也有普遍设立的家事法院。

家事调查员作为审判辅助人员,只有在相对专业的组织机构中,才能发挥最佳的作用。按照传统的方式,将家事审判融入大民事审判中,大量的社会资源都被民事审判吸收了,家事调查员很难获得足够的机构支撑;家事审判相对独立,柔性司法的理念便于贯彻,家事调查员的设置作为增强司法社会回应性的有效措施,与此若合符契。在家事司法干预专门化的过程中,法院如何设置,是建立规模最大的少年与家事法院,建立专门程度最高的监护法院,还是建立相对较小的"专门法庭",各国做法不一。日本设立家事裁判所,德国曾设立监护法院,澳大利亚和英国设立家事法院,美国的部分州也是将家庭案件与少年案件都归于一个家事法院管辖。根据我国 2016 年《意见》的规定,试点法院可以进行"少年审判与家事审判合并试点"或"少年审判与家事审判分头试点";除了最高人民法院在原有指定的中级人民法院和基层人民法院 118 个试点之外,全国尚有其他多个法院效仿设立专门化的家事审判庭。2018 年《意见》进一步规定,中级人民法院、基层人民法院可以在规定的内设机构总数内,通过加挂牌子或者单独设置的方式设立家事审判业务机构。不具备条件的,可以在相关审判庭内设立专业化的合议庭或者审判团队负责审理家事案件。

目前调研的情况显示,少年家事综合审判的改革效果更好,少年罪错案件背后隐藏的家事问题不可忽视,而且少年司法的社会回应性也非常强,多元专家的配置有一定的经验可循。少年司法可以与家事司法作合并同类项,将少年案件融合进大家事审判体系中,既为家事司法的相对独立性寻找到足够的支撑,又能够增加社会资源配置的效率,让家事调查制度在合适的司法组织机构中,实现良性的运转。在我国的诸多基层法院,家事司法化的程度较低,有不少基层法院仍然在大民事审判中定义家事审判,有一些努力采取积极措施的法院,也只是设立了家事合议庭及专业审理团队。这些法院有很多顾虑:其一,调整大方向不清晰。虽然,近些年我国在完善少年司法制度方面有一些突破,但未成年人司法独立性不强、组织体系不够健全,影响了少年与家事综合法庭的建制,不

① 陈莉、向前:《英国家事审判制度及其启示》,载《法律适用》2016 年第11 期。
② 陈爱武:《家事法院制度研究》,北京大学出版社 2010 年版,第 30 页。

少司法人员对综合机构的界定与优越性、有效率的运作方式均缺乏了解。其二,司法人员存在抵触情绪。这种类似"合并增效"的组织调整,必定减少了之前的组织架构,人员与职务安排均产生变化,司法人员有消极预期;融合后的综合审判庭,是一个刑事、民事、行政混合的机构,对司法人员的素质要求比较高,这对目前办案压力比较大的司法人员来说意味着巨大的挑战,大家已经对以前刑民分离的模式相对适应、很难走出舒适区。其三,配套机制相对缺乏。综合审判庭除了司法环节之外,可能还涉及与社会干预环节的衔接,司法人员需要进一步更新理念,事前防治、事后矫正如何与审判无缝对接,自由裁量权的尺度如何把握都需要进一步探索。这些工作也会耗费司法人员大量的时间、精力,案件数上不来,付出很多,但绩效考评未必理想。只有进一步明确方向、解除司法人员的顾虑,少年与家事综合庭受理少年罪错案件与家事案件才能发挥出预期的效果。

综上,在最高人民法院的改革敦促下,至少也应该实现设置专门、综合的少年与家事法庭,试点法院机构改革经验有必要进行宣传推广。对此,我国台湾地区的改革经验有学习、借鉴的必要性,在时机成熟之际,探索家事程序改革和机构改革并行:一方面,改革家事程序,应该将家事案件至少区分为诉讼类、中间类和非讼类三种大类,对应家事调查员轻度、中度、重度的不同介入程度,在司法克制主义和司法能动主义中寻求合适的平衡点;另一方面,改革家事审判机构,推广设立独立建制的少年与家事综合法庭,未来考虑设置家事法院,进一步实现家事案件审判独立,为家事调查员精准发挥作用提供机构平台。我国台湾地区学者认为单一的家事法庭应该包含四大要素:统合性的家事事件管辖权、单一家庭单一法官审理的系统、多元专家的广泛参与以及设立一站式的服务中心。①

---

① 赖淳良:《台湾家事审理制度的变革》,载《海峡法学》2017年第3期。

第二章 当事人角色分工：程序监理人论

第一节

域外程序监理人制度的比较考察

程序监理人,不同国家、地区有不同表达[1],系为程序能力不足或缺乏之当事人选任专业人士代为进行程序行为,作为与法院沟通之桥梁,并保护当事人的实体利益及程序利益。[2] 程序监理人具有关系人的法律地位,通过有效推动家事程序,提升程序效率,推动程序进行,协助法院适当、迅速审理家事案件。

程序监理人首先是为了保证未成年人对家事纠纷的参与性而设。例如,子女直接抚养权的分配是离婚夫妻矛盾爆发的集中地带,夫妻的冲突也有较大可能延续到离婚后探望权的行使问题上,一方隐匿子女、阻挠探视的情况时有发生。在司法实践中,有些法官在处理家庭案件中,对子女意见并不重视,至多采取简要的调查了解后,综合父母的具体情况作出相应裁判。如此,在家事程序中,缺乏为子女独立发声的多元专家,未成年人最大利益的实现往往事与愿违。未成年人缺乏独立的程序法地位对其危害甚巨,"未成年子女是离婚案件中最脆弱、最易受到伤害的人,父母离婚过程中的争执、冲突通常将其置于动荡且充满敌意的生活环境中,父母婚姻关系的解除更可能使其生活环境、方式、水平发生重大变化,对其学业、人格、心理、行为模式等造成深远影响"。[3] 一些国家采取设置程序监理人(子女利益代表人)的方式来解决未成年人缺乏程序参与性的问题,在英美法系和大陆法系代表国家和地区,都有相关制度经验可供参考。

一、程序监理人的立法由来

在英美法上,程序监理与子女利益代表人制度通用。美国最早在 1967 年,司法实践中为了保护少年罪错案件中未成年人的权利,委任独立律师代表未成年人的权利。美国1970 年《统一婚姻及离婚法》第 310 节规定,"法院为未成年人继续要保护子女之利益,于

---

[1] 不同的国家或地区对相关角色有不同的称谓,英国法称为诉讼监护人,美国部分州称为诉讼代表人或者子女利益代表人,德国称为程序辅佐(照护)人,日本称为程序代理人,中国台湾地区称为程序监理人。

[2] 蔡佩芬:《我国程序监理人制度研究》,载《治未指录:健康政策与法律论丛》2015 年总第 3 期。

[3] 但淑华:《离婚案件中未成年子女的参与权》,载《中华女子学院学报》2021 年第 1 期。

决定该未成年人或需保护子女之监护、抚养及探望事项时,得指定律师为其代表人"。1974 年《儿童虐待防治与处置法》(The Child Abuse Prevention and Treatment Act of 1974,CAPTA)规定,"法院应于儿童保护案件中指派诉讼利益代表人(*guardian ad litem*),代表并维护儿童的权利以及最大利益",这种做法在 1996 年、2003 年的修法中得到延续。在美国很多州,诉讼利益代表人的具体制度有所差异,其中马里兰州家事法之子女代表人等制度较有特色。在英国,诉讼监护人也称为法定代表律师(official solicitor)。1975 年《儿童法》(Children Act)最早引入诉讼监护人服务的机制,1984 年全面推广:当主管机关为取得儿童监护而使其进入照顾系统时,在没有其他适当的人选或机构的情况下,则由诉讼监护人介入诉讼程序,扮演诉讼代理人的角色,发挥对弱势者司法正义的保护功能,促进司法行政效率,展现最经济、有效、快速的实际协助。[①]

德国在 2009 年重新颁布《家事事件和非讼事件程序法》,此法不仅是对《非讼事件程序法》的全面修订,同时将原为《德国民事诉讼法》第六编调整的婚姻事件和其他家事事件全部纳入非讼事件范围。《非讼事件程序法》旧制中有程序照护人,新法进行了细致全面的修订,为保护未成年人对程序的参与权而设置程序辅佐人,某些如监护、留置等特殊程序另设程序照护人。日本与德国一样,采取家事诉讼和非讼程序分立制,2011 年 5 月日本国会正式通过对《非讼事件程序法》和《家事事件程序法》修正案。《家事事件程序法》规定法官可以基于未成年人最大利益选任程序监理人,该法第 22 条第 1 项规定,"除依据法定可以进行裁判上行为的代理人外,非律师不能做程序监理人。但是,在家庭法院,经过其许可,不是律师的人可以成为程序监理人"。[②] 在我国台湾地区,"程序监理人"的设计,为立法者参酌美国及德国的制度,在"家事事件法"上创设之重要制度,过去"民事诉讼法"只设定"特别代理人",但因家事事件程序着重保障当事人或关系人之权益以及统合所有有关家事事件程序,原来特别代理人制度已经不足以保障当事人或关系人之利益,于是立法者借由程序监理人之制度设计,使程序监理人可以作为当事人或关系人与法院间沟通之桥梁,协助法院统合、迅速处理家事事件,保护关系人之实体利益及程序利益。[③]

二、程序监理人的选任情形

在英美国家,诉讼监护人一般由法院指定。在美国,在何种情形下适用诉讼监护人,各州的规定各有特色,一般是为无民事行为能力人指定诉讼监护人,特别是为未成年子

---

① 赖月蜜:《新制需要新血输——"程序监理人"儿权代言人需要您热血投入》,载《在野法潮》2012 年第 15 期。

② 郝振江、赵秀举:《德日家事事件与非讼事件程序法典》,法律出版社 2017 年版,第 229 页。

③ 郭钦铭:《家事事件法逐条解析》,元照出版有限公司 2013 年版,第 63 页。

女。在新罕布尔州,指派的标准是如果没有诉讼监护人,法庭无法了解事实,且事件具有争议,或双方同意法院指派诉讼监护人;在明尼苏达州,如果法官认为孩子有被伤害或疏忽的状况,或州政府因紧急安置儿童需要向法院提出保护申请者,则法院应选任诉讼监护人;在华盛顿州,法院为脆弱的或未成年人,基于特定理由与事项,指定诉讼监护人维护其权利。① 英国《儿童法》(1989)第41条第1项规定了诉讼监护人的选任,"为特定诉讼之目的,法院应当为涉案儿童提供诉讼监护人,但能达到保障有关儿童福利之目的而无须如此作为的除外"。当满足相关条件之时,诉讼监护人可以由律师担任:该儿童有充分的理解力并愿意告知律师有关事项,法院认为有代理律师代理该儿童将符合其最大利益。② 学者研究显示,近年来,英国均由CAFCASS(儿童及家事法庭顾问暨协助服务中心)为未成年子女选派诉讼监护人。综上,在家事案件中涉及高度的家庭冲突,当事人较难控制情绪之时,基于行为能力有缺陷之人特殊利益的考量,程序监理人作为中立的第三人参与程序。

在德国,程序关系人分为程序辅佐人和程序照护人,既不是法定代理人,也不是一般的程序代理人。他们有着独立的法律地位,以自己的名义为程序法律行为,既不受未成年人或其他关系人之指令约束,也不受法院监督。从这个角度出发,程序关系人和法定代理人可以在一个诉中出现。在德国,相应角色的选任需要满足的条件有:关于未成年儿童在亲子事件中涉及儿童身份之事件,并且非纯属财产权事件者;必要性,为维护未成年儿童之利益有必要者。③ 根据《家事事件和非讼事件程序法》第158条的规定,必要性指的是,"子女和其法定代理人存在明显的利益对立;在依照《民法典》第1666条和第1666a条进行的程序中,有可能部分或全部地剥夺父母一方对子女的人身照顾权;可能导致子女与目前共同生活者分开的;在程序标的为交还子女或留下命令的程序中;有可能剥夺或者严重限制探望权的"。④ 程序照护人实为在特殊程序中进行选任,如监护事件中,程序照护人应该维护被监护人的客观利益与主观利益,属于特殊类型的关系人,但较不明确,争议在于是否仅像辅佐那样担任协助人,还是视为被照护人的法定代理人。⑤ 在日本,法院可以选任程序代理人的事件类型主要包括未成年子女保护教养处分事件、亲权事件、未成年人监护事件、儿童福利法所规定依相关单位采取措施而予以承认之事件以及部分类型的调解事件。⑥ 程序代理人既需要与未成年子女沟通,了解其内心真实想

① 赖月蜜等:《NPO推展程序监理人制度之行动研究——以现代妇女基金会双专业团队模式为例》,载《东吴社会工作学报》2015年第29期。
② 《英国婚姻家庭制定法选集》,蒋月等译,法律出版社2008年版,第167页。
③ 姜世明:《程序监理人》,载《月旦法学杂志》2012年第5期。
④ 《德国家事事件和非讼事件程序法》,王葆莳等译,武汉大学出版社2017年版,第73~74页。
⑤ 姜世明:《程序监理人》,载《月旦法学杂志》2012年第5期。
⑥ 赖月蜜等:《NPO推展程序监理人制度之行动研究——以现代妇女基金会双专业团队模式为例》,载《东吴社会工作学报》2015年第29期。

法;又需要帮助未成年子女理解法院的家事程序,通过陪同在场帮助其克服紧张、恐惧的心理。在我国台湾地区,程序监理人的选任分总则性规定和分则性规定。总则性规定即根据"家事事件法"(2012)第15条第1项,明确界定了程序监理人的三种适用情形,"无程序能力人与其法定代理人有利益冲突之虞;无程序能力人之法定代理人不能行使代理权,或行使代理权有困难;为保护有程序能力人之利益认有必要"。分则性规定分散于"家事事件法"第62条、第109条、第165条、第184条第2项及第185条第2项的条文之中,详细说明了不同家事事件中选任程序监理人的具体情况,涉及养父母与养子女之间诉讼、就有关未成年子女权利义务之行使或负担事件、申请监护宣告事件及撤销监护宣告事件、安置事件与安置住院事件等家事事件。

三、程序监理人的主要职责

在美国法中,在涉及儿童案件中,通常委托代理人出庭代表儿童的利益,可以是律师与其他子女利益代表人,虽然其他子女利益代表人不以具备律师资格为必要,但通常由律师担任,还可以是儿童利益的特别维护者,如医师、儿童权益社会工作者等专业人士,个别州要求两人以上同时代表。在英国,儿童的诉讼监护人依照1989年《儿童法》以及法院规则而设立,主要为了保障儿童福利,一般是律师。在德国,程序辅佐人和程序照护人可以是律师、社工、心理师或者教师等,但在担任此职务之前需要进特定的国家培训所,培训合格后才能正式履职。特殊类型案件中选定照护人,如涉及监护以及留置类,需要考虑未成年人是否已对照护人建立起信赖关系,程序辅佐人无此要求;任何经过法院自由裁量认为妥当的自然人都可以充任照护人,排除法人。在日本,对程序代理人的选任相对比较保守,仅律师可被指定为程序代理人,但同时即附但书,赋予家事裁判所一定的自由裁量权,将家事裁判所认定之特殊情形置于不受此项规定限制之列。在我国台湾地区,根据"家事事件法"(2012)第16条第1项的规定:"法院得就社会福利主管机关、社会福利机构所属人员,或律师公会、社会工作师工会或其他相类似工会所推荐具有性别平权意识、尊重多元文化,并有处理家事事件相关知识之适当人员,选任为程序监理人。"综合各国的规定,程序监理人可以是律师或者其他多元专家,人品正直、具有丰富的知识背景,拥有法律专业技能的专家优先,能够满足家事审判的实际需要。根据代表国家和地区程序监理人的具体规范,其主要在以下几个方面发挥重要作用:

(一)程序代理权

在美国,未成年人的利益代表人具有程序上的独立地位,虽然未成年人本人的意愿表达也很重要,但是代表人的代理行为不受子女意愿的拘束;基于忠实、勤勉维护未成年人的最大利益,代表人可以进行任何诉讼行为,包括对抗当事人的父亲、母亲。在美国,马里兰州法院自1976年开始即有在子女监护事件中为未成年子女指定律师,特别是在1974年通过联邦《防止虐待以及治疗儿童法》(Federal Child abuse Prevention and Treatment)之后,指派律师代表未成年人利益的做法已经普及,其在保护未成年人、受监护宣告之无意思能力者之最佳利益或其他弱势者的权利方面发挥着非常重要的作用。① 马里兰州《家事法》第1—202节规定在未成年子女监护权、探视权或扶养费之争议案件中法院得:指定一位律师为子女辩护代理人以代表未成年子女,且该律师不得代表任一造之其他当事人,或指定一位律师为最佳利益之代理人以代表未成年子女,且该律师不得代表任一造之其他当事人。② 在英国,儿童的诉讼监护一般由律师担任的原因是,既需要从法律上保护"不利益或者失功能"的儿童,也需要推进司法正义、提升司法效率,再则儿童有自己的代理律师非常重要,在诉讼程序中律师能够提供相对妥帖的保障。英国在2001年成立儿童及家事法院咨询服务中心,该中心整理了儿童诉讼监护人(guardian ad litem service)的功能,为儿童提供全面的法庭协助。

在德国、日本和我国台湾地区,相关制度有比较明显的共通之处,程序代理权是程序监理人的核心职能,具体行使过程中存在微妙的差异,取决于对其法律性质的不同理解。主要有当事人说、暂时取代法定代理人说、独立类型代理人说以及利益代表人说四种不同的观点。当事人说把程序监理人视为当事人,或经法院依职权通知参与,或经当事人申请选任,可以为一切诉讼行为,包括有独立上诉、抗告或声明不服。暂时取代法定代理人说,因程序监理人是补充法定代理人之不足或不能,必须在法定代理人不能行使代理权或行使代理权有困难时,方能借由程序监理人代理诉讼行为,若受监理人已有法定代理人或其他适当代理人时,法院不得选任程序监理人,并认为程序监理人有为受监理人的利益实施一切程序行为的权利,在解释上包括舍弃、认诺、撤回、和解等权利。③ 独立类型代理人说是将程序监理人既区别于法定代理人,又区别于诉讼代理人,从而赋予其独立的法律地位。利益代表人说是指程序监理人是未成年人最大利益的代表人,不仅在形式上参与法律程序,而且在实质上需要以未成年人最大利益的实现为最终目的。

目前,前两种学说已经被抛弃,"独立类型代理人说"与"利益代表人说"没有根本性的冲突,但在利益代表人说的指导下,程序监理人似乎应该被授予某些实质性的职能。德国采"利益代表人"说,依据《家事事件和非讼事件程序法》的具体规定,除了纯粹性的财产纠纷,无论是直接或者间接涉及未成年子女身份的适用,无论是独立之诉或者婚姻事件的附随事件,即使是在假处分程序和调解程序中,都可以适用程序辅佐人的制度。程序辅佐人更多是程序性的参与,对诉讼之外的实体法律行为没有代理权,程序辅佐人

---

① 许翠玲:《家事事件程序监理人职务之简介——以美国纽约州准则为主》,载《司法周刊》2013年第1630期。
② 李太正:《家事事件法之理论与实务》,元照出版有限公司2016年版,第113页。
③ 张润:《台湾程序监理人制度:规范构造、运行实效及其启示》,载《海峡法学》2017年第2期。

的代理既体现于以自己的独立名义参与诉讼,又体现为以自己独立的名义受领意思表示。程序照护人因为设定在特殊的程序中,未成年人的监护、留置等程序需要考虑照护人和未成年人之间的情感联系,在信赖关系的假设之下,具备了少许实体性职能。在日本,根据《家事事件程序法》第 24 条的规定,程序代理人对于接受委托的事件可以参加、进行强制执行以及保全处分行为,并且可以接受清偿,但是撤销家事审判或家事调停申请等重要的行为必须有特别授权。[①] 日本法中的程序代理人一般是律师,但是在法官自由裁量选择非律师担任程序代理人之时,代理权限受到一定的范围限制。在我国台湾地区,程序监理人采"独立类型代理人说","家事事件法"第 16 条第 2 项对程序监理人的职责作了笼统的规定,以程序代理权的实现为核心,"程序监理人有为受监理人之利益为一切程序行为之权,并得独立上诉、抗告或为其他声明不服"。即使是具有独立法律地位,程序监理人也需要维护受监理人的最佳利益,但是这种最佳利益不完全取决于被监理人的个人理解和表达,而是监护人结合主客观情况所作出的独立判断;有悖于最大利益实现的其他情况都尽量予以规避,如根据"家事事件审理细则"第 25 条第 2 项的规定,程序监理人发现其与受监理人有利益冲突之情形者,应即向法院陈明之。程序监理人具体的程序权利包括会谈权、知情权、协助与建议权等几个方面。

(二)会谈权

在美国法上,子女的利益代表人在法定程序中通常具有访查涉及未成年人相关法律事实的责任,这种访查围绕未成年人最大利益独立展开,并非忠于委托人而与子女意愿保持一致;因其独立参与的法律地位,利益代表人通常应该以证人的身份接受当事人,如未成年人的法定代理人的交叉询问,不享有不作证的特殊权利。例如在美国马里兰州,这种访查包括:调查有关子女扶养费用、行使负担权利义务及子女与父母会面交往之必要事项;与程序中之未成年子女会谈;提交有关子女扶养费、监护及子女与父母会面交往事项的书面报告给法院;在必要程序代表子女参与程序,并对法院提出有关子女扶养费用、监护及会面交往之建议;执行其他法院指定之事务。[②] 为了了解充分的信息,会谈的对象有子女、该子女的父母、兄弟姐妹以及实际照顾者等。在英国,目前由儿童及家事法院咨询服务中心提供诉讼监护服务,本中心承诺确保"每个儿童的声音在家事法庭都以符合其希望、能力及理解程度被听见、被了解并被尊重",且其主要业务目标为"明了事件中个别儿童的需求、希望及感受"。在英国,与子女会议是诉讼监护人很重要的一种工作方式,诉讼监护人须照顾到未成年人的文化、种族、宗教需求,以符合其认知水平的方式

---

① [日]梶村太市、德田和幸:《家事事件程序法》,郝振江等译,厦门大学出版社 2021 年版,第21页。

② 许翠玲:《家事事件程序监理人职务之简介——以美国纽约州准则为主》,载《司法周刊》2013年第 1630 期。

进行交谈,还需要与未成年人的法定代理人、其他照顾者以及相关专家进行访谈,尽可能充分掌握各种信息。在德国,虽然通说认为对于法院选定的程序辅佐人或者程序照护人,法定代理人无权拒绝;但是程序辅佐人如果和未成年人进行会面交谈,特别是在法院之外的场所进行会面交谈,需要征求法定代理人的同意。在日本,会谈也是一个双向沟通的过程,与未成年人谈话,其能够理解现在所进行的程序状态,听取未成年人的表达,也包括通过表达掌握未成年人的内心真实意思表示与外在情绪状态等。在我国台湾地区,程序监理人与受监理人以及相关家属进行会谈是其特别重要的一项权利,包括一般会谈和许可会谈两种情形。前者是指为维护受监理人之最佳利益,程序监理人自应与受监理人会谈;但为避免造成受监理人家庭生活关系之紧张与不便,应限于必要及最小限度范围内,且避免使受监理人重复陈述。许可会谈指法院如认当事人与关系人有和谐处理事件之意愿时,得具体指明会谈重点与范围,并向当事人或关系人说明后,为会谈之许可。① 监理人可以与特定家属会议,说明案件利害关系,方便当事人选择程序。在多数国家和地区,程序监理人需要为会谈所了解到的情况进行保密,也来自其工作规范和职业伦理的要求,因为会议具体情况大多涉及当事人敏感的隐私。

(三)知情权

在美国,子女的利益代表人能够通过访谈,获得与被代理人相关的诸多信息,利益代表人如同律师对客户资料负有保密义务那样,要谨慎处理所获得的资料。在英国,子女的诉讼监护人除了通过访谈获得信息之外,1989 年《儿童法》第 41 条第 1 项还规定,诉讼监护人有权在任何合理的时间查阅、复制下列记录:"地方当局、经授权者根据本法规定就相关儿童提出申请的任何人签发或将要签发,或持有的记录;根据《1970 年地方当局社会服务法》规定,具有社会服务职能的地方当局所持有的与该儿童有关的记录;经授权者所持有的与该人所为行为相关的记录,但这些记录与该儿童无关的除外。"在德国,根据《家事事件和非讼事件程序法》第 158 条第 4 款的规定,"程序辅佐人应确认子女的利益并在法院程序中加以主张、辅佐人应以适当方式将程序标的、程序进程以及可能的结果等信息告知子女。根据个案需要,法院还可以要求辅佐人完成其他任务,或与父母及其他与子女相关的人交流沟通,以及协助达成和解协议"② 。此外,程序辅佐人还有阅卷权,但是少年局的档案除外。值得注意的是,为使各项程序顺利进行,程序辅佐人应该获得相应的通知。在日本,对程序代理人的权利具有一些限制,如虽然允许关系人经过申请调取审判记录和调停记录,如阅览、复制权,或者由法院命令书记员交付记录的正本、副本、摘录本或和事件有关的证明书,但是法院对这些材料要进行适当性判断、以自由裁量

---

① 姜世明:《家事事件法论》,元照出版有限公司 2013 年版,第 71 页。
② 《德国家事事件和非讼事件程序法》,王葆莳等译,武汉大学出版社 2017 年版,第 74 页。

权灵活应对。尤其在家事调停程序中,双方合意的达成比较重要,而文件反映的事实情况倒在其次,如果贸然允许调取,不仅侵犯个人隐私,而且会加剧当事人之间的情感对立,反而阻碍程序的顺利进行、前功尽弃。我国台湾地区的规定与德国类似,知情权主要体现为两个方面:一方面,向法院书记官申请阅览、抄录或拍摄卷内文书,或申请付予缮本、影本或节本;另一方面,获取家事事件裁判之权利。法院应当向程序监理人送达裁判文书,且程序监理人之上诉、抗告及声明不服之期间,自程序监理人受送达时起算。[①] 程序监理人需要依据与未成年人相适应的理解能力,将法律程序进行的状况向未成年人陈述。

(四)协助与建议权

在美国一些州,子女利益代表人既需要协助当事人行为,又需要根据法律程序开展的具体情况向法庭提出准确的建议。所以,任职之前往往要求进行必要训练。例如在新罕布尔州,律师和非律师的多元专家担任子女利益代表人都需要接受不同时长的家事实体法、程序法,特别是涉及未成年人监护权、探望权相关的培训。基于更好协助当事人之必要性,子女利益代表人需要进行州政府认证,具备心理学、教育学、法学等知识,了解子女利益代表人的角色与责任,深入了解相关法令以及案例。明尼苏达州为协助未成年子女,设置了潜在的双重代理制度,若非律师的多元专家担任代理人,需要另行配备一名律师进行协助;在美国另一些州,如华盛顿特区,新任代理人必须在资深导师的指导下参与家事案件,鼓励复杂案件多同导师讨论,为代理人设置了相应的成长通道。在英国,诉讼监护人在协助的时候通常是以个案的方式进行,这样能够有效避免程序拖延;家事程序进行中,诉讼监护人可以向法院提出报告与建议,特别向父母传达以子女为本位的理念;除此之外,若相关主管机关拟定对孩子的照顾计划,诉讼监护人可以进行评估并提出意见,同时向法院报告。在德国,程序辅助人应该陪同未成年人参与听审程序;原则上,法院询问未成年人的所有程序都应该在场。程序辅助人可以以书面或者言词的方式表达意见,若选定时间点与期日比较接近,则特别有言词表达意见的必要;若程序辅助人非自愿性不到场,则期日应延期或再行一次期日;程序辅助人对鉴定报告以及最终裁判等均应该发表意见。在日本,程序代理人有协助、陪同未成年人到场参加法律程序的权利。在我国台湾地区,程序监理人的协助与建议权体现在法院得令程序监理人就下列事项提出报告或建议:受理的未成年人对于法院裁定之理解能力,受监理的未成年人之意愿,受监理的未成年人是否适合或愿意出庭陈述,程序进行之适当场所、环境或方式,程序进行之适当时间,其他有利于受监理的未成年人之本案请求方案,其他法院认为适当或程

---

① 宋汉林:《台湾程序监理人制度述评及其启示——以未成年人利益最大化为中心》,载《中国青年研究》2014 年第 5 期。

序监理人认为应使法院了解之项。[①]

四、程序监理人报酬与撤销

在美国,子女利益代表人的报酬与撤销事项,各州有不同的规定,较多州虽然为未成年人提供子女利益代表人,如马里兰州《家事法》规定,由当事人任一方或者双方承担费用,部分州的公共资金会给予一定资助。在英国,目前向未成年人提供诉讼监护人的服务主要由子女及家庭法院咨商服务中心承担,在全国 100 余地方设立服务点,作为一家公立的独立机构,编制不仅隶属于政府部门,运作经费也主要来自政府提供支持。在德国,根据《家事事件和非讼事件程序法》第 58 条第 7 款的规定,非职业辅助人可以请求事实上支出的补偿,但是预支以及报酬不能请求。职业辅助人有一个统筹的报酬支付标准,每一审级取得 350 欧元的报酬,如果法院另行委托辅助人参与其他任务的执行,每一审级可以取得 550 欧元的报酬。[②] 德国法上的程序辅佐人,在强力的司法介入中,还享有事实上的优先权:出于节省司法资源的考虑,如果未成年人的利益已有适当的代理人维护,则无须程序辅佐人参与;但如果法院认为此时代理人不能够有效地维护未成年人的合法权益,不应停止程序辅佐人的选任或撤销。在日本,家事审判的程序费用以及家事调停的程序费用,由各自负担,并不是由申请人负担。但是,法院可以在此基础上进行适当的衡平,即让受益人负担。

在我国台湾地区,"家事事件法"第 15 条第 3 项明确规定:"法院依前二项选任程序监理人后,认有必要时,得随时以裁定撤销或变更之。"不难发现,对于程序监理人的撤销、变更,法条中的"认有必要时""得随时"等词语赋予法院相当大的自由裁量权。虽然"家事事件法"第 15 条第 4 项赋予当事人、法定代理人、被选任人及法院职务上已知之其他利害关系人有陈述意见的机会,但是当事人等人的意见陈述权对于撤销或变更程序监理人的作用力实际上并不大;与德国法的精神相一致,撤销或者变更程序监理人的最终权力在司法人员掌握下,利益相关者的意见仅仅是为了验证司法判断的准确性,多一道防范。关于程序监理人的报酬给付问题,"家事事件法"第 16 条第 4 项规定:"法院得依程序监理人声请,按其职务内容、事件繁简等一切情况,以裁定酌给酬金,其报酬为程序费用之一部。"第 5 项规定:"前项酬金,法院于必要时得定期命当事人或利害关系人预纳之。但其预纳显有困难者,得由'国库'垫付全部或一部。其由法院依职权选任者,亦得由'国库'垫付之。"第 6 项规定:"有关程序监理人之选任、酌给酬金、预纳费用及'国库'

---

① 宋汉林:《台湾程序监理人制度述评及其启示——以未成年人利益最大化为中心》,载《中国青年研究》2014 年第 5 期。

② 《德国家事事件和非讼事件程序法》,王葆莳等译,武汉大学出版社 2017 年版,第 74 页。

垫付办法,由'司法院'定之。"显而易见,"家事事件法"第 16 条第 4 项、第 5 项、第 6 项只是原则性地规定了程序监理人报酬给付的方式、性质及其例外情形的处置规则,并未详加规范,而是将其交由"司法院"定之。2012 年 5 月 8 日,我国台湾地区"司法院"公布了"支给办法",详细规定了程序监理人的酬金支付标准等相关事项。

| 第二节 |
程序监理人制度运作的基本原理

程序监理人主要是为了保护程序弱者的利益。在有些国家,程序监理人辅助的对象,不仅包括未成年人,还包括老年人。这两类主体诉讼能力都有缺陷,参与性明显不足。在自然法上,未成年人的参与能力随着年龄的增长而逐渐提高,老年人的参与能力随着年龄的增长而渐次衰退。在此处,主要以未成年人为对象研究程序监理人制度运作的基本原理,在保护弱者、实现当事人程序利益无论是对未成年人和老年人,都有深远的意义,两者有共通之处。同时,未成年人最大利益原则近些年向立法渗透也是值得关注的重要趋势。

一、未成年人保护的基本趋势

(一)国际趋势

儿童被发现之后,才有国际社会对儿童权利的关注。在西方世界里儿童被发现也经历了一个过程,自此时家庭监护发挥着重要作用。"儿童被发现"的理论由菲力浦·阿利埃斯(Philippe Ariès)提出,他认为"从中世纪晚期到 16、17 世纪之间,儿童在父母跟前赢得了一个位置。在习惯上通常将他托付给外人的时期,他不可能获得这个位置。儿童回归家庭是一个重大事件,它赋予 17 世纪的家庭最基本的特征,将其与中世纪的家庭区别开来"①。在立法上,对儿童权利正式的关注更晚一些,始于《儿童权利日内瓦宣言》(1924),其中比较受人关注的规范是《儿童权利宣言》(1959)与《儿童权利公约》(1989)。

---

① 〔法〕菲力浦·阿利埃斯:《儿童的世纪:旧制度下的儿童和家庭生活》,沈坚、朱晓罕译,北京大学出版社 2013 年版,第 320 页。

关注儿童的生存状态是 20 世纪的重要主题,如《世界人权宣言》(1948)、《国际人权公约》(1966)以及其他世界人权规范的明确规定,在当前阶段有了更加丰富的含义。

儿童权利是基于其特定身份所享有的,为了满足其利益而设定,不同于父母的权利和需求。自儿童被发现之日起,我们已然以区分主义的视角看待父母、儿童的不同权利,并以此为基础构建儿童权利的基本类型。主要考虑两个基本的维度:儿童相对于成人是幼弱的,处于受保护的位置;即便如此,成人不应该全权决定儿童的各项事务,而应该尊重儿童与其认知能力相适应的处分权。学理上儿童权利的谱系基本按照这个思路建立,卡尔·罗杰斯(Carl Rogers)的二分法,将儿童权利的两种取向分别定义为受抚养权的取向(nuturance)与自决权(self-determination)的取向;[1]迈克尔·沃尔德(Michael S. Wald)的四分法,将儿童的权利诉求划分为四大类别,对整个世界提出的受保护的基本诉求、国家应该更积极地保护儿童以免受到成人伤害的诉求、儿童有权利在国家政策中获得成人的法律地位的诉求以及其他有争议的诉求;[2]约翰·伊克拉(John Eekelaar)从利益(interest)的角度来认识和理解儿童权利,他将儿童的利益分为基本利益(basic interest)、发展利益(development interest)和自治利益(autonomy interest)三大层面;[3]芭芭拉(Barbara)认为儿童权利包括以需求为基础的权利与以自治为基础的权利,以平衡儿童自主性与依赖性之间的张力;[4]米尔恩(A.J.Milne)将儿童权利分为"可选择的权利"与"无可选择的权利"两种类型。[5]

程序监理人制度的设置,兼顾了两种不同的儿童权利需求。从表面上看,程序监理人拥有一个独立于父母和子女的最佳视角,在法定监护人之外,为子女设置了一个新的保护系统,未成年人的保护不只是家庭一道屏障,而是通过社会化的司法机制来实现的;从深层次看,程序监理人扩展了未成年人自我决定的范围,未成年人真正作为参与程序的主体,将未成年人决定权和参与权较好进行统一。决定权和参与权具有一定的差别,前者指向自我,隐含着自己事务自己处理的意思;后者指向外界,鼓励儿童表达独立的利益需求。当家庭发生争议,若父母作为当事人无暇他顾或与子女利益冲突,都容易导致未成年人受保护地位丧失的问题,受保护是自决、参与的前提;但受保护只是未成年人的

① Carl Rogers & Lawrence Wrightsman, Attitudes Toward Children's Rights: Nurturance or Self-determination, *Journal of Social Issues*, 1978, Vol.34, p.59.
② Michael S. Wald, Children's rights: A framework for Analysis, *U.C.D. Law Review*, 1979, Vol.12, p.255.
③ John Eekelaar, The Emergence of Children's Rights, *Oxford Journal of Legal Studies*, 1986, Vol.6, p.161.
④ 孙艳艳:《儿童与权利:理论建构与反思》,山东大学哲学与社会发展学院 2014 年博士学位论文。
⑤ [英]A.米尔恩:《人的权利与人的多样性:人权哲学》,夏勇等译,中国大百科全书出版社 1995 年版,第 115 页。

基础需求,为了避免他人意志凌驾于未成年人自我意志之上,未成年人要通过自决、参与而实现自主。

结合重要国际规范的规定对未成年人的权利类型进行分析,可以发现如下规律。《世界人权宣言》着重强调了未成年人的家庭责任,家庭是为未成年人提供保护和照料的基本载体。《公民权利和政治权利国际公约》《经济、社会、文化权利国际公约》也在诸多权利实现上给予未成年人特殊优待的法律地位,如不得歧视儿童的原则、将婚姻子女和非婚生子女平权。这些总括性的文件基本上立足于未成年人的受保护权。在专门国际规范中,两次权利宣言均是围绕受保护权建立起未成年人的基本权利,如果这些权利难以实现,儿童便不具有区别于成人的主体地位。1924年9月26日国际联盟第5次大会《儿童权利日内瓦宣言》发布时,世界处于动荡不安中,儿童的生存条件便是关注的主要议题,较低层次的受保护权尚且没有实现,其他高层次的精神需求更加没有依托,所以本次宣言重点关注儿童身心健康,使其享有免于饥饿、疾病、发展迟缓、非行、孤苦无依之权利、危难时被优先救助权、谋生与受保护权等权利。1959年11月20日联合国第14次大会《儿童权利宣言》相比前者对儿童的保护更加全面,除了强调要给予儿童有利于其健康成长、富有安全感的社会环境之外,正确处理了平等与优先的关系,平等在于儿童无差别、平等地享有宣言中揭示之各种自由的权利,优先在于儿童优先受保护与受救护的权利。保护的层次有所提高,除了防止物理伤害的生存类权利,其中特别强调国家、社会对儿童应该承担的全面公法义务,还进一步关注儿童的精神需求,如儿童享有在爱情与精神、物质的安定中被养育的权利,从歧视的习俗中被保护,在理解、宽容、友爱、和平的精神下被培育的权利等重要方面。而在1989年《儿童权利公约》中,除了继续延续对未成年人受保护权的立法惯例之外,更加细致的具体权利也隐含了尊重未成年人自决、自主性的意思。本公约涉及儿童自主类的权利如下:其一,第12条确保有主见能力的儿童有权对影响到其本人的一切事项自由发表自己的意见,对儿童的意见应按照其年龄和成熟程度给予适当的看待;其二,第13条至第15条规定儿童享有自由发表言论的权利,思想、信仰和宗教自由的权利,结社自由及和平集会自由的权利。程序监理人的制度设置便是为了实现未成年人的司法程序人权,在保护未成年人的基础上扩展未成年人更多参与实践的机会。

(二)国内趋势

在保护儿童①已成为国际社会共识的基础上,我国的立法也作出相应的反馈,特别是对1989年《儿童权利公约》的相关规定,逐步被我国立法所引入、转化。儿童与成人具有

① 联合国《儿童权利公约》将"儿童"界定为18岁以下的任何人,我国常用未成年人指代这个群体,两者并无很大差别。

同样的人权,儿童的人权是立法保护的核心内容。近些年,关涉儿童立法的修改,不仅把儿童视为被保护的主体,也视为参与性的主体,更是向前迈出了一大步。

1989年《儿童权利公约》延续了1959年《儿童权利宣言》所规定的最大利益原则,这也成为我国立法所接受保护儿童的全局性原则,明确规定于《民法典》第31条、第35条、第1084条。从儿童受保护的角度出发,我国立法建立较为完善的儿童保护系统:以家庭保护为基础,社会保护为补充,国家保护为兜底。《儿童权利公约》关注未成年人生存和发展问题,这首先依赖家庭来完成。《民法典》第1067条、第1068条将保护儿童生存权和发展权原则进一步细化为父母抚养、教育、保护未成年子女具体义务,视为父母的天然责任,更是不受他人或国家任意干涉的权利,属于家庭私生活权范畴。① 家庭保护可能会失灵,在周边的社会网络中为未成年人提供可以得到的救济方式也很必要,这依据的是社会交往原理,与未成年人密切接触的人对未成年人负有义务,是因为"产生一种缺乏债权和缺乏相对应的给付义务的债的关系,尤其是当介入交往的主体所处的地位或所从事的活动类型能够使与之交往的人产生某种信赖"。

《未成年人保护法》(2020)最近一次修订,增设了发现未成年人权益受侵害时强制报告制度,以及密切接触未成年人行业从业人员的准入资格制度,便是基于这样的考虑。2020年5月,最高人民检察院联合民政部等九部门发布了《关于建立侵害未成年人案件强制报告制度的意见(试行)》,细化了强制报告的主体、情形和未报责任。因为认知、判断、控制能力的有限性,未成年人受到伤害之后无法自救,若伤害者是未成年人的家庭成员或者其他与未成年人有密切关系的人员,危害性大、隐蔽性强,未成年人无法得到及时的帮助。给相关国家机关、居民委员会、村民委员会、密切接触未成年人的单位及其工作人员规定了发现未成年人受害强制报告的义务,给未成年人提供了稳定可靠的救济方式,能够为受害人提供及时的帮助。同时,由于周围社会网络带来压力,施暴者也会三思而后行,起到一定的预防效果。密切接触未成年人的工作人员,不能是曾经有过性侵害、虐待、拐卖、暴力伤害等违法犯罪人员,这是对从业消极资格的限制,这样的人员对未成年人具有一定的潜在危险性,未成年人作为受保护程度更高的群体,通过限制准入可以防患于未然。

国家保护兜底,既体现为国家完善相关对监护的辅助支持,如提供托幼、养育服务,也体现为国家在必要的时候将未成年人带离不利的环境,变更、撤销法定代理人的监护资格,甚至替代监护。近些年,国家监护立法有了长足的进步。剥夺法定代理人的监护资格以前属于"僵尸条款",但现实生活中未成年人受到法定代理人侵害的情况无法杜绝,实践发生案例触目惊心,推动最高人民法院、最高人民检察院、公安部、民政部四部委

---

① 孟晓丽:《从纳入到深化:国际公约对我国亲子关系立法的影响反思》,载《阜阳师范大学学报(社会科学版)》2021年第5期。

联合发布《关于依法处理监护人侵害未成年人权益行为若干问题的意见》(2014),细化了可以判决撤销监护人资格的七种情形;《民法典》也进行了总括性规定,并规定了临时监护和替代监护的责任主体。

呼应立法对未成年人权利保护的重视,机构改革同步进行。学者认为,均等的、专业化的、充分的福利服务是未成年人社会保护的重要保障,在儿童社会福利体系中处于较高层次,它的建构,涉及社会福利理论以及儿童观,更涉及社会建设与管理。[①] 我国对儿童的社会救助实践取得了一定进步,在幼儿园师资规范、校车安全、收养制度、孤儿国家保障、流浪儿童救助等领域政府均有积极行动和有效回应,民政部在机构改革中成立了儿童福利司负责相关工作,也新近出台了《儿童福利机构社会工作服务规范》及相关意见。[②] 但目前以救助为主,服务还没有完善建立起来,说明较多关注儿童的基本生存需求,推动儿童自决、参与权的实现尚存有不足。有学者认为,"我国儿童福利机构非常缺乏专业工作人才和专业工作方法的介入,我国内地对儿童福利机构社会工作的功能和作用的研究尚处于积极探索阶段,还未形成体系和共识"[③]。程序监理人制度的设计,内容属于未成年人司法保护的特别法,充分调动各种社会资源,推动未成年人在法律程序中的参与性,能够对现存制度现状查漏补缺,符合《未成年人保护法》所规定落实司法保护的要求。未成年人进入司法程序后,根据未成年人特殊的身心发展阶段,司法机关应该为保障未成年人权益、避免未成年人受到损害而进一步优化保护措施。

二、未成年人最大利益原则

1989 年《儿童权利公约》确立了最大利益原则,第 3 条第 1 款规定"关于儿童的一切行动,不论是由公私社会福利机构、法院、行政当局或立法机构执行,均应以儿童的最大利益为一种首要考虑"。1992 年 4 月 2 日,《儿童权利公约》对中国生效后,儿童利益最大化原则也成为中国司法机关处理涉及儿童案件的行为准则。[④] 有学者从三个层面对儿童最大利益原则的内涵进行了系统分析:一是作为个体权利的最大利益;二是作为处理儿童事务的准则;三是作为对立法、司法保护提出要求的纲领性条款。[⑤] 我国《民法典》明文规定了最大利益原则,但适用领域相对狭窄,主要在监护领域。强调父母对子女的最大

---

① 陆士桢:《从福利服务视角看我国未成年人保护》,载《中国青年政治学院学报》2014 年第 1 期。
② 参见《关于进一步推进儿童福利机构优化提质和创新转型高质量发展的意见》。
③ 朱孔芳:《专业社会工作介入孤残儿童家庭探析——以上海市儿童福利院为例》,载《华东理工大学学报(社会科学版)》2006 年第 4 期。
④ 黄振威:《论儿童利益最大化原则在司法裁判中的适用——基于 199 份裁判文书的实证分析》,载《法律适用》2019 年第 24 期。
⑤ 王雪梅:《儿童权利保护的"最大利益原则"研究(上)》,载《环球法律评论》2002 年第 4 期。

利益竭尽全力,基于近代以来儿童被发现后、法律地位不断提高的现实可知,立法的反馈是由亲本位转向子本位。故而,在婚姻家庭领域,于不同代际而言,权利也是义务性的权利,是利他主义的责任。在德国法上,1979年《德国民法典》使用"父母对子女的关怀照顾"替代"父母对子女的强权支配",更加强调父母对未成年子女的义务。① 学者蒋月认为,英国在1989年制定的《儿童法》引入了父母责任的概念取代传统的亲权概念。②

(一)儿童最大利益原则的适用局限

即便如此,在家庭领域内理解最大利益原则带有很强的局限性,没有考虑到家庭失灵的问题。这样的假设立足于家庭自治,即在父母子女关系上,其假设前提是父母总是爱护子女的,父母和子女的利益存在一致。③ 但事实并非如此,儿童受到周围家庭成员侵害的情况屡见不鲜。家庭失灵有很多复杂的情形,父母对子女有虐待、忽视行为是显性的,父母之间发生冲突、破坏子女稳定的家庭生活环境是隐性的。为了防止父母权利的滥用,基于儿童最大利益的考量,需要国家的监督甚至适当的介入。在国家的介入中,司法干预始终处于核心地位。因为司法干预能够以儿童最大利益为出发点,决策涉及儿童的重大监护事项,或者解决代行监护中由谁进行监护的前置问题。④

如前章节所述,无论是大陆法系代表国家还是英美法系代表国家,家事司法专门化是一个共同的趋势,虽然两者的动因不完全相同,家庭的现代化变迁是共同的原因,但大陆法系国家还伴随亲属会议消亡的组织机构变化,英美法系国家更多由于经济因素的推动。由于儿童最大利益原则之"最大利益"的包容性,当司法机构承接部分家庭职能后,事实上需要完成司法系统和社会系统两套功能。有学者认为,家事司法的特色包括:将儿童利益最大化作为构建未成年人民事司法的最高原则,具有特殊的审判机构和专门化的法官,受案范围的特定化,职权主义,诉讼模式成为程序设置的基础,调解、和解等替代性纠纷解决机制的广泛运用,社会福利机构的积极协助,判后延伸工作的展开。⑤ 程序监理人可以承担社会系统的职能,既能缓解家庭失灵的风险,又能防止司法权力出现过分能动的尴尬。纵观英美法系、大陆法系代表性国家的相关制度,子女与法定代理人出现利益冲突,或法定代理人对子女利益有危害时需要程序监理人介入。从实体角度来看,子女独立代理人能站在中立立场对子女的利益作出判断,可以克服传统的父母既是当事

---

① 王丽萍:《父母照顾权研究》,载《法学杂志》2004年第1期。
② 蒋月:《从父母权利到父母责任:英国儿童权利保护法的发展及其对中国的启示》,载夏吟兰、龙冀飞主编:《家事法研究》,社会科学文献出版社2011年版,第330页。
③ 何燕、杨会新:《国家监护视域下未成年人民事司法救济》,载《河南社会科学》2012年第12期。
④ 冯源:《儿童监护模式的现代转型与国家监护的司法承担》,法律出版社2020年版,第194页。
⑤ 何燕、杨会新:《国家监护视域下未成年人民事司法救济》,载《河南社会科学》2012年第12期。

人也是子女利益的代理人的局限,有助于客观、公正地维护子女利益。①

(二)儿童最大利益原则的模糊性

儿童最大利益原则是一项内涵比较模糊的原则。联合国儿童权利委员会第 14 号一般性意见对儿童最大利益的内涵进行了解释。当不同层面利益发生冲突时,以儿童利益为首要;若法律条款可作两种以上的解释,选择最有利于儿童的解释;涉及对儿童的执行决定,需要评估对儿童产生的影响。这为最大利益的实现带来了现实操作的难度。每个国家立法中对最大利益的理解都带有特殊的文化语境,不同历史阶段实现儿童最大利益奉行的原理也有差别。如英国 1989 年《儿童法》第 1 条第 3 款规定儿童最大利益的判断标准为:有关儿童可确定的愿望和感情(根据其年龄和理解考虑),儿童的身体、情感和教育需要,儿童所处环境的任何变化对其的可能影响,儿童的年龄、性别、背景及法院认为与其有关的任何特征,儿童所遭受的或可能遭受的任何伤害,儿童父母以及法院认为与该问题有关的任何其他人是否有能力满足儿童的需要,法院在有关诉讼中的权力范围。在非洲的津巴布韦,早期食物和教育对这里的儿童而言就意味着最大利益,与《儿童权利公约》所规定的一切行动,不管是福利制度、司法、行政还是立法均应该遵守儿童最大利益的要求相去甚远。② 诚如学者所言,在经济高度发展、法治条件更完备的现代化国家,适用儿童最大利益原则的主体在作出决定时可能更注重儿童的独立价值和个性发展,而在较为落后的国家,相关主体则更多考虑家庭和社会的承受能力。③

作为动态性难题,对儿童最大利益的评判和确定必须具备程序性的保障。④ 如果仅有父母决定儿童最大利益的实现,失之偏颇;任何个人或者团体,甚至儿童自己,都没有唯一权力决定何为最大利益,任何寄托于主观立场解释最大利益都充斥着偏见。程序性保证的设置,在于儿童最大利益的决定,应该由父母、儿童本身和多元专家共同完成,由此巧妙地将一个内涵丰富、外延模糊的实体问题转化为具有可操作性的程序问题。为了保证决策的科学性,程序监理人作为多元专家,全面调查了解与儿童相关信息,听取与儿童密切接触其他重要人员的意见,以专业能力为基础,综合判断评估才作决定。少年与家事司法在近期最高人民法院的改革中有逐渐融合的趋势,涉及儿童司法本就属于社会

---

① 冉启玉:《从理念到制度的转变:离婚亲子法中的"儿童最大利益"原则》,载《湖北社会科学》2012 年第 11 期。

② Alice Armstrong, School and Sadza: Custody and the Best Interests of the Child in Zimbabwe, in Philip Alson ed., *The Best Interests of the Child*, New York, Clarendon Press, 1994, p.151.

③ 戴激涛:《儿童最大利益原则的司法适用难题及其破解——从查理·加德案和阿尔菲·埃文斯案说起》,载《人权研究》2021 年第 1 期。

④ 联合国儿童权利委员会:《第 14 号一般性意见:儿童将他或她的最大利益列为一种首要考虑的权利(第 3 条第 1 款)》,CRC/C/GC/14,2013 年,第 6 段。

化的、平衡型的司法,"由各相关公权力部门与社会组织共同参与的少年司法结构,是对少年司法中儿童利益特殊性、复杂性、多元性的反映,却是真实的,非此,就无法为儿童利益打造一个各司其职且相互衔接的无缝保护框架"①。程序监理人就是平衡型司法中的重要角色,通过司法人员和多元专家通力合作,帮助法官在个案中寻找儿童最大利益的构成要素,维护儿童的核心利益。

三、未成年人程序权利的实现

未成年人具有独立的法律地位,为了实现其最大利益,应该对家事程序有充分的参与性。在家事纠纷中,削弱其参与性的原因比较复杂,如在监护变更之诉中与法定代理人存在权利冲突,在离婚之诉中虽然主要的对立双方是父母,但子女抚养权的问题通常只是作为附带性的问题,没有被充分重视。总之,未成年人程序能力的实现需要内外因的共同作用。

内因指未成年人的诉讼能力。在我国,对未成年人的诉讼行为能力划分不够细致,基本上以行为能力为基础,无行为能力人和限制行为能力人都被划分为无诉讼能力的范畴。根据我国《民事诉讼法》第 57 条的规定,"无诉讼行为能力人由他的监护人作为法定代理人代为诉讼。法定代理人之间互相推诿代理责任的,由人民法院指定其中一人代为诉讼"。事实上,依据代表国家和地区的立法,通常在特定争议中,有限度地认可未成年人的诉讼能力。2001 年澳大利亚《儿童法》规定,14 周岁至 18 周岁的儿童就本人的照料、抚养、监护及与父母接触权等相关事务可以自己的名义出庭等,从而增强儿童的法律地位,增加离婚时儿童的权利和父母的责任。② 德国《家事与非讼事件法》第 9 条第 1 款第 3 项规定,年满 14 周岁的限制民事行为能力人,可以在所涉程序中主张权利。我国台湾地区"家事事件法"第 14 条规定,满 7 岁以上之未成年人,除法律别有规定外,就有关身份及人身自由之事件,有程序能力;甚至在声请监护宣告事件及撤销监护宣告事件中,有一定的意思能力即可,诉讼能力不受年龄的限制。内因对未成年人程序权利的实现有重要影响:如果概括地否认未成年人具有诉讼能力,则其程序利益就必须交由程序监理人完全处分,哪怕立法强调听取未成年人意见的重要性,也很有可能流于形式;如果走向另一个极端,完全按照未成年人的意见表达去执行,由于其本身不成熟的认知与判断水平,以及显著缺乏经验的人生阅历等现实状况,作出的决定未必妥当,导致自身利益实际受损的可能性较大。

---

① 吴啟铮:《少年司法中的协作型儿童利益保护机制——以儿童最大利益原则为基础》,载广州市法学会:《法治论坛》(第 54 辑),中国法制出版社 2019 年版,第 224 页。
② 陈苇、王鹍:《澳大利亚儿童权益保护立法评介及其对我国立法的启示——以家庭法和子女抚养(评估)法为研究对象》,载《甘肃政法学院学报》2007 年第 5 期。

这时需要由外因进行风险控制,由程序监理人辅助未成年人参与程序。一方面,程序监理人可以帮助未成年人实现自身作为自己利益的最佳判断者,将介入程度、方式与未成年人的个人认知能力精准匹配;另一方面,程序监理人也可以超越未成年人本身的认知,站在客观中立的角度提出更有建设性的意见,落实未成年人利益。当然,程序监理人的风险控制也并非毫无基础,需要满足一定的条件。欧洲人权法院在其判例中一直强调,公权力在介入私人家庭生活时,必须存在相关并且充分的理由,这是《欧洲人权公约》第 8 条第 2 款"民主社会之所需"标准的应有之义。① 言下之意是,当家庭自治能够妥善维持,未成年人在家庭环境之中成长是符合其最大利益的,国家没有干预的必要。在引入程序监理人代表儿童利益参加法律程序时,必要性是重要的考虑因素。例如根据我国台湾地区"家事事件法"第 15 条的规定,选任程序监理人包括以下三种情形:"不具有程序能力之人与法定代理人可能有利益冲突的情形;不具有程序能力之人的法定代理人不能行使代理权,或行使代理权有困难的情形;其他有必要保护有程序能力之人的利益的情形。"法院认定有行为能力之人则有程序能力,但在前两种情形之下,当事人既不具备行为能力,其法定代理人又因为主观原因不适当或者客观原因无法代理,则法院需要选任程序监理人,如为未成年人、植物人等选任程序监理人。这两种情形的必要性事实上是法定的必要性,客观原因的权衡体现了补充性原则。第三种情况比较特殊,某些个案中的必要性取决于法官的自由裁量,此时法官需要承担更高的注意义务,更加勤勉、谨慎。在诉讼中具有程序能力的完全行为能力人,法官认为有必要为其选任程序监理人的常见情况为:案件类型复杂、涉及大笔金钱、当事人年事已高或者心智有损的情况,于此情况下,法院预料当事人难以周全、妥善地思考,就会在案件中为其选任程序监理人。②

在我国台湾地区,必要性的判断在事实上还取决于程序监理人与相关角色,如与诉讼代理人的差异性。对此问题学理上也有分歧:其一,并存说,代表人物是陈正升法官和李太正法官。陈正升法官认为:"程序监理人之选任重点在于必要与否,所谓补充性原则不应成为程序监理人选任之限制,法定代理人或特别代理人不必然排除程序监理人存在之必要性,二者应可并存,对未成年人或受监护宣告人而言则可形成更周延之保障。"③李太正法官认为:"程序监理人与特别代理人、诉讼(非讼)代理人之角色与权责不同,故二者不能彼此取代。"④其二,非并存说,代表人物是郑学仁法官。他认为:"于家事事件中,

① 刘征峰:《在儿童最大利益原则和父母人权保护间寻找平衡——以〈欧洲人权公约〉第 8 条为考察中心》,载《广州大学学报(社会科学版)》2015 年第 7 期。
② 台北律师公会:《家事事件办案手册》,新学林出版股份有限公司 2021 年版,第 278~279 页。
③ 陈正升:《论家事事件当事人之程序能力与程序监理人制度》,载《司法研究年报》2015 年第 32 辑,第 13 页。
④ 李太正:《程序监理人——谁都可以当? 怎么当?》,载《台湾法学杂志》2014 年总第 255 期。

法院应优先选任程序监理人,而非选任诉讼法上之特别代理人,二者无同时存在之必要。"①如今实务中通常认为两者存在较大的差异性,一般代理人必须要受到当事人意思表示的拘束,但是程序监理人对何为未成年人最大利益具有独立判断权。有时,未成年人参与诉讼,因为其弱小的现实情况,表达的意思未必是内心真意,程序代理人应该尽可能探明未成年人的内心真意,尽最大努力维护其程序、实体利益。除非被监理人已具备足够的程序能力,或者另外找到适合的法定或者诉讼代理人,法院才有可能裁定撤销选任,抑或者,倘若法院观察到程序监理人有不适任的情形,也可以裁定变更;否则,经选任后程序监理人有权对家事事件持续跟踪。②

综上,在对未成年人权益的关注重心逐渐由受保护权转向对自主权的关注时,对法律程序有效的参与性成为落实最大利益原则的重要手段,此时必须借助程序监理人来完成,其相对独立、超然,判断中立、客观、准确性高。

四、成年人程序监理人制度的扩张适用

选任程序监理人的适用对象主要是未成年人,也包括部分成年人。自然人的意思能力受年龄的影响,既在早期随着年龄的增加而逐渐提高,也在晚期随着年龄的增加逐渐衰退,更会受到不良精神状态的干扰,影响辨认自己行为的能力。在我国台湾地区的立法中,根据"家事事件审理细则"的相关规定,程序监理人既可以为未成年人而设置,也可以为受监护或辅助宣告人、受安置或严重病人而设置。又根据"家事事件法"第165条的规定,对于无意思能力的成年人,涉及许可终止意定监护契约事件以及解任意定监护人事件,法院应该依职权为其选任程序监理人;受辅助人指因精神障碍或其他心智缺陷,致为意思表示或受意思表示,或辨识其意思表示效果之能力,显有不足者,辅助宣告事件很多条款准用监护宣告事件处理,程序监理人的选任和权利可以参照之;身心障碍者继续安置事件、严重病人停止紧急安置或者停止强制住院事件亦同。

同样是作为对弱势群体程序能力的关照措施,成年人程序监理人的选任与未成年人程序监理人的选任规则大体一致,但略有差别。从成年监护制度的现代转向来分析,旧的成年监护制度之所以备受批评,主要在于对被监护人人身和财产的全面、彻底监护,剥夺了其尊严和个人选择,不具有人权精神。③ 所以在程序监理人辅助成年人为程序行为时,对成年人应该有更多、更大范围的尊重,具体需要遵循三大原则:能力推定原则,成年

---

① 郑学仁:《从德日法制论我国家事事件法之程序监理人》,载《法学丛刊》2012年总第226期。
② 诉讼代理人在不同审级重新委任,而程序监理人的选任效力及于同一时间各个审级中的各个程序。台北律师公会:《家事事件办案手册》,新学林出版股份有限公司2021年版,第281页。
③ 李霞:《成年监护制度的现代转向》,载《中国法学》2015年第2期。

人皆首先推定有能力决定自己的事务;最小限制原则,程序监理人应在最低限制的范围内代理本人事务或替代本人决定;最佳利益原则,程序监理人以被监理人本人的最大利益为中心,来考量何种选择和决定最有利于本人。[1] 故而,成年人比未成年人应该具有更大的程序自治空间、更高程度的参与能力,程序监理人对成年人发挥作用范围应具体问题具体分析。

在我国台湾地区,监护与辅助二元化措施并行事实上是监护措施多元化的体现,在成年监护领域大行其道,即"按照比例性原则以及必要性原则,适用的监护措施必须与成年被监护人的实际需求成正比"[2]。多元化监护措施背后是行为能力制度的式微,"实现对成年人具体意思能力(或精神状态)的个案审查,并依据该具体意思能力为其设置相应的保护措施"。[3] 相关成年人除了存在严重精神障碍的情况,一般还有残存的意思能力,很多成年人只是决策能力低于普通人,并非完全无行为能力之人,故而成年人往往具备一定的自主进行程序行为的能力。也有学者认为,成年监护的本质在于"协助决策""最大限度尊重被监护人的真实意愿"。[4] 我国台湾地区辅助措施有协助决定的意味,即使当事人接受了辅助,行为能力仍然存在,辅助的设置需要遵从必要性原则,如果有其他的角色能够发挥辅助人的作用,则视为当事人不需要辅助。

具体到程序监理人的协助,既然程序监理人多为无程序能力之人所设,则为受辅助之人设立程序监理人需要法官作更加慎重的考量,无必要不设置。在成年监护、辅助领域,监护人(辅助人)可能参与被监护人(被辅助人)人身照顾、财产管理、医疗事务决策等若干重要的事项,存在主观利益冲突或者客观不能行使权利的可能性,其中医疗决策更是伦理道德与法律风险非常集中的一个方面,如当事人留下的生前预嘱与监护人意见可能正好相反,程序监理人能否帮助作出最有利于当事人的代理决定,对其也意味着巨大挑战。

---

[1] 李霞:《成年监护制度的现代转向》,载《中国法学》2015 年第 2 期。
[2] 李贝:《统一规则模式下监护制度的不足与完善——立基于〈民法总则〉的评议》,载《法律科学(西北政法大学学报)》2019 年第 2 期。
[3] 孙犀铭:《民法典语境下成年监护改革的拐点与转进》,载《法学家》2018 年第 4 期。
[4] 李国强:《成年意定监护法律关系的解释——以〈民法总则〉第 33 条为解释对象》,载《现代法学》2018 年第 5 期。

|第三节|

代表区域程序监理人的履职实践

在我国台湾地区,程序监理人的设立始于"家事事件法"的明文规定,已经推行数年,司法实践中有很多经验可循,但也暴露出了一些问题。在大陆,最早于司法实践中创立儿童诉讼监护人制度的是江苏省南京市鼓楼区法院,其曾于 2013 年审理并裁决过全国首例被监护人告唯一监护人案。北京市高级人民法院在 2015 年 6 月 1 日颁布《北京市法院少年法庭抚养探望类家事案件审判工作报告》,报告中建议创设诉讼监护人制度。由此可见,程序监理人的设立受到部分地方法院的关注,并有具体的实践措施跟进。与此同时,大陆也有类似社会调查员、社会观护等新角色出现,承担部分程序监理人的职能。本部分就我国台湾地区与大陆类似制度的实践运作情况作比较分析,客观反馈制度实施现状。

一、我国台湾地区的运行模式

2012 年下半年,即我国台湾地区"家事事件法"施行之后一年,《司法业务年度案件分析》就对程序监理人的选任情况进行了密切的追踪,时间跨度总计 11 个月,自 2012 年 6 月 1 日至 2013 年 4 月 30 日,发现以下规律:其一,依职权选任的情况远远高于依申请选任的情况,在所有选任程序监理人的 414 宗案件中,依职权选任的案件有 397 件,依当事人申请选任的有 17 件。其二,程序监理人主要适用于监护宣告类和安置类的案件,约占案件总数的 82%,具体分布为:监护宣告类有 201 件,安置类 140 件,亲子类 47 件,离婚类 19 件,收养类 7 件,辅助宣告类 2 件,继承 1 件。其三,从被选任担任程序监理人担任的多元专家的背景来看,基本以律师、社工师和心理师为主,具体分布为:选任律师 161次,选任社工师 140 人次,选任心理师 130 人次,选任亲属担任者有 3 人,其他仅有 2 人。值得注意的是,监护宣告类的 201 宗案件中,共选任律师担任程序监理人 133 次。①

通过赖月蜜团队的调查研究,在现代妇女基金会的推动下,下设成立儿少法庭权益保护中心连接律师群,将台湾地区程序监理人运作模式的系统性建构分为四个主要阶

---

① http://www.judicial.gov.tw/,最后访问时间:2022 年 8 月 1 日。

段：规划、策略形成、执行、回馈修正再出发。① 反复循环，每一次新的轮回，都是为旧的运作增加经验的过程。

第一阶段，规划阶段。在此阶段主要是建立对程序监理人制度运行的初步认知。明确可以借鉴的目标制度对象，如了解英美法系、大陆法系代表性国家和地区的制度建构情况，主要关注为未成年人设置程序监理人的情况，即亲权事件和安置事件。第二阶段，策略形成阶段。我国台湾地区"家事事件法"对担任程序监理人的多元专家事实上采取了宽口径处理的方式，具有性别平权意识、尊重多元文化的人选都可以担任，但在现代妇女基金会探索的模式中，事实上采取了窄口径。在英美国家或者日本，基本由律师担任程序监理人，因程序代理人的履职是以程序代理权为核心，通常认为具备法律专业知识为必要。现代妇女基金会探索双重代理的模式，主要借鉴了英国法，以律师和社工相互配合，既可以提供充分的专注，又可以提供多元的辅助。正式工作之前，律师和社工均需进行36课时的训练，②建立普适的操作规程与操作步骤留痕制度，原则上以公益负担酬金。第三阶段，执行阶段。即正式介入亲权、安置事件。第四阶段，回馈修正再出发阶段。双代理模式有比较明显的优势，律师与社工的专长不一样，律师负责法律程序的进行，社工负责与当事人沟通，两者协同调查，相互配合并在统一机构的指导下运作，能够发挥整体优势。劣势在于分工容易不明确，尤其对非专业人士的当事人而言，他们并不知晓两位代理人发挥的作用差别。如果没有公益机构解决报酬问题，两位专业人士参与反而增加了程序的烦琐性，费用较高。

在后续四阶段的循环中，这种循环工作机制不断地被优化，体现在以下几个方面：其一，建立程序监理人之间的资源连接，听取法官意见，分享办案经验和技巧，增加培训内容如心理辅导等，甚至可以讨论一些理论性问题，如最大利益原则的内涵等。实务中调查发现，程序监理人的工作效果取决于其本身的个人能力和周围的资源网络。获取的信息越多，处理信息的能力越强，作出的评估判断越准确，也能一定程度上避免过多与当事人面对面接触，降低对当事人的伤害。其二，完善工作记录并倡导建立全社会的协同，号召更多律师或者多元专家加入程序监理人的行列。其三，在费用负担上，当事人负担和公益机构负担相结合，并由法官裁定费用的承担方式。其四，从实践的处理方式来看，安置事件耗费的时间比亲权事件要短，采用双团队时间似乎较为紧迫，应该具体情况具体

---

① 赖月蜜等：《NPO推展程序监理人制度之行动研究——以现代妇女基金会双专业团队模式为例》，载《东吴社会工作学报》2015年第29期。

② "家事事件法"，家事事件程序及相关法律介绍，程序监理人介绍，儿少发展议题之探讨，暴力及家庭冲突对儿少的影响，如何与儿童/少年会谈，儿少陪同出庭服务，儿少涉讼相关法律与程序，儿少保护议题与流程，系统、资源与伦理议题，文化敏感度专题讨论，从判决书判读探讨调查，未成年子女最佳利益评估依据及报告撰写。赖月蜜等：《NPO推展程序监理人制度之行动研究——以现代妇女基金会双专业团队模式为例》，载《东吴社会工作学报》2015年第29期。

分析。

在我国台湾地区的社会实践中,担任程序监理人的主要有律师、社工师、心理师等多元专家。程序监理人主要是由法官遴选,此外还有一些地方政府、民间组织提供的社工服务人员,程序监理人在亲权事件中,多需要做成访视调查报告以供法官参考。在介入亲权事件中,协助法官判断构成儿童最大利益的具体内容是一项重要工作。我国台湾地区已经通过"儿童权利公约施行法"并于 2014 年 11 月正式施行,而其"民法典"早于 1996 年确定子女最佳利益原则以替代之前的父权优先原则。在司法实务中,对于亲权的判定,亦从关注"谁有权利监护"发展为"由谁监护对未成年子女较为有利"。① "民法典"第 1055 第 1 款第 1 项对儿童最大利益的评估指标:子女之年龄、性别、人数及健康情形(第 1款),子女之意愿及人格发展需要(第 2 款),父母之年龄、职业、品行、健康情形、经济能力及生活状况(第 3 款),父母保护教养子女之意愿及态度(第 4 款),父母子女间或未成年与其他共同生活之人感情状况(第 5 款),父母之一方是否有妨碍他方对未成年子女权利义务行使负担之为(第 6 款),各族群之传统习俗、文化及价值观(第 7 款),并综合判断各款。司法实践中,对未成年人最大利益的落实体现于对其主体性的保障上,虽然法律提供的标准已经相对客观,实务中也有工作手册②对程序监理人的工作进行具体指导,但具体判断上也难免受到自身主观意识的影响。程序监理人在工作的过程中,最关注的四个方面是尊重受监护人的意愿、以最小变动为原则、检视是否为善意父母、扶养的意愿,并且通过沟通交流力求与法官取得共识,但是工作效果也会取决于不同法官的接受能力。程序监理人需要围绕儿童最大利益的保护,收集资料、访谈调查、撰写报告,一般社工是独立完成报告,而程序监理人多在机构的支持下采取团队工作模式,有能力进行更加细致的评估,完成报告之后是否出庭取决于法官的具体决定。

在我国台湾地区,程序监理人虽然比"民事诉讼法"中所规定的特别代理人权限更宽泛,特别代理人依法不能成立调解,而程序监理人可以基于被监理人的利益为一切的程序行为。即便如此,在使用习惯上,选任特别代理人的情况更多。程序监理人在调解中主要发挥以下功能:调解前及调解中之资讯提供者,提供调解委员必要的资讯或相关问题咨询,并对争议或疑义部分提出澄清及说明;协调促进者,协助调解委员更有效率引导双方进行问题协调;友善合作式父母之促进者,于调解中协助调解委员调和两造之情绪与关系,促成诉讼当事人扮演友善合作式父母之角色。其他还有专业评估者、受监理人

---

① 黄翠纹、温翎佑:《亲权酌定事件中未成年人最佳利益维护之实务困境——从社工员的观点》,载《亚洲家庭暴力与性侵害期刊》2017 年第 13 卷第1 期。

② "司法院"参考专家学者及实务意见,针对子女亲权评估指标制定出《社工访视(调查)报告之统一参考指标及格式》,内容则共分为五大部分,除基本资料外,还包含背景、文化、经济、亲职能力等方面的调查,也有设计对未成年子女访视的详细内容,另外还针对会面部分一并作为访视的重要内容。

的在场代言人及权益捍卫者等功能。①

二、大陆类似制度的运行模式

江苏省南京市鼓楼区法院曾于2013年审理并裁决过全国首例被监护人告唯一监护人案,该案创立了我国儿童类似程序监理人制度。② 崔某琪的亲生父母离婚,直接监护权判给父亲,父亲一直对其疏于照料,还经常对同居女友和崔某琪使用家庭暴力,崔某琪和父亲的同居女友感情较好。后与父亲分开,随父亲女友共同生活,但两人经济条件较差,崔某琪欲诉父亲承担抚养费。父亲拒绝给抚养费,认为既然和同居女友没有婚姻关系,则女儿应该跟随自己生活。因崔某琪只有16岁,属于未成年人,不能独立行使诉权起诉唯一的法定代理人,法院很难立案。在南京市公益维权中心接到崔某琪的请求后,决定借鉴刑事案件中的"临时家长"③制度解决起诉难题,请南京市团市委出面协调,指派一位律师和一位未成年人保护志愿者作为崔某琪的程序监理人,这是首例在司法实践中适用类似程序监理人的案件。即便如此,这也是个案处理的方式,没有获得推广。

北京市高级人民法院在《北京市法院少年法庭抚养探望类家事案件审判工作报告》中明确建议创设诉讼监护人制度,"借鉴未成年人刑事案件诉讼程序中的合适成年人参与制度,在未成年子女为当事人,但其法定代理人无法出庭或因利益冲突不宜出庭的情形下,通过诉讼监护人代理子女出庭参加诉讼,表达子女的独立意愿,保障子女权益实现"④。据司法实践反映的现实情况,抚养探望类纠纷案件总数较大,但是未成年人利益在此类案件中较难得到应有重视,主要存在以下几个问题:其一,父母责任缺位,当父母之间发生法律争议时,争取自身利益最大化是彼此考虑的关键问题,此时子女需求退而求其次,甚至把子女看作负担,相互推诿监护责任;其二,罪错少年误入歧途和家庭教育缺失存在很强的关联性,很多走向违法犯罪道路的少年来自离异、继亲家庭,现实中对此

---

① 郑金朋:《高少家法院家事调委研习程序监理人的角色与功能》,载《高雄少家》2017年第23期。
② 任凡:《论家事诉讼中未成年人的程序保障》,载《法律科学(西北政法大学学报)》2019年第2期。
③ 《刑事诉讼法》第270条规定,讯问和审判未成年人,家长必须到场,无法通知、家长无法到场的,可由居住地基层组织指派一个合适成年人(临时家长)到场,代为行使未成年犯罪嫌疑人、被告人的诉讼权利。《民事诉讼法》第15条规定:"机关、社会团体、企业事业单位对损害国家、集体或者个人民事权益的行为,可以支持受损害的单位或者个人向人民法院起诉。"《未成年人保护法》第108条规定:未成年人的父母或者其他监护人不依法履行监护职责或者严重侵犯被监护的未成年人合法权益的,人民法院可以根据有关人员或者单位的申请,依法作出人身安全保护令或者撤销监护人资格。被撤销监护人资格的父母或者其他监护人应当依法继续负担抚养费用。
④ 赵德云、刘靖靖、宋莹等:《少年法庭抚养探望类家事案件研究——基于北京法院的调查》,载《预防青少年犯罪研究》2015年第5期。

类案件背后的家庭原因重视不够;其三,即使某些当事人争抢子女的抚养权,经过法院深入观察了解,属于别有用心,是希望以子女为工具实现自己的某些特殊目的。有的当事人将是否给予抚养权、能否探望子女作为条件,迫使对方撤回离婚起诉或者同意离婚;有的当事人抚养子女并无困难,但因财产纠纷等问题,以子女抚养问题为由制造争讼点,以期达到对婚后财产再行分割等目的;有的当事人假借争取抚养权实为获取拆迁利益提起诉讼。① 我国《民法典》并未将隔代抚养权纳入立法,但现实中祖父母、外祖父母争夺抚养权的情况也不罕见,有的家庭老人照顾子女付出较多,和孙子女、外孙子女感情深厚,容易左右未成年人对直接抚养权归属的意见表达。这些情况都需要程序监理人的独立调查、甄别和判断。当事人对自身利益的过分关注以及未成年人维护自身利益的能力显著不足,都容易导致法律关系失衡,子女问题的解决未必符合其实质利益。尽管,在地方立法建议中提到诉讼监护人设立的重大意义,实践中也偶有存在之,但关注程度明显不够,而且偶有介入的诉讼监护人也主要在审判环节中介入,需要社会机构的支援但产生的影响力有限,并非一个稳定的机制。

从少年刑事司法程序中借鉴过来的观护制度既有家事调查官制度的影子,又有程序监理人制度的痕迹,前者如都会履行观察、保护未成年人的职能,对未成年人的行为表现具结报告供法官参考;后者如两者都会向未成年人履行一定的程序性辅助职能,是合适成年人参与保护未成年人众多措施中的一种。观护制度最早起源于英国习惯法,现代观护制度由美国"观护之父"奥古斯都创立。美国观护人协会对观护制度所下的定义为:"观护制度是法院对于经过慎重选择的刑事被告,所采用的社会调查与辅导的一种处遇方法。这些刑事被告于观护处分期间,虽允许生活于自由社会中,但其品行应遵守法院所告知的条件以及接受观护人的辅导监督。"② 之所以引入观护制度,是因为现代少年司法在理念上普遍以福利主义观念为基础,在逻辑上强调国家对少年儿童健康成长有特殊的保护责任和义务,应针对少年儿童的弱势特点进行倾斜性保护,在司法中进行区别于一般成人的特殊观察教育,在这一立场基础上少年司法逐渐形成国家亲权、少年儿童利益最大化、教育保护优先与去惩罚化四大基本理念。③ 在少年刑事司法领域,观护制度实践即便不很统一,很多地方的做法也较有特色。学者曾经以主导主体、是否分类、是否集中、罪错少年程度等,将观护分为不同的种类,共性如下:多数由司法部门牵头组织,联合政府、社会团体、企事业单位,各方共同协同配合;观护人承担多种工作,如解决涉罪外来未成年人的帮教矫治、监督考察、取保候审、教育培训、社区矫正等;适用观护对象为涉罪

---

① 赵德云、刘靖靖、宋莹等:《少年法庭抚养探望类家事案件研究——基于北京法院的调查》,载《预防青少年犯罪研究》2015 年第 5 期。
② 周震欧:《少年犯罪与观护制度》,中国学术著作奖助委员会 1978 年版,第 152 页。
③ 李川:《观护责任论视野下我国少年司法机制的反思与形塑》,载《甘肃政法学院学报》2018 年第 6 期。

未成年人。[①] 2007年以来,司法实践中少年刑事司法的观护模式开始逐渐移植到家事司法中,主要承担社会调查职能,对未成年人进行观察、保护,为特定家事案件的审判提供建议。家事审判中应用观护最早在广州黄埔初次尝试,2011年上海出台实施意见,长宁、闵行法院出台实施细则。2016年最高人民法院启动家事司法改革以来,更多法院参与其中。在大家事案件中启动观护,主要涉及监护、离婚、抚养、收养等未成年人人身权益的案件,较多采取机构或者公益服务组织推荐、法院聘任的形式,重点了解未成年人的生活状态、听取未成年人的意见、关注家庭中是否存在暴力等其他特殊情况等,判断亲子关系的基本情况,部分法院要求观护人具结报告甚至负责案后回访等。

三、相关制度运行存在的问题

为未成年人设置多元专家,辅助其顺利参与法定程序,是两岸共同的追求。可见,未成年人因幼弱而程序能力不足,又基于最大利益之保护而需要确保其对法定程序的参与性已成为两岸的共识。但是落实到制度设置上,两者的出发点有所差异:在大陆,无常设的程序监理人。如果未成年人与法定代理人存在权利冲突或者法定代理人不能行使代理权,主要借助以下几条途径解决:其一,通过申请变更法定代理人来解决。如果法定代理人有严重侵害未成年人身心健康、怠于向未成年人履行职责或者其他严重侵害未成年人合法权益的行为,人民法院可以依个人或组织申请,撤销法定代理人的资格,另行指定监护人。如果未成年人向法定代理人提起其他诉讼,人民法院可能要求先变更法定代理权、再提起告诉,程序烦琐,无形中增加当事人的诉讼负担。其二,通过临时监护制度来解决。未成年人的监护存有争议、悬而未决,监护权力机关和人民法院有权通过指定监护来解决问题,若没有指定监护,或者因为紧急情况监护人客观上无法履行监护责任的,由未成年人住所地的居民委员会、村民委员会、法律规定的有关组织或者民政部门担任临时监护人,为其安排临时照料措施。即便如此,临时监护人对未成年人更多的是生活上的安排,没有明确的指向是为了辅助未成年人程序权利的实现。这种"临时监护"又具备国家监护的雏形,在程序监理人产生正当性问题上,给了巨大的想象空间,若在具体程序中未成年人确需辅助措施,由国家兜底。其三,借助法律援助制度解决部分需求。从新《法律援助法》(2021)对《法律援助条例》的修订来看,法定代理人侵犯无民事行为能力人、限制民事行为能力人合法权益的,根据旧法的规定允许其他法定代理人提出申请,新法允许近亲属提出申请,扩展了未成年人申请法律援助的途径;特定事项的当事人,如果提起请求给付赡养费、抚养费、扶养费之诉或者请求认定无民事行为能力或者限制民事

---

① 李美霖:《试析我国未成年人"复合型"观护机构的建立——以"国家亲权"理论为视角》,载《预防青少年犯罪研究》2016年第1期。

行为能力之诉,因经济困难没有委托代理人的,可以向法律援助机构申请法律援助。这些对未成年人都有适用的空间,但是法律援助毕竟是针对弱势群体的特定情况才适用,范围相对狭隘、属于小概率的适用,又涉及和司法行政部门的程序对接、当事人有一定的程序负担。总体来看,现有方案从规范依据上不明确,程序负担相对较重,对未成年人并不友好。但受此启发,在个案中设置"临时家长"的零星司法经验来自司法力量和行政力量的共同推动,如某些基层法院试图将少年刑事司法所取得的较为成熟的观护人设置经验移植到家事司法中去,程序监理人的部分职能由观护人或者社工承担,取得了一定的社会效果。在台湾地区,经过"家事事件法"以及相关立法的明确规定,确立了系统的程序监理人制度,在满足特定的条件下,未成年人参与家事司法的各个阶段都有来自程序监理人的关怀、辅助,常设的多元专家参与制已成雏形,但在执行层面也存在较多问题,可以总结为以下几个方面。

1. 社会大众对程序监理人认知有限。在台湾地区,即使制度运作数年,甚至连法官也未必全然熟悉,当事人更难理解。家事司法所解决的家庭纠纷具有不公开性和隐秘性,很多当事人并不愿意扩大知情面,因此对程序监理人的介入具有一定的抵触情绪,上门查访事实也未必配合。这暴露实践中对程序监理人设置宣传不到位,制度的细化规则尚有漏洞。在大陆,程序监理人的设置形式大于实质,虽然个别适用类似制度的案件取得了良好的社会效果,但需要调动行政机构或者社会组织的力量,共同推动司法程序;以其他社会力量为司法争取能动的空间并非常态,主要发挥树立典型的社会教化意义,很难保证持续性。

2. 各法庭辅助角色之间界限尚不分明。在台湾地区,程序监理人在处理家事事件时,涉及和其他相关人员协同合作,既要各司其职,又要资源连接,偶尔发生职能的交叉,当事人不明就里。其一,程序监理人和家事调查官如何实现职能区分。两者都有与当事人沟通、提出建议或者进行协助的权利,"家事事件审理细则"第 37 条第 2 项规定,"家事调查官为调查前,应先由程序监理人或相关之社会福利机关、团体取得资料,以避免使当事人或关系人重复陈述"。可见,家事调查官与程序监理人的工作在于工作立场、履职顺序的差异性。家事调查官在台湾地区是专职,主要协助法官,兼顾双方当事人利益,客观中立推动法律程序;程序监理人是兼职,主要维护受监理当事人的利益,具有相对独立的法律地位。程序监理人所进行的一切法律行为,由被监理人承受;家事调查官的调查意见一般还需听取双方意见或接受双方辩论,涉及隐私不在此列。其二,程序监理人和特别代理人很难区分,甚至在使用习惯上,选任特别代理人的情况更多,司法实践中一般不同时存在。特别代理人,是法院依申请而选任的,为避免程序拖沓,程序监理人有依照申请和职权两种选任方式。特别代理人并未强调一定是多元专家,事实上,特别代理人的权限范围相对程序监理人要狭窄,除非由法院特别授权,否则不得放弃、承认、撤回诉讼请求以及和解。在大陆,由于相关制度尚不健全,辅助角色职能模糊的情况更加明显。

程序监理人的设置为个案,虽然在称谓上冠之以"临时家长"的说法,但是在职能上更类似于法院与其他机构、组织共同选任的特别代理人;从立法的相关规定出发,一直以法定代理人作为代表未成年人利益的更优选项,危害未成年人的法定代理人应该被撤销资格,选任其他合格的法定代理人继续诉讼,在有国家兜底的机制中理论上不存在法定代理人空缺的可能性。即便如此,未成年人参与性不足是非常明显的,未成年人的程序利益在法定代理人的一次次轮换中被默默处分。在家事领域引入观护制度是重要的突破,但是从观护制度的产生传统来看,观护人与法官的分工其实就是法律职能和社会职能的分工。所以观护人在大陆的实际执行情况,更加类似于家事调查官,某项研究列举观护人职能为"庭前、庭中、庭后的全程参与,切实维护了未成年人的合法权益、家庭的和谐稳定;在案件审理时引入,通过社会第三方力量辅助法官调查事实,便于查明案件争议焦点、提高诉讼效率;对双方当事人及未成年子女开展心理干预,加强心理辅导及舒缓工作,缓解矛盾与对立情绪"①。对于程序监理人所应该具备的核心职能即"程序代理权",甚少涉及。

3. 担任程序监理人的适当人员比较缺乏。在台湾地区,根据"司法院"公布的程序监理人,台湾地区程序监理人的数量如下:大台北地区 44 人、宜兰 6 人、花莲 9 人、金门 1 人、南投 3 人、屏东 1 人、苗栗 30 人、桃园 10 人、高雄 6 人、基隆 2 人、云林 19 人、新竹 6 人、嘉义 6 人、彰化 11 人、台中 21 人、台南 14 人。② 这与"家事事件法"初步推行,相关组织架构欠缺完善有关系。但是 10 年后的现在,程序监理人依然十分紧缺,其主要来源之一为社工师,他们普遍反映工作压力较大,与当事人沟通交流一次根本无法解决问题,有时候为了当事人的需求只能勉力完成,有些社工师认为介入家事纠纷应该配备两名以上的社工人员。③ "候用程序监理人人选来源不足,除使得某些地方法院必须自行建置候用名册外,也使法官面临无足够适任人选可供选任的窘境,亦进一步造成法官有时必须要采取以私人拜托的方式,以商请有限的适任人选同意出任,或退而求其次,选任次要适任人选出任,甚至作出放弃选任程序监理人的决定。"④令人更为忧虑的是,目前有少部分法官并未由县市主管机关、各工会推荐至"司法院"之名单中选任程序监理人,亦未依据法

① 朱妙、吴瑞益、沈梓君:《少年家事审判改革背景下社会观护制度的检视与完善——以上海闵行法院为样本》,载《青少年犯罪问题》2018 年第 3 期。
② 郭佳瑛:《程序监理人在家事事件中职能之研究》,载《司法研究年报》2013 年第 30 辑,第 75~83 页。
③ 黄翠纹、温翎佑:《亲权酌定事件中未成年人最佳利益维护之实务困境——从社工员的观点》,载《亚洲家庭暴力与性侵害期刊》2017 年第 13 卷第1期。
④ 路永骍:《程序监理人制度运作现况、困境及其改进作为建议——以涉及未成年子女亲权事件为中心》,"中央警察大学"警察政策研究所 2014 年硕士论文。

定职权选任程序监理人,而是让当事人自行寻找程序监理人。^① 可见,程序监理人的供需严重不平衡,无法满足司法实践的要求。虽然可以动用法官和当事人自己的社会资源缓解人力资源不足的难题,但是由于程序监理人应该保持相对独立的法律地位,其他人的意见不能对程序监理人的行为构成过分的干扰和影响,所以这样的方式也欠缺妥当。在大陆,程序监理人并非常制,观护人在家事司法中的运用相对较少,主要散见于北上广等经济发达地区以及江苏、福建等沿海地区基层法院的经验探索。

4. 程序监理人的履职效果较不确定。在我国台湾地区,程序监理人属于多元专家,应该从具备法学、教育学、社会学、心理学等背景知识的人中选任,但就实际情况来看,以律师、社工师为主,其他专业类型比较少见。专业背景不够丰富多元,是制约程序监理人履职效果的重要原因。据统计,在"司法院"公布的程序监理人名册中,具有律师背景的程序监理人为58人,具有社会工作师背景的程序监理人为46人,两者相加,约占总人数189人的55.03%。^② 陈正升法官认为,"程序监理人之背景仍宜朝多元化发展,以目前程序监理人之背景多以律师及社会工作师占大多数之情况而论,确实有必要鼓励其他背景之专业人士,如心理咨商师、心理师、精神科医师等参与"。正是因为程序监理人综合素质较高,方能够保证其为受监理人"为一切程序行为"的准确性。否则,原先的制度规范已经可以满足需要,没有另设新制的必要。因为若"家事事件法"第15条第1款第1项、第2项^③情形发生,可以根据"民事诉讼法"第51条选任特别代理人,此时法定代理人制度本就名存实亡,若本法第3项^④情形发生,可以根据"民事诉讼法"第585条选任律师作为诉讼代理人,辅助性的事务工作可以随机指派社工完成。针对程序监理人的特殊培训机制也不够发达,导致履职效果未能满足法官、当事人的期待。在台湾地区,程序监理人提高工作水平的方法更多是经验交流,而非借助普遍、固定时长的培训,如访谈技巧、文件撰写、职业纪律要求较不明确,也缺乏资深专家的帮教。以儿少程序监理人为例,有研究者发现,"27.4%受访者在担任儿少程序监理人前,受'司法院'或其他机构办理之程序监理人教育训练时数未达6小时,48.4%未达12小时。另外值得注意的是,11.3%的受访者在担任程序监理人之前未曾接受过任何的教育训练时数"^⑤。相关规定也缺乏对训练的强制,我国台湾地区"支给办法"第4条仅规定"司法院"、各地方法院应定期举办相

---

① 李惠娟、何祐宁:《台湾儿少程序监理人之工作现况与角色分析探讨》,载《社区发展季刊》2016年第155期。

② 郭佳瑛:《程序监理人在家事事件中职能之研究》,载《司法研究年报》2013年第30辑,第75~83页。

③ 第1项"无程序能力人与其法定代理人有利益冲突之虞"及第2项"无程序能力人之法定代理人不能行使代理权或行使代理权有困难"。

④ 为保护有程序能力人之利益认有必要。

⑤ 李惠娟、何祐宁:《台湾儿少程序监理人之工作现况与角色分析探讨》,载《社区发展季刊》2016年第155期。

关训练而未规定具体的训练时数。在这种情况下,当事人对程序监理人难以建立充分的信任,而法官有时候觉得程序监理人的介入对"事实和证据"的认定缺乏帮助,只是浪费时间。在大陆,个别地区曾偶然选任的类似程序监理人,最主要的也是律师,观护是由与未成年人时空距离较近的适当社工承担。

　　5. 程序监理人的报酬给付不够合理。程序监理人的提供并非福利,只是法院为当事人实现程序权利供给的更多选择。"家事事件法"第 16 条为程序监理人的报酬支付确立了一般规则,"法院得依程序监理人申请,按其职务内容、事件繁简等一切情况,以裁定酌给酬金,其报酬为程序费用之一部"。从这个角度出发,程序监理人的申请费用和当事人所缴纳诉讼费用的性质差不多,都属于当事人应该承受的负担。民事诉讼作为国家规费,程序设置在于保护当事人私权,属于国家对于纷争当事人的特别服务,采取有偿主义的原则主要由当事人负担,虽然大方向无误,但也应该进一步考虑适用者为程序上弱势群体的事实。进一步分析我国台湾地区程序监理人费用承担的现实情况,问题较多:其一,程序监理人的费用总额与所辅助参与程序之间相差较为悬殊,不太合理。根据"程序监理人选任及酬金支给办法",第 13 条给出了大致报酬的区间,"法院裁定程序监理人酬金,应斟酌职务内容、事件繁简、勤勉程度、程序监理人执行律师、社会工作师或相关业务收费标准,每人每一审级于新台币五千元至三万八千元额度内为之"。前项酬金,包括程序监理人为该事件支出之必要费用在内。如果当事人申请安置或者监护宣告事件,程序本身的申请费才 1000 新台币,当事人对主程序费用和辅助程序费用之间的落差很难接受。其二,面对弱势群体保护之公益属性,立法对程序监理人报酬支付的态度比较暧昧。为了保证程序监理人顺利开展工作,法院规定了依申请选任程序监理人的预纳制以及依职权选任程序监理人的垫付制相结合;而预纳制只有困难之时,才适用"国库"垫付,根据"家事事件审理细则"第 23 条,适用于以下情形,"受监理人为未成年人,其本人无支付能力;受监理人为应受监护或辅助宣告人、被安置人而无支付能力;受监理人为未成年人,其法定代理人为当事人或关系人且有支付能力者,法院得命法定代理人预纳之"。在当事人需要预纳费用的情况下,当事人申请程序的积极性不高,会导致法院依职权选任程序监理人的情况占主要,而不是依照当事人是否真正需要而选任;在"国库"需要为程序监理人垫付费用的情况下,程序监理人履职较无安全感,在法院预算不够的情况下,有时候会基于公益之理由拖延程序监理人的报酬。在大陆,担任诉讼监护人的律师有时是按照法律援助类案件处理的,并不收费,非固定的机制可以暂且这么处理;至于观护人,工作一向被认为是具有公益性、义务性,几乎不付报酬,即使是少数地区采取以案定补的制度,报酬也非常低廉,和观护人的时间、精力付出不成比例。

程序监理人制度的若干构建对策

从世界代表性国家的立法和实践来看,程序监理人的设立已经形成一种良好的经验。程序监理人主要是为了保护程序弱者的利益,与身份法追求的价值目标若合符契。身份法不仅关注各家庭成员之间的利益平衡,同时倾斜保护身份弱者。未成年人是典型的身份弱者,20世纪是儿童的世纪,19世纪在儿童受保护的权利方面取得了巨大的突破,但是参与权的保障还存在不足;与此同时,家庭是儿童的第一道保护屏障,当家庭发挥功能失灵时,受保护权已然不能保证,儿童的参与权更加难以期待。儿童最大利益原则对儿童利益实现提出了更高的要求,儿童最大利益原则是否践行是评估儿童事务处理的最高标准,因此儿童受保护的网络进一步得到延伸,从家庭扩展至社会、国家,形成较全面的保护系统。在司法方面,家事司法向社会化方向改革的趋势,也说明了司法与社会协力推动儿童利益实现的必要性,程序监理人作为多元专家,本质上是改革的一个缩影。程序监理人介入家事司法程序,兼顾了儿童受保护权和参与权,给行为能力受限之人一个自我表达、处分的机会。从长远来看,这属于儿童应该享有的福利,也属于实现最大利益的必要措施,是最大利益在程序法方面的重要落实手段。如何建构程序监理人制度,应该在以下几个方面作出重要努力。

一、建立程序监理人介入的基本前提

我国应该建立常态化的程序监理人制度。为了提高庭审效率、节省人力,选任程序监理人应该以补充性、必要性作为基本原则。必要性依据法律情势具体判断,而补充性需讨论和相关法律角色如何处理关系。

补充性比较容易理解,以未成年人最大利益作为判断基础,当未成年人有适当的角色辅助其利益实现之时,不需要程序监理人。在大部分国家和地区,适当角色包括子女的法定代理人、特别代理人等。所以,当未成年人的利益由法定代理人或者特别代理人代理之时,程序监理人哪怕正在选任或者已经选任,也应该中止或者撤销,但他们必须能够有效代理未成年人的利益,否则程序监理人应该继续选任。在我国,主要需讨论程序监理人的设置与法定代理人履职情况的关联。在我国,法定代理人履职存在主观不能和客观不能的可能性。主观不能涉及监护侵害，此时法定代理人与未成年人之间存在利益冲突。根据《民法典》第 36 条"监护剥夺条款"的具体规定，主要涉及以下几种情形："实施严重损害被监护人身心健康的行为；怠于履行监护职责，或者无法履行监护职责且拒绝将监护职责部分或者全部委托给他人，导致被监护人处于危困状态；实施严重侵害被监护人合法权益的其他行为。"客观不能指行使法定代理权存在客观困难的，狭义的角度理解指法定代理人的行为能力出现瑕疵，广义的角度甚至可以包括因为经济原因如贫困、地域原因如不在国内无法监护。在我国，当此种情况发生时，撤销监护资格、变更监护人是首先考虑的问题，即便是没有合适的自然人作为监护人，也有居委会、村委会、民政部门兜底担任机构监护人，是为国家监护。如果未成年人要向当前的监护人追责，也需要变更监护关系之后再诉。这种操作方法效果值得商榷，追责可能也体现为欲保留监护关系的基础上仅追究经济责任，如果此时未成年人没有其他的法定代理人，现行的制度转圜余地较差。再则，缺乏一个合适的、超越当事人立场的法庭角色代表未成年人独立发声，最大利益存在虚置可能。因此，建议在监护人履职客观不能的情况下，适用补充性原则，探索设置程序代理人代表未成年人的利益，"客观不能"采用狭义，因为广义的客观不能似乎给了法定监护人逃避责任的方式，立法难以实现精准规制。

补充性涉及程序监理人和其他重要法庭角色的关系处理问题。例如当养子女和养父母之间发生诉讼，因为据我国法律规定养子女与亲生父母已无法律关系，相当于没有法定代理人，可以依据补充性原则选任程序监理人。必要性涉及在哪些具体情形下应该引入程序监理人，往往是法定代理人主观不能的情况。未成年人和法定代理人利益冲突是典型的主观不能，需要选任程序监理人。此外，法院还应该以自由裁量权判定这种必要性是否存在。通常认为，在这样的几种情形下主观不能、存在必要性，应该选任程序监理人。其一，法定代理人之间发生诉讼，如离婚，但是离婚之诉涉及何方直接行使抚养权、何方支付抚养费的问题，但因为子女并非当事人，很难有人代表其立场实现最大利益保护，此时的主观不能意为难以兼顾到子女的利益，存在选任必要性。其二，在我国，判断一个人是否有行为能力根据《民事诉讼法》第 177 条采用特别程序，行为能力有瑕疵的人应为其指定监护人。在这样的情况下，选任程序监理人存在必要性，如果没有这样的法庭角色，潜在行为能力有瑕疵之人的命运就会完全取决于他人的安排。值得注意的是，根据我国《民法典》的规定，已经认可成年监护①的形式，所以成年人在行为能力衰退之时涉诉，也可以根据具体情况选任程序监理人维护其利益。其三，在法定监护人监护资格存在被剥夺可能性之时，也许继续维持监护现状对未成年人显著不利，在监护权实

---

① 《民法典》第 33 条规定："具有完全民事行为能力的成年人，可以与其近亲属、其他愿意担任监护人的个人或者组织事先协商，以书面形式确定自己的监护人，在自己丧失或者部分丧失民事行为能力时，由该监护人履行监护职责。"

现最终变更之前,需要将未成年人带离家庭,寻找"寄养家庭"以作安排,此时需要程序监理人的介入。必要性的表达本身就存在模糊空间,此时法官自由裁量权的发挥格外重要。我国台湾地区"家事事件法"第165条的修改经验能够为我们提供一个较好的参考。"家事事件法"未修正前,根据第165条的规定,在监护宣告事件中,若当事人无意思能力,法院应依职权为其选任程序监理人。立法本意是无意思能力者无法辨别利害得失,需要一个代表保证其实体以及程序利益,属于对同法第15条总括性规定的特别规定。但是实施效果不佳,地方法院有些并未遵照执行,理由是无意思能力者根本无法和程序监理人实现有效的沟通,后者也无从得知其对相关事项的正确见解,而且这些人作为经济状况不理想的群体,程序监理人的费用支出会对其造成巨大负担。考虑到实际情况,后在修改中允许法官酌定不选任,法官可以以立法目的实现程度作通盘考虑。大陆引入程序监理人制度之时,也应该对此进行充分关注,一些地方法院为了绝对降低所谓的错案发生率,几乎不用自由裁量权,家事案件的处理本来就存在"情理"作用的空间,应给法官一定的灵活决定范围,支持司法适当能动。

二、完善程序监理人履职的各项环节

1. 确立程序监理人适当的背景来源。从世界各国和我国台湾地区的经验来看,程序监理人是多元专家,主要是律师。可以辩证地考虑这个问题,在程序监理人制度初创的时候,如在大陆系统的相关制度尚未建立,律师为主比较合适;因为程序监理人是以程序代理权为核心,兼顾行使多项职能,核心职能对法学专业的知识需求最多。随着程序监理人制度走向成熟,律师为主体的结构会逐渐显现弊端,难以满足当事人多元化的需求。代理程序需要法学专业知识、协助陪同需要社工知识、会谈沟通需要心理知识,程序监理人可以一门技能为主,但对综合素质的要求一定是未来的方向,因为程序监理人承担的是复杂的多项工作任务。在大陆,刚开始制定程序监理人名册之时,可以以律师为主体,后续应该坚持多元化的人才储备战略,引入社会学、心理学、教育学、医学等其他领域的多元专家加入;值得注意的是,家事案件有不同类型,每个地方也有自己独特的风土人情,可能会影响人与人之间的沟通交往方式,所以程序监理人的选任应该具体情况具体分析、动态配置、注意更新,以解决问题、实现制度设置的本意为首要考虑。逐步走向多元化除了扩展选拔人员的专业背景,如德国的做法,代理人的来源相当广泛;也可以借鉴英国和我国台湾地区的做法,实行团队搭配的方式,如离婚案件中子女利益保障采取律师和社工搭配的方式,而在涉及家庭暴力的家事纠纷中采取律师和医师,或者律师和心理咨询师搭配的模式。

2. 建立自下而上选拔程序监理人的具体名册。根据我国台湾地区的制度经验,程序监理人的选择有以下几种方式:法院主导,由台湾地区"司法院"或者地方法院建制程序监理人的名册;法官主导,由主审法官通过私人关系、社交网络来寻找程序监理人;当事人主导,所选择的程序监理人与当事人有较密切的关系,可能是当事人的近亲属、领导或者师长、朋友等。目前,法院主导型的程序监理人占绝对多数,其他情况相对少见。法官主导型的较不科学,私人请托难以保证持续性,且破坏了其相对独立的法律地位;当事人主导型的程序监理人较不合理,与当事人之间密切的牵连关系破坏了其客观性,使其难以在推动程序、保护弱者方面尽职尽责。也并非与当事人有亲属关系的所有人不能担任程序监理人,确实在某些特殊类型的案件中,如监护宣告类的案件,由与当事人完全不熟悉的陌生人担任程序监理人对当事人明显不利。我国台湾地区没有强制规定程序监理人产生的程序和身份,如果法官认为适当,即具备"性别平等意识、尊重多元文化,并有处理家事事件相关知识",当事人的亲属也可以担任程序监理人。相比较而言,法院主导模式比较好,也可以成为大陆未来选择的模式。在我国台湾地区,如果由"司法院"主导选拔程序监理人,是自上而下的模式,不尽合理。因为"司法院"是台湾地区的最高司法机关,不直接面对数量庞杂的家事案件,对各地方的现实情况难以深入了解,也容易出现更新不及时等其他问题,无法实现动态配置程序监理人,不适合选任、制作名册;相应的,如果由地方法院主导选拔程序监理人,是自下而上的模式,较为合理。社会福利机构或者律师协会、其他社团等组织可以积极推荐,法院按照规定标准进行审查。地方选拔程序监理人往往立足于本地域的社会基础和受理案件的情况,对症下药;将程序监理人的选拔权主要交由地方法院,上级法院最多进行监督、考核,有利于建立法官与程序监理人默契高效的分工合作关系,提高各自的工作质量和工作水平。

　　3. 合理规划程序监理人的角色以及职能。借鉴各国和地区的经验,程序监理人的法律角色,不能简单地理解为属于代理人,而是具有独立的程序地位与一定的公益色彩。为了受监理人的利益,帮助受监理人主张权利,听取受监理人的意见。但是也并非完全受被监理人的制约、指挥,其可以独立发表意见,甚至行为与受监理人意见相反。当程序监理人与法定监理人同时存在时,可以并行不悖;但若与法定代理人意见冲突时,法官作适当性判断。程序监理人的职能以程序代理权为核心,可以借鉴我国台湾地区的规定,授予其代理受监理人利益为一切程序的权利,可以独立上诉、抗告或者为其他声明不服。因此,大陆如果引入程序监理人制度,宜以特别授权作为范围,程序监理人有以下权利:代为承认部分或全部诉讼请求,代为放弃、变更或增加诉讼请求,代为和解,代为反诉,代为提出或申请撤回上诉。在程序代理的过程中,程序监理人有接受一切必要送达的权利。程序监理人可以行使的具体职能除了程序代理权之外,借鉴其他国家的立法规定,还应该包括以下几种相关性权利。其一,会谈权。会谈对象是当事人以及与当事人直接相关的其他人,关注当事人的近距离社交网络。通过了解家庭财产状况、成员之间的情感关系、夫妻工作情况、家庭氛围、成员的想法等,有利于程序监理人作出较为准确的判断。但是会谈有必要方才进行,也要注意不要出现重复多次会谈的情况。如果会谈对象为未成年人,应先试图从未成年人的周边社会网络获取必要信息,因为未成年人可能情绪不稳定、心理承受能力比较脆弱,会谈会对其造成压力。其二,知情权。这种知情权是双向的。一方面,监理人应该以适当方式将程序标的、程序进程以及可能的结果等信息告知子女;另一方面,程序监理人可以获得与未成年人有关系的各种信息,查看与未成年人有关的记录,相关机构采取严格保密措施的除外,并享有阅卷和复制权。但是这种知情权并非完全不受任何限制,如果法官认为监理人知情对案件的处理有较大的负面作用,可以在说明正当理由的情况下,拒绝提供相关材料。其三,协助与建议权。程序监理人需要在必要时刻,陪同子女参加重要法律程序,如法庭对未成年人进行询问的场合需要程序监理人进行支持;向法院提供报告和建议,如关于子女真实意愿的情况,偶尔协助司法机关对未成年人父母履行一定的教育职能,使其明白积极承担责任、维护未成年人最大利益的必要性,树立正确的观念。

4. 建立对程序监理人系统的训练机制。如果大陆在未来能够引入程序监理人的制度,逐渐建立社会大众对制度的公信力非常重要。一方面,要依靠法官的释明。预备选任程序监理人之时,法官应该向当事人释明程序监理人的法律角色和程序功能,以便当事人能够对程序监理人建立正确认知,后续积极配合程序监理人的工作。另一方面,要依赖对程序监理人加强训练。学者赖月蜜认为,"许多心理师或社工背景者从事程序监理人,其工作之模式,仍然系执行其心理师与社工的工作,对程序监理人应对受监理人为程序上之保障,在没有适当的训练下,执行担任程序监理人一职仍忐忑不安,对于已热血投入程序监理人之专业工作者,实非善待,更何况许多程序监理人系以义务方式接案,在他们执行程序监理人职务前,应有接受程序监理人训练之权利"。[①] 就目前我国台湾地区的实践来看,程序监理人训练机制的执行也不甚理想,程序监理人顺利履职对其综合素质能力要求较高,多元化的背景知识训练非常必要,包括通识课程训练、法律课程训练与其他专业课程训练三个部分;从世界范围看,德国、美国很多州,代理人在介入案件之前,都必须经过一定课时的培训认证;美国个别州,还建立了代理人的帮教制度,资深的代理人指导经验尚不充分的代理人,律师的代理人指导非律师的代理人,这些做法都有利于显著提升程序监理人的工作效果。经过系统的专业训练,"程序监理人基本上须具有某种背景之专业知识,对于法庭程序之运作清楚,得以为受监护人之咨商,并熟悉相关法令;除此之外,面对父母及关系人须具备会谈技巧,于访谈或调查后,有撰写报告及作正确建议之能力"[②]。程序监理人可以通过线上线下平台相结合的形式完成一定的训练课时,方才有担任程序监理人之资质,具体由管理程序监理人的组织机构来承担培训任务,

---

① 赖月蜜:《"程序监理人"——儿童司法权保护的天使与尖兵》,载《全国律师》2013 年第 17 卷第 5 期。

② 王重吉:《程序监理人于我国家事事件审理中角色及功能之研究——依家事事件类型区分》,载《司法研究年报》2017 年第 33 辑,第 34 页。

如当地律协、司法行政机关等。此外,程序监理人工作能力、素质的提高还需要提供资源连接的通道。程序监理人之间应该多进行经验交流,法院也应该举办座谈,邀请实务专家和大学教授等,共同论证探索程序监理人履职的高效模式。

5. 设置对程序监理人适当的薪酬支付制度。程序监理人的费用支付主要由当事人承担是合理的,维护当事人私权利需要一定的司法资源和成本投入,关乎整个社会纳税人的利益,也有利于当事人谨慎考量是否符合程序监理人的适用情形,自觉调整规范自身行为,提高制度运行的精准度。即便如此,由于程序不免涉及社会弱势群体的保护,需要"国家家父"兜底,因此也需考虑由国家负担的特殊情况。其一,如果设置程序监理人,我国台湾地区的基本做法可以供大陆参考,即根据案件的具体情况要求当事人预缴程序监理人的薪酬。既可以参考我国台湾地区的方式建议薪酬区间,也可以参照《诉讼费用交纳办法》设置比例,一般规则由最高人民法院确立,因各地方经济水平存在差异性,具体规则由各省、自治区、直辖市高级人民法院详细拟定。但需要注意的是,预缴费用和所辅助程序费用之间的差别不可过分悬殊。其二,特殊情况之下由国家垫付程序监理人的费用,可以考虑在《法律援助法》中具体规定,由司法行政机关组织操作。考虑到大多数程序监理人是法院依照职权选任的,所以不必像我国台湾地区那样,凡依照职权选任的程序监理人主要采取"国库"垫付的方式。同时要关注、考察当事人的具体情况,是否属于经济困难:经济困难需要参照当事人所在地的标准,当事人如实陈述,并且由相关机关、单位进行证明;也可以看当事人手中是否有足以证明经济困难的证件,如城市居民最低生活保障证、农村居民最低生活保障证、农村特困户救助证、农村"五保"供养证等,由司法行政机构进行审核。此外,参照《法律援助法》第 32 条的规定,为遭受虐待、遗弃或者家庭暴力的受害人选任程序监理人,由国家承担费用,不需要以经济困难作为条件。

三、行为能力在身份法上的特殊规则

(一)未成年人的诉讼行为能力

国际儿童立法的发展经历了三个重要阶段:第一阶段承认儿童的国际法独立主体地位,是国际社会的一分子;第二阶段给予儿童充分的实体法上的权利;第三阶段是在赋予儿童各项权利的基础上,承认儿童在行使和要求这些权利、自由时所必需的程序法上的能力。[1] 我国立法在这方面仍有欠缺,根据我国《民法典》的规定,依照年龄,将儿童的行为能力分为无行为能力、限制行为能力和完全行为能力。对于诉讼行为能力,进行非此即彼的划分,18 岁以下的任何人,因为行为能力的瑕疵,都没有诉讼能力,由监护人代理

---

① 何燕:《家事诉讼中未成年人利益最大化原则研究》,南京师范大学 2016 年博士学位论文。

诉讼。故而诉讼能力的分割采用两分法,这对未成年人参与家事程序,实现与程序监理人更好合作显著不利。

对于有认知能力的人,自己是自身利益的最佳判断者,权利应该得到尊重和落实。在法定代理人与未成年人权利冲突的情况下,或者法定代理人很难或者无法行使代理权的情况下,是程序监理人介入的时机。但是程序监理人并非法定代理人,其代理权的源泉往往来自被监理人有能力,这就导致一个悖论,相对承认行为能力有缺陷之人的诉讼行为能力能够有效解决这个难题。日本《人事诉讼法》、澳大利亚《儿童法》、德国《家事与非讼事件法》与我国台湾地区"家事事件法"都在涉及身份之诉时,有条件承认未成年人的诉讼行为能力。结合这些国家和地区的规定,诉讼行为能力的赋予或者以年龄来切割,或者依照个案来判断。前者如德国《家事与非讼事件法》第 9 条第 1 款第 3 项规定,年满 14 周岁具有限制行为能力的未成年子女可以在与本人相关的程序中,主张其根据民法享有的权利,并且以此为限,具有参与程序的能力。同法第 60 条规定,年满 14 周岁的未成年子女可以仅在涉及人身的事务中,对法院的裁判提出抗告,而无须法定代理人的协助。法院作出有关裁判后,必须将该裁判告知有抗告能力的子女。后者如我国台湾地区,能证明有意思能力的人,就有关身份及人身自由事件,有意思能力。学者姜世明认为,如能举证证明其于法院审理时具有意思能力,足以辨识利害得失,则仍就有关其身份及人身自由之事件具有程序能力,可以独立进行相关的诉讼行为。且关于身份及人身自由之家事事件,如否认子女之诉、改定监护人等事件对当事人影响重大,应赋予其程序能力,以便更充分保障其程序主体权及听审请求权。[①] 我国可先授予限制行为能力人在婚姻家庭纠纷中的诉讼行为能力,再逐渐过渡将诉讼行为能力依照个案的方式授予,采循序渐进式的立法。

(二)意定监护的去行为能力化趋势

程序监理人也可以为成年人所设,但是很难说成年人完全没有意思能力。成年人的意思能力是一个渐次减弱的过程,因为年老、疾病、精神状态不好等原因,成年人作出涉及切身利益的某些重大判断时事实上对自己不利,说明判断能力准确性欠佳;这时如果越来越缺乏自我生活照料的能力,说明健康状态较差、精力有限影响成年人行为能力的发挥。很多学者认为有机式的行为能力对成年人完全是个悖论,成年人的行为能力很难出现"全无"这个极端,往往是在某些领域需要进行辅助的中间状态;而成年人行为能力的宣告制度,往往不顾个体的差异,"成年人个体的特殊性和宣告制度的普遍性之间存在矛盾"。比较法上的禁治产制度也确实有把监护与行为能力全面"挂钩"的传统,如在 1992 年成年监护改革前的德国民法上,因精神病而受禁治产宣告的,为无行为能力;因精

---

① 姜世明:《家事事件法论》,元照出版有限公司 2013 年版,第 90 页。

神耗弱、挥霍浪费、酗酒成癖等原因而受禁治产宣告的,则为限制行为能力。[①] 根据现实反馈,无民事行为能力的认定存在泛化,认定数量远多于限制行为能力。[②] 因此,重构成年人行为能力制度,意味着对于那些没有完全丧失行为能力的成年人,不概括剥夺相应的行为能力,而是采取一般事项尊重其决定权,主要在重大事项[③]上给予限制。"英国、德国和日本等国的老年人意定监护制度对被监护人的自主决定权设置了不同程度的限制;而美国的持续性代理权授予制度则最大限度尊重被监护人的自主决定权,法院不干涉委托人选定代理人及设定代理事项范围,将代理关系之形成完全交由双方当事人意思自治。"[④]从司法的角度,"只有法官对心智障碍者的能力作出明确、具体的判决而非作出限制行为能力的概括式宣告,才能使心智障碍者的残存能力得到法律认可,其自主决定权才能得以实现"[⑤]。

经过重构的行为能力制度,对成年人的判断适用,有了更大的灵活性。有的采用一元式的判断标准,如德国仅对成年人保护适用照管,相对赋予法官依照个案更多的自由裁量权,即便如此,重大财产行为和妊娠行为离不开法院的监督;有的采用多元式的判断标准,依照意思能力衰退的程度设置梯度、采取区分保护策略,如我国台湾地区区分为监护与辅助两个层次。故而,意思能力不应该被定位为一个简单的抽象概念,应进一步淡化监护和行为能力的关联性。

综上,程序监理人的适用对成年人有特殊性。在大多数场合下,需要认可成年人的诉讼行为能力,但并不意味着有诉讼行为能力的成年人不需要程序辅助,需要依照必要性原理来设置。必要性依据具体事务的进行来判断,敏感问题、重大财产问题,如果意定监护人基于主客观原因此时也很难发挥作用,则设置程序监理人必要性高于一般事务。学者赞成,"在行为能力判断标准上,应针对不同类型的法律行为(如遗嘱、契约、医疗服务等)设置不同的判断标准,从而在最低限度内限制被监护人的自主决策"[⑥]。具体到诉讼行为能力亦同。

---

① 李霞:《论禁治产人与无行为能力人的当代私法命运》,载《法律科学》2008 年第 5 期。
② 彭诚信、李贝:《现代监护理念下监护与行为能力关系的重构》,载《法学研究》2019 年第 4 期。
③ 例如根据《瑞士民法典》第 416 条之规定,清算家庭事务、订立长期居住契约、接受或者放弃继承、不动产的重大处分、接受或提供巨额贷款、订立定金契约或者类似契约、营业的兼并或清算、其他重要程序性行为等方面。
④ 张海燕、苏捷:《老年人意定监护制度的域外考察与本土借鉴》,载《国外社会科学》2022 年第 6 期。
⑤ 王竹青:《成年人监护制度的多元理论与制度完善》,载《北京社会科学》2022 年第 8 期。
⑥ 王竹青:《论成年人监护制度的最新发展:支持决策》,载《法学杂志》2018 年第 3 期;朱圆、王晨曦:《论我国成年监护设立标准的重塑:从行为能力到功能能力》,载《安徽大学学报(哲学社会科学版)》2019 年第 2 期。

第四章 徘徊于司法与社会场域的专家：司法社工论

| 第一节 |

家事综合司法与社会工作的互动模式研究

最高人民法院 2016 年出台《关于开展家事审判方式和工作机制改革试点工作的意见》,在国家层面正式启动家事司法改革,其中社会资源的整合和利用是重要工作内容,"探索引入家事调查员、社工陪护及儿童心理专家等多种方式,不断提高家事审判的司法服务和保障水平";2018 年再次出台《进一步深化家事审判方式和工作机制改革的意见》,重申家事司法需"动员和激励社会各界力量共同参与",建立"共建共治共享的社会治理格局"。从综合社会治理的角度出发,儿童保护模式是一个完整的生态系统。最内层的家事司法属于微观系统,周边的社会资源的支撑是中间系统,最外层的国家保护是宏观系统。[①] 中间系统包括"邻里社区、各种儿童福利保护专业团体、媒体、社群乃至于社会大众,各依其能力而营造对儿童成长发展友善的环境"[②]。中间系统中,司法社工的角色尤其值得关注,扮演着司法与社会互动的有效桥梁。司法社工发挥作用的效果取决于不同系统之间的互动效率,由此定义了这种角色参与的合理边界。从价值导向来看,司法社工是既"支持"又"规训"的,对儿童利益的实现形成一定的社会支撑,又防止并否定其他主体有可能伤害儿童利益的行为。我国司法机关中,引入社工参与已有相关经验,但效果事与愿违,司法社工的设置形式胜于实质。司法社工参与必须形成有效的、稳定的机制:参与太过,影响家事司法能动性的发挥;参与不足,对儿童最大利益落实无所作为。本节试从不同系统协调、磨合的角度,为司法社工的具体参与寻求合理支撑。

一、合适成年人参与制适用范围的进一步扩大

合适成年人参与制最早起源于英国《1984 年警察与刑事证据法》以及《警察拘留、对

[①] 有学者认为,按照生态社会学的观点,儿童的多重监护系统符合一种同心圆的结构,"生态环境里最内层的圆圈被称为微观系统,代表了最直接的儿童与家庭的日常现实……在一个独立的圆圈里,外层系统是指那些儿童并未直接参与但却对他们的发展产生影响的环境配置……最外层的圆或系统称为宏观系统,宏观系统代表着广泛并相互联系的信仰、态度和社会系统,如经济、媒体、移民或公共决策……"。[英]艾伦·普劳特:《童年的未来——对儿童的跨学科研究》,华烨译,上海社会科学出版社 2014 年版,第 53 页。

[②] 施慧玲:《论我国儿童人权法制之发展》,载《中正法学集刊》2004 年第 14 期。

待及询问当事人执行守则》的规定,之后被很多国家的立法接受。此制度意在通过"由合适的成年人讯问时在场并承担抚慰、沟通、教育等职责以保障儿童权利,实现儿童最大利益"①。在我国,经由地方司法实践经验探索,最早确立于《刑事诉讼法》(2012)第270条,目前体现于《刑事诉讼法》第281条②。未成年人罪错案件,其法定代理人如果不能到场或者不适当到场,可以由其他合适的成年人到场作为替代。合适成年人参与制度虽然肇始于未成年人刑事司法领域,但在家事司法改革如火如荼开展的大背景下,得到了更广泛的应用。

(一)合适成年人参与制在少年刑事司法领域的运用

合适成年人参与刑事司法领域的工作主要可以分为两类:一类是落实法律规定、保障诉讼程序顺利进行的"必做动作",如合适成年人、社会调查、附条件不起诉的监督考察等制度;另一类是帮助未成年人复归社会和健康发展的"选做动作",如心理矫治、技能培训、亲职教育、社会关系改善等工作。③"必做动作"是合适成年人参与的重要职能,因为有立法的强制力,所以已形成稳定的机制;至于后者,当司法社工参与在保障未成年人权利,兼顾提高司法工作效率方面能发挥更大作用时,开始向边缘的事务辅助职能方向渗透。合适成年人参与的"必做动作"一般在刚开始发现未成年人涉嫌触法或犯罪的讯问环节进行介入,或者在适当程序中承担观护职能。

涉嫌触法或者犯罪未成年人接受讯问时,有权要求合适成年人在场陪同。基于犯罪主体的特殊性,少年司法犯罪一般坚持"教育、感化、挽救"的基本方针,《刑事诉讼法》《公安机关办理刑事案件程序规定》《人民检察院刑事诉讼规则(试行)》仅规定了讯(询)问和审判时在场、监督两项职责,《最高人民法院关于适用〈中华人民共和国刑事诉讼法〉的解释》在这两项职责基础上又增加了教育职责;④同时,在侦控机关所主导的审前程序相对不公开,未成年人需要更高的保护手段。毕竟,未成年人的心智各个方面发展、发育还不成熟,由合适成年人在场陪同参与讯问,能够缓解未成年人的紧张焦虑情绪;同时,其作为中立第三人,是社会力量参与的代表,能够给办案工作人员一定的压力,使其采取适当

---

① 尹泠然:《合适成年人讯问时在场:以参与讯问为中心的讨论》,载《国家检察官学院学报》2021年第2期。

② 《刑事诉讼法》第281条:"对于未成年人刑事案件,在讯问和审判的时候,应当通知未成年犯罪嫌疑人、被告人的法定代理人到场。无法通知、法定代理人不能到场或者法定代理人是共犯的,也可以通知未成年犯罪嫌疑人、被告人的其他成年亲属,所在学校、单位、居住地基层组织或者未成年人保护组织的代表到场,并将有关情况记录在案。"

③ 林晓萌:《国家治理现代化视域下的少年司法社会支持体系:价值、立场及路径》,载《当代青年研究》2021年第1期。

④ 焦悦勤:《西安市合适成年人参与刑事诉讼实证研究——以陕西指南针司法社工中心为样本》,载《青少年犯罪问题》2018年第5期。

的方式进行询问。在理想模型中，未成年人审前程序是一个多方有效联动的机制：在积极的方面，合适成年人可以了解未成年人的个人基本信息、家庭成长经历、教育经历等背景信息，未成年人对讯问环境敌对不安时进行安抚、鼓励，发现未成年人有可能存在心理问题时进行开解、疏导，结合未成年人的认知水平、帮助办案人员解释司法工作流程等；在消极的方面，观察、干涉、举报办案人员在询问中是否存在诱导、暗示发问，甚至刑讯逼供等侵害未成年人合法权利的其他不良行为，对审前程序全过程的开展进行监督并保密等。从办案人员的角度来说，需承担打击犯罪与公正审判的职能，合适成年人与其最终目标一致，但形式上不是辅助与被辅助的关系，应该将合适成年人看作独立介入的第三方。成年人的参与是通过表达意见来实现的，实证研究显示，"合适成年人在场时，未成年人更愿意如实陈述"。① 为了保证参与效果，绝大多数地区引入了外部监督机制，没有合适成年人签字认可的讯问笔录不得作为定案证据；有的地区，还允许合适成年人与法定代理人同时到场，强化对未成年人的保护措施。

合适成年人还积极参与相关刑事司法程序的监督考察工作，被称为观护制度。我国观护制度的雏形起源于 20 世纪 90 年代的暂缓起诉和社区矫正制度，预示着未成年人犯罪处遇措施发生观念上的根本变化，由惩罚型控制转为福利型控制。② 观护主要有两种具体的操作方式：其一，为了避免少年进入刑事审判程序，在审前程序中对其进行风险评估和服务需求评估，依据评估结果将其转移到司法系统以外的其他机构。③ 其二，如果进入刑事司法系统对某些可以期待行为改善的较轻罪行，未成年人有机会被处于"机构外非收容性质处遇"，接受社会大学的再教育，帮助其痛改前非。观护程序一般由检察机关主导，有些地方由司法行政机关主导，采取公安、法院、团委、妇联等相关多元主体进行参与的综合治理模式。在一些地区已经实现委托专职社工机构和社工师完成，或者进入心理咨询机构、技能培训机构、社会适应能力辅导机构，"对涉罪少年进行品行社会调查、风险评估、帮教考察、转接服务、跟踪回访的工作"。④ 除了一对一的观护，有条件的地区建立了集体观护基地或者工作站，以爱心企业、学校、敬老院等机构或组织作为审前非羁押的社会支持机构。这些承担观护工作的司法社工，依据情况在参与过程中出具考察报告，涉罪未成年人在社会观护期间的认罪态度、悔罪表现、观护效果等均可作为起诉、定罪量刑的参考因素，为检察机关的起诉与否和法院的定罪量刑建议提供参考依据。⑤ 但

① 何挺：《"合适成年人"参与未成年人刑事诉讼程序实证研究》，载《中国法学》2012 年第 6 期。
② 胡印富、邹小军：《观护制度之追思：走向适度福利型的控制》，载《西南政法大学学报》2015 年第 4 期。
③ 宋志军：《附条件不起诉社会支持的深化》，载《国家检察官学院学报》2017 年第 3 期。
④ 吴珊、郭理蓉：《海峡两岸未成年人观护制度比较研究——兼议北京市海淀区"4＋1＋N"未检工作模式》，载《预防青少年犯罪研究》2017 年第 3 期。
⑤ 自正法：《未成年人社会观护体系的实证考察与路径重塑》，载《北京理工大学学报（社会科学版）》2019 年第 5 期。

是司法社工的参与实效也没有固定机制考核,是一种运动性的操作方式。

(二)合适成年人参与制在家事司法实践中的扩展

合适成年人参与少年刑事司法程序的立法经验以及实践突破给我们带来了很大的启发,对其承担的主要角色任务进行思考,并迁移到其他程序的可能性亦值得探索。Ruth J.Parsons 等在《整合社会工作实务》(*The Integration of Social Work Practice*)一书中提出了社会工作者的六种角色:咨询者(conferee)、促进者(enabler)、经纪人(broker)、倡导者(advocate)、调解者(mediator)、监护人(guardian)。[①] 在少年刑事司法程序中,合适成年人承担了"三个半"角色职能,推动程序整体高效进行的促进者,传达少年司法福利型控制价值观念的倡导者,在保护、监督、管理未成年人行为方面类似承担半个监护人的责任。这些角色职能迁移到家事司法领域不产生龃龉,相反还能焕发更大的生命力。

最高人民法院最早在《关于进一步加强少年法庭工作的意见》(2010)中提出,大胆探索实践社会观护、圆桌审判、诉讼教育引导等未成年人民事和行政案件特色审判制度,不断开拓未成年人民事和行政案件审判的新思路、新方法。2016 年《意见》中,将司法社工作为引入家事司法程序的多元专家对待,并且考虑到少年行为偏差和家庭履职失灵的密切相关性,将少年家事综合审判作为慎重考虑的改革方向之一。2018 年《意见》中,司法社工作为司法辅助人员,纳入家事审判机制的团队建设中,并组织培训、考核。

实践中,已有少数基层法院调动司法社工参与家事审判,采用"大观护"制度,取得了一定的进展。家事案件往往带有浓厚的"成人假设",解决法律纠纷一般从成人的立场和角度出发,未成年人的问题成为附带解决的问题。在父母相互对抗的格局下,甚至有父母把子女作为实现个人利益的工具,家庭矛盾给子女带来无法弥补的伤害,而司法社工作为合适成年人介入,从制度保障上凸显了未成年人的利益诉求。2007 年广州黄埔初次尝试社会观护制度;2011 年上海长宁细化了社会观护的操作流程,将观护的具体职能、操作程序、管理归档等一系列问题作了比较细致的规定,同时扩大社会观护员的选拔范围或委托专业机构观护;2018 年,福建石狮法院与妇联联合建立家事案件社会观护制度,从综合治理工作模式的角度推行社会观护。[②] 有了司法社工作为社会观护员对家事案件的介入,司法与社会工作形成化解家事纠纷的合力,社会观护制度的运用范围已从传统的涉少民事案件扩展至家事案件。

---

①   Ruth J.Parsons,James D.Jorgensen,Santos H.Hernandez,*The Integration of Social Work Practice*,Brooks/Cole Publishing Company,1993,p.318.

②   朱妙、吴瑞益、沈梓君:《少年家事审判改革背景下社会观护制度的检视与完善——以上海闵行法院为样本》,载《青少年犯罪问题》2018 年第 3 期。

二、宏观互动模式:司法为本与相互独立的分歧

宏观互动模式即司法系统作为微观系统,与作为中观系统的社会资源如何处理关系的问题。从社会工作应用于刑事司法领域的起步阶段,合适成年人陪同未成年人参与讯问程序,以及作为观护人对触法、罪错少年进行监督,社会工作和司法程序的结合非常紧密,随着司法社工执行任务越来越被纳入准司法的范畴,这种互动方式属于嵌入式的互动。当司法社工在家事司法领域扩大适用,这种嵌入式互动是否合适,值得进一步研究。

(一)嵌入式互动模式

法院司法作为精英司法,追求的是合法律性,由"他人作为自己事务的最佳判断者"。社会工作嵌入法院司法,借助对社会资源的有效利用,脱胎换骨成为大众司法,追求合理性,同时克服法院司法多余的刚性。在准司法的范畴理解社会工作,与精英司法目标一致、手段互补。在辅助司法职能实现的时候,难免受到司法能动性的干预,退化成"形式主义"的大众司法。

波兰尼和格兰诺维特提出的嵌入性概念为社会学的发展提供了新的发展空间,[①]而司法社工退化到依附性地位是嵌入式互动的主要弊病。在少年刑事司法中,合适成年人参与询问,很难发挥期待的作用。其一,对司法人员来说,合适成年人的参与更多是一种象征符号。在场见证即可,反而不希望他们对流程有更多的干预,降低办案效率。在讯问、调查、审判等不同的办案环节上,由不同司法社工介入比较常见,很难对案件进行完整的跟踪。其二,对司法社工来说,作为准司法人员,由于司法机关对资源的掌控和主导地位的占据,推动、辅助司法程序顺利进行便成为核心任务,对弱势群体利益的维护退居其次。其三,对未成年人来说,由办案人员与司法社工组成的高压氛围始终将其笼罩,在准司法力量执行的庄严肃穆下,未成年人显得手足无措,甚至戒备抵抗,合适成年人参与对他们而言弱化成一个普通的流程,他们与未成年人产生共情十分困难。总之,在社会工作嵌入法院司法之时,法院司法获取社会资源的有效性变得很差,司法力量像一只看不见的大手,推动着程序向前发展。这样的模式是国家主义的司法模式,司法社工不过作为对法院司法的缓和形式而已,"国家司法模式在自身进化过程中不断人性化、现代化,特别是对于固有劣势如被害人并非诉讼主体、公权力侵犯犯罪人权利、不利于化解社会矛盾等的持续改进,逐渐地为司法社会工作打开了介入空间,而最早进入这一全新社

---

① [英]卡尔·波兰尼:《大转型:我们时代的政治与经济起源》,冯钢、刘阳译,浙江人民出版社2007年版,第50页;[美]马克·格兰诺维特:《镶嵌:社会网与经济行动》,罗家德译,社会科学文献出版社2015年版,第29页。

会工作领域的就是所谓'技术专家'"①。社会工作嵌入司法寻求发展相对容易,因为不必冲破固有秩序的格局,专业社会工作从其恢复重建始,就落入传统社会服务模式占统治地位的时空之中,而且至今这种格局并没有发生本质性的改变。② 席小华认为,"嵌入的成果便是少年司法社会工作领域的形成,社会工作通过承担少年司法的部分工作职能,实现了自身在少年司法领域生存空间的拓展"③。

即便如此,当司法社工担任观护人时,嵌入式互动反而能够发挥应有的效用。对触法、罪错少年确定"机构外非收容性质处遇",本来就是作为监禁型的一种替代措施,未成年人的行为需要观护人进行评价。如果不赋予司法社工准司法权,监控未成年人缺乏权威正当性;撰写的观护报告,面对司法权力时,由于不具有较高的可接受性和参考价值,随时都可以被反驳。所以,纳入司法编制内少年观护官的提法并不意外,本质上是推动实现法院司法权力和大众司法权力的良性互动,使得两者被统一于一个完整的人事结构与事务体系之中。在司法社工适用扩张到民事审判时,出现了一个很有意思的反转现象:因为民事审判不存在非监禁性处遇措施,所以司法社工的准司法性正在被逐渐淡化,"必做动作"并非理所当然,司法社工的"选做动作"反而在民事审判领域发挥着重要的作用。

（二）主导式互动模式

由于家事审判领域司法社工承担工作任务准司法属性的淡化,其工作方式也变得更加灵活多元,具备逐渐从司法体系中脱离,形成独立社会支持网络的可能性。由于法院司法与社会工作的专业隔阂,此时依附于社会支持网络的司法社工,甚至能够占据主导地位。这种社会支持,是"由社区、社会网络和亲密伙伴所提供的感知和实际的工具性或表达性支持"④。在社会支持网络中,司法社工的工作触角得到了广泛的延伸,基于服务性与公益性相结合目标的考量,追求机构管理的科学化、精准化、规范化,在自身平台建设与整合社会资源的基础上,充分整合各项职能。

在主导型互动中,司法社工并非依附于司法体系,而是存在于广泛的专业机构中。据共青团中央统计,截至 2020 年年底,我国青少年事务社会工作者已达 23.29 万人,其

---

① 何明升:《司法模式与社会工作的关系及其渐进式亲和》,载《学术交流》2012 年第 11 期。
② 王思斌:《中国社会工作的嵌入性发展》,载《社会科学战线》2011 年第 2 期。
③ 席小华:《社会工作在少年司法场域的嵌入性发展——以 B 市实践为例》,载《青年研究》2017 年第 6 期。
④ 席小华、史卫忠:《建构未成年人司法社会支持体系的理论框架与实践路径》,载《预防青少年犯罪研究》2020 年第 5 期。

中 1/4 为未成年人司法社会工作者,相关社会组织 10 万余家。[①] 司法社会工作服务机构中,为未成年人服务是重要的工作内容,这些机构与当地检察院、共青团、法院等部分有深度合作,在少年与家事审判的各个环节提供专业服务。这些专业机构的运作特色有:其一,广泛覆盖,与相关机构协同参与。专业司法社工服务机构与心理机构、律师事务所以及其他社会组织存在密切的资源连接,为未成年人司法事务的介入提供了必要的基础设施。其二,全程参与,将社会工作与法院司法高度结合。所承担的工作有准司法属性的,如在场陪同未成年人、作为观护人履行职能等;也有服务属性的,如对未成年人进行心理辅导、对监护不力的父母进行亲职教育,实现了对未成年人监督与保护相结合、辅导与救助相结合,从未成年人的思想到行为、个体到家庭进行正向的引导。其三,将个案的处理流程化,以社会手段控制家庭危机。这样的参与事实上将家事纠纷争议在一个更大范围内进行了分解,围绕争议焦点的直接事实和法律问题由法院司法解决,还有一些间接事实可能是家庭危机爆发的导火索或者深层次原因可以由司法社工探索;同时,家庭危机个案化的处理方式与司法适用的普适性存在矛盾,未成年人地位的特殊性与司法资源供给的统一性也存在紧张关系,这些都是社会资源可以发挥作用的领域。《上海市未成年人司法社会工作服务规范》所形成的上海经验中,将之概括为"个案管理、危机介入、家庭治疗、朋辈辅导、历奇辅导、亲社会行为训练六种服务方法"。

在司法社会主导下的社会干预中,社工机构与司法机关是契约关系,"司法机关只需通过目标管理的方式,对司法社工团体提出目标要求,并按照自己制定的验收标准,对司法社工的矫正结果进行评估和验收,并根据评估和验收结果一次性支付报酬"[②]。这种方式虽然有效,但是运作成本比较高,对社工人员的专业性要求也很高。基于专业性社会机构帮助化解司法危机、提供公益性社会服务的基本目标,对地方财政、社会捐赠的依赖程度较高,在缺乏经费的情况下,只能通过社会爱心人士提供志愿服务的形式,这种"零成本"的运作方式很难长期维持。进入社工机构的服务人员,如果以多元专家的标准要求他们,机构便很难提供与之时间、精力付出相匹配的劳动报酬。实证调研发现,专职社工流动率、流失率非常高,"不仅直接给社工机构带来了服务成本增加、人力资源匮乏等显性损失,同时也产生了消耗在职社工及社工学生的'专业自信'、减少社会公众对于社工的'专业信任'等隐性损失,在一定程度上阻碍了我国社会工作的发展"[③]。

---

① 刘家墉:《全国已有青少年事务社工 23.29 万人》,https://www.spp.gov.cn/spp/c107228chdfgmcggeqcnpgbshkfh/202105/t20210531_519861.shtml,最后访问时间:2022 年 6 月 1 日。

② 许祥云、徐慧:《服务外包——社区矫正制度发展的可能模式》,载《南京工程学院学报(社会科学版)》2013 年第 3 期。

③ 李岚林:《未成年人司法社工机构的困境与突破》,载《犯罪与改造研究》2018 年第 11 期。

（三）相对独立式互动模式

布厄迪的场域理论能够解释家事司法和社会工作的互动情况，"第一步就是要找出司法场域与政治权力场域的关系，确定司法场域在权力场域中的位置；第二步就是要描绘出场域中各个位置关系的客观结构，即描绘出法律行动者所占据的位置之间的客观关系"①。家事司法与社会工作分属于不同的场域：家事司法是一个成熟的场域，若社会工作嵌入其中，很难不受到场域磁场的干预，司法场域主要供给司法资源，社工沦为处于"创造者和控制者"地位的司法人员所造物，目标一致时相得益彰，目标产生局部偏差时社工处于屈从地位；如果支持社会工作占据主导，成为一个独立的场域，优化社工所处的社会场域的基本条件恐怕会成为先决性难题，毕竟整合不成熟、碎片化场域的诸多资源成本巨大。现有条件下，探索一条中间性的互动模式十分必要，即在不具备广设社工机构的现实情况下，让社工力量相对独立于司法人员。

社工职业共同体的建立是一种较好的模式，专家团体的建构比专家机构容易，毕竟后者还需要设施场所等基础条件，而前者只需要明确的规范。英国学者哈利特曾经通过实证调研发现，志愿者与监护人和社工相比，更适合担当合适成年人角色②：监护人与被监护人利益存在直接冲突或者间接冲突的可能性，而此时又是最需要社工介入的时刻；志愿者相比社工而言，少受司法场域无形力量的干扰。未必那么绝对，受此启发考虑建立社工职业共同体是一个适当选择。社工职业共同体是一个专家库，涉及司法社工履职参与的具体情形，由办案人员从里面挑选；人选确定后，未成年人可以表示接受，或者有正当理由拒绝，被拒绝应该调换，可以设置最多调换的次数上限。司法社工根据年龄、性别、知识背景进行统筹管理，案件中人选的任命根据案情办理的需要，由服务工时结合介入效果制定津贴标准。司法社工可分为经验型和专业型，前者寻找具有丰富生活经验、熟悉人情世故的教师、公务员、未成年人与青妇联工作人员、社会团体成员等担任，后者选择具有某一方面专业技能的律师、社工师、心理咨询师等担任。在司法社工介入具体案件中，司法机关与社工专家是合作关系，司法机关只能进行目标控制、过程监督、结果考核，不得采用刻板检查、索要数据、频繁汇报的方式，还应该提供这些专家研究类的发展资金资助，以合作的形式共同实施未成年人司法保护项目。③ 在某些地区，检察院、法院进行的基层司法改革中，可见探索建立社工职业共同体的努力，北京市门头沟区人民

---

① ［法］布迪厄、华康德：《实践与反思——反思社会学导引》，李猛、李康译，中央编译出版社 1998年版，第 143 页。

② Harriet Pierpoint, A Survey of Volunteer Appropriate Adult Services in England and Wales, *Youth Justice*, 2004, Vol.4, p.35.

③ 宋志军、罗豪、王瑜：《政府购买未成年人司法社会服务机制研究》，载《预防青少年犯罪研究》2020 年第 2 期。

法院曾经委托首都师范大学派出具有专业知识、取得国家资格认证的专业司法社工担任社会调查员，对未成年人进行审前心理辅导、危险性评估，在帮教的基础上出具报告供参考。

社工职业共同体介入少年与家事司法时，应该借力打力，借助线上信息综合共享平台完成任务。社工专家与司法人员是1＋1的合作模式，社工专家相对独立于司法人员，但是由于社会场域的领域复杂性、资源广泛性，运作起来往往是1＋1＋N的模式：其一，司法人员和社工专家是信息共享者，共同管理信息资源，对涉及未成年人的诸多信息实现收集、筛选、分类、评估；其二，通过平台进行资源连接、更新工作方法，在超越社工专家服务范围之时及时寻求服务转介。例如一般性的心理辅导如果不能满足未成年人的需求，就应该与医院、专业的心理咨询中心及时接洽，由他们后续承担。2020年，浙江省杭州市江干区人民检察院为被帮教未成年人量身定制的线上平台"未来学院"正式上线，这一平台涵盖了社会调查、考察帮教、亲职教育、心理疏导、涉未成年人公益诉讼举报、法治基地和法治课预约等10余项功能，实现了司法机关与社会力量的线上联动。①

三、微观互动模式：少年与家事司法融合下的社工参与制

社工参与家事司法制的基本图景已经逐渐清晰。少年刑事司法领域率先引入司法社工，建立合适成年人参与、观护等机制（"必做动作"），兼顾承担其他辅助性职能（"选做动作"）；家事司法改革中，倡导多元专家介入家事审判具体环节，扩展了社工参与的辅助性职能。综合分析，基于少年与家事司法的密切关联性，可以在家事综合司法的基础上构建社工参与制，方能实现其完整的职能。在社工和法院司法的宏观互动中，有嵌入式互动、主导式互动和相互独立式互动三种具体的模式。选择模式需立足于当前家事司法改革的阶段，要处理好远期目标和近期目标之间的关系；同时，在整合社会资源的基础上，明确社工的参与方式，以求实现家事司法审判的总体效能，确保当事人最大利益的实现。

（一）社工与家事综合司法的融合性

从司法社工参与少年家事工作的轨迹来看，虽然介入少年刑事司法与家事司法有先后之别，工作重点也不相同，但追求目标上具有一致性，主要解决法院司法鞭长莫及的其他问题。由于社会资源在延展广泛性上更好，通过社工的有效参与，从实践的角度为当事人构建起有力的社会支持系统。社会支持的含义比较丰富，韦尔曼将社会支持分为情感支持、小宗服务、大宗服务、经济支持、陪伴支持五项；库恩等人将社会支持分为归属支

---

① 张世华：《未成年人司法社会工作探索之路》，载《中国社会工作》2020年第28期。

持、满足自尊的支持、物质性支持和赞成性支持四项;卡纳特和罗素将社会支持分为情感性支持、社会整合或网络支持、满足自尊的支持、物质性支持、信息支持等。[①] 司法社工帮助的对象主要是社会性的弱势群体,他们虽然没有生理上的不健全,但是往往在家庭关系的处理中存在创伤感,可能是误入歧途的少年,也可能是破裂家庭关系的当事人。通过司法社工的参与,构建了他们软着陆的社会网络,"社会支持网络是指多元化的社会支持主体和客体之间,通过互动而形成的从支持内容到支持方式与保障,多位一体的相对稳定的体系"[②]。

这种社工往往是具有平权意识、热心公益、乐善好施的人士,参与少年家事综合司法机制,具备整体性效益。在家事调查官章节的论证中,已经提出相应观点,即由于家事案件和少年案件之间存在密切的关联性;司法社工资源的整合,既需要考虑介入少年罪错案件,又需要考虑介入属于家事案件的普通民事纠纷,从少年司法与家事司法融合的路径上探究。在最高人民法院少年审判与家事审判合并试点制改革的推动下,部分法院推行涉少民事、刑事、行政三审合一。整体性效益体现于这种类型的当事人存在共性的问题,即家庭剥夺感带来的心理压力和社会压力。他们是家庭关系的受害人,甚至是社会关系中被边缘化的群体,亟须司法系统的制度性支持和情感支持。从手段上来看,如果把家事综合司法作为社工介入的大场域,哪怕具体案件存在差别,资源的调动、协调、配合,亦能够符合效率原则,按需分配。

社工是设置最灵活的一类多元专家,向目标群体供给社会资源,增加获得感,使其能够融入社会,即实现"正常化"。即便是站在家事综合司法整体性的角度看待司法社工的参与,也需要明白,面对不同的案件,其工作重点明显有所差异。对于未成年人罪错案件,社工的介入往往是前置的,未到审判阶段,在公安机关侦查和检察机关审查起诉阶段,就存在介入的必要性。有学者认为,司法社工应该对未成年人承担"帮教"责任,即将未成年人刑事司法系统所无法承载的知识教育、技能培训、心理康复、社会适应能力提升等功能承担起来,有利于未成年人顺利回归社会。[③] 这种相对全面性目标的实现对司法社工的要求比较高,如果司法社工无法破除程式化介入的魔咒,形式胜于实质的结果总是无法避免;程式化的介入往往是案件推着当事人行为,按照服务流程和服务内容进行作业,受到公检法机关的压制成为常态问题。有学者建议启动个案化的工作模式,即案主利益中心主义,"根据未成年被害人的具体特点及生理、心理承受能力和认知水平,注重保护其合法权益,在对未成年被害人刑事检察的各阶段提供权益保护,由检察机关指

① 刘祖云:《弱势群体的社会支持——香港模式及其对内地的启示》,社会科学文献出版社 2011 年版,第 76 页。

② 曲伶俐:《论社会支持理论下的社会性弱势群体犯罪预防》,载《法学论坛》2014 年第 1 期。

③ 宋志军:《论未成年人刑事司法的社会支持体系》,载《法律科学》2016 年第 5 期。

导、司法社工负责,依托相关社会组织的资源力量",①这种要求司法社工随时响应、伺机而动的做法成本巨大,并不现实,仅具有树立典型的意义。对于家庭纠纷这种复杂、综合性的矛盾,司法社工的介入立足于弱关系假设,"人们可以通过弱关系来汲取、共享网络中其他成员拥有的资源"②。家事纠纷可能面向家庭成员之间的财产分割、家庭成员的人身权利等,背后反映了夫妻感情破裂、亲职承担缺失、经济基础恶化甚至家庭暴力等诸多事实,需要社会工作者分情况介入,承担维系家庭成员情感、治愈家庭监护能力、拯救家庭关系的被害人等职能。即便我们对社会工作者有这么多的期待,作为"家庭医生"与介入外因,他们并非万能,"有时去治愈、常常去帮助、总是去安慰"是一般介入状态较为生动的描述。而在我国当前的社会背景下,根据社工与司法人员的互动模式,遵循一种分情况、分层次的介入方法,具体问题具体分析,是现实有效的。

融合后的少年与家事司法已经形成了一个强大的磁力场,家事综合司法与社会工作的互动方式存在难度。在嵌入式的互动模式下,社工介入很难避免司法力量的干预,为了避免社工介入沦为"形式主义"的陪衬,应坦诚在此领域司法能动的扩张主义,将社工人员变成准司法人员。司法需要解决社会生活中出现的问题,其也是参与社会治理的一种有效方式,当社会需求的多样性与司法功能的输出不相匹配,司法的深度介入也就具备了正当性。在这个过程中,"法官要实现'社会正义',最为关键的是,要积极扩大司法对权利的保护以及促进公平的实现,保障权利的具体化"。③ 成为准司法人员的社工,反而更有助于分担司法人员承担社会角色的压力,让其更加专注于核心事实认定与法律适用问题,落实当事人的权利实现。这是司法力量的合理延伸,"当司法机构发挥其司法能动性时,它对法律进行解释的结果更倾向于回应当下的社会现实和社会演变的新趋势,而不是拘泥于旧有成文法或先例以防止产生不合理的社会后果"④。在主导式互动与相对独立式互动的模式下,社会资源的整合成为必要,应坚持司法克制主义,在近期目标上倡导形成社工职业共同体,在远期目标上支持建立专门化的社工机构。当社工以独立的地位介入司法过程时,应该尊重其自成体系的工作方式,司法人员只需要进行目标设定和结果评价,两者的具体进程是基本平行的。在司法克制主义的立场上,保证社工人员有效的参与性,能够防止司法权力的恣意发挥,"唯其如此,法官才能具有客观中立的仲裁者的角色,这也是其能够无所偏私地对待双方当事人的原因,而这也成为司法获得公

---

① 任文启、王婧、徐靖:《从"案件中心"到"案主中心":未成年被害人司法保护的实践更新》,载《青少年犯罪问题》2022 年第 4 期。

② 梁君林:《基于社会支持理论的社会保障再认识》,载《苏州大学学报》2013 年第 1 期。

③ 杨建军:《重访司法能动主义》,载《比较法研究》2015 年第 2 期。

④ 崔永东:《从中西比较视角看儒家的法律传统——以法律社会学和司法能动主义为基点》,载《北方法学》2014 年第 2 期。

信力的根源"①。

(二)司法社工对家事综合司法的参与方式

在少年家事综合审判中,将部分嵌入司法场域的社工人员作为专职准司法人员对待,以考试录用的方式进行选拔。法院内部设置调查保护处衔接少年家事审判庭的工作,按照参与少年刑事司法程序和普通家事司法程序的差别性,分别设置"少年观护人"和"家事调查员",履行观察、保护未成年人的职能,都需要通过接受法官委托、以具结调查报告的形式完成工作任务,调查报告需要就调查事项进行判断、提供处理意见,并就调查的主要内容作开庭陈述,报告对法官有重要参考作用。具体履职略有侧重,少年观护人更侧重于观察监督,家事调查更侧重于调查保护。少年观护人可以借鉴我国台湾地区的做法,18 岁以下的罪错少年的管束,由少年观护人主要负责。少年观护人接受法官的委托进行审前调查,"调查的事项包括少年的性格、经历、身心状况、教育程度、家庭背景、犯罪原因以及其他的必要事项"②。家事调查员承担家事案件的事实调查职能,如我国台湾地区"家事事件法"第 18 条以及"家事事件审理细则"第 33 条规定,家事调查官就特定事项调查事实时,调查事件当事人或关系人的具体事项与少年观护人类似,手段和工作重点有所差别。③

在少年家事审判中,未嵌入司法场域的社工人员,可以通过兼职的方式承担工作任务,兼职的社工采取基层选拔和组织推荐相结合的方式建立专家库,或者根据个案情况委托专业机构派驻社工。前者是相对独立式互动,后者是主导式互动,两者的具体参与形式略有差别,以解决未成年人不同的"需求层次"为例进行说明:在马斯洛需求层次理论中,生存需求是第一性的,发展需求是第二性的。在社会资源相对不太丰富、经费比较短缺的地域可以率先满足未成年人的生存需求,从专家库指派社工协助未成年人参加法律程序。未成年人与成年人同样存在对法律专业知识的隔阂,律师代理可以解决这个问题;但是未成年人比成年人在司法程序中生存更加艰难,是由其认知能力低下、心智条件尚不成熟所导致的。司法社工的参与主要替未成年人解决参与司法程序的三大障碍:其一,理解能力不完全,司法程序是专业程序,未成年人很难理解诸多法律术语和相关程序的意义、对其产生的影响是什么,通过社工的帮助可以建立未成年人参与司法程序的基本认知,有利于司法程序顺利开展。其二,情绪控制力不足,在未成年人作为当事人的案件中,如罪错案件、追索抚养费案件、撤销监护资格案件等,未成年人容易不知所措;即使是未成年人不作为主要当事人,如离婚案件的法律程序也会给其带来巨大心理压力;加

---

① 宋远升:《司法能动主义与克制主义的边界与抉择》,载《东岳论丛》2017 年第 12 期。
② 蒋云飞:《台湾地区少年观护制度及其镜鉴》,载《青少年犯罪问题》2017 年第 5 期。
③ 刘敏:《论家事司法中的家事调查员制度》,载《法治现代化研究》2020 年第 4 期。

之司法程式显得严肃、司法环境相对陌生,参与少年、家事案件的未成年人一般是紧张、焦虑、恐惧情绪交织的,特别容易出现严重的心理问题,通过社工的辅导可以让未成年人有一定的安全感。其三,表达能力有限,很难准确表达自己的诉求,无法对自身最佳利益进行客观的判断,在少年与家事程序中易受伤害,通过社工的介入可以扮演未成年人与各方沟通的桥梁。在社会资源丰富、经费比较充裕的地域可以关注满足未成年人的发展需求,以专业机构辅助未成年人参与少年、家事相关程序。一方面,在少年刑事司法领域中,未成年人的发展需求体现为痛改前非、回归社会正常生活的需求。罪错少年丧失了正常接受学校教育的机会,就业能力比较差,社工可以有针对性地对其进行培训,重振未成年人走向正轨生活的信心。另一方面,在普通家事案件中,未成年人的发展需求体现为治愈家庭、挽救家庭监护能力的需求。家庭出现问题,与父母错误的思想观念和亲子教育分不开,社工可以开设夫妻情感、家长学校相关课程,以社会资源化解家庭矛盾,敦促父母维护和谐的家庭关系,对伴侣敬爱友善,对子女尽心负责,弘扬社会主义核心价值观,夯实家庭的监护能力。

| 第二节 |

社工参与家庭暴力防治案件的困局与应对

家事综合司法与社会工作的互动模式比较抽象,可以选取具体的案件作深入、有针对性的讨论,司法社工介入反家庭暴力案件的理念、问题、方式是一个很好的视角,主要由于:其一,家庭暴力的冲突往往比较激烈、矛盾相对集中,对司法社工的考验很大,要求其具备全面的能力与素质。有学者认为,司法社工为家庭暴力受害者提供的服务可以分为保护性和替代性两种类型。前者指通过外部监督、干预性服务等方式,防止潜在弱者被虐待,如设置保护热线、提供未成年人防性侵服务、为受害人提供庇护和心理干预等。替代性服务主要针对未成年人进行,当家庭照顾功能缺失时,社工将其安排到适当的居住场所,提供一部分或全部替代家庭照顾功能的服务。① 家庭暴力案件的处置中,司法社工往往是全过程的介入,从法制宣传、接受投诉、心理辅导、调查了解、危机评估、强制教育,再到协调相关机构、协助司法程序等环节,烦琐复杂、面临的问题较多且具有代表性,

---

① 张智辉、蒋国河:《儿童家暴社会工作介入的伦理困境——基于深圳鹏星家庭暴力防护中心的实践》,载《当代青年研究》2016 年第 1 期。

既需要提供社会支持,又需要系统整合多方资源。其二,从家庭暴力的发生概率来看,其应该成为司法社工介入的重点领域。由全国妇联和国家统计局组织的第三期中国妇女社会地位调查显示,我国24.7%的女性遭受过侮辱谩骂、殴打、限制人身自由、经济控制、强迫性生活等不同形式的家庭暴力;明确表示遭受过配偶殴打的比例为5.5%,农村和城镇分别为7.8%和3.1%。[1] 台湾学者陈慧女指出,法律与社会工作之实务可以在以下领域展开:社会工作的临床评估,儿童虐待、疏忽、目睹家庭暴力之评估,儿童、少年、成人性侵害被害人之评估,婚姻暴力被害人之评估,性侵害、婚姻暴力、儿童虐待加害人之危险评估,儿童及少年监护权、探视权、收出养之评估,少年犯罪行为之评估,老人虐待与疏忽之评估等。[2] 我国《反家庭暴力法》虽然支持社会工作服务机构等社会组织开展心理健康咨询、家庭关系指导、家庭暴力预防知识教育等服务;但不容忽视,有许多研究证实参与家庭暴力防治案件的社工面临更多的压力,[3]这些案件要求社工在一个矛盾冲突极其尖锐的场域中和施暴者对话、承受受害者情绪,合理评价他们的状态,甚至在必要时候提供分配权利义务的建议。社工期待达成情理与法理、社会效果与法律效果之间统一,不得不在个人主义和家庭团体主义价值之间犹豫取舍、司法伦理与社会伦理之间艰难维持平衡。本节以此为切入点,探索社工参与家庭暴力防治案件的准确角色定义和相关职能安排。

一、人权保护与恢复性司法的基本理念存在冲突

家庭暴力行为具有隐蔽性和严重的社会危害性,引入社工参与首先是为了保护受害人的基本权利,基于福利视角,"通过国家干预(再分配政策)为弱势群体提供需求获得满足的途径"。[4] 即便如此,社工在具体操作中,常有进退两难的困惑:如果以充分实现受害人权利作为第一考虑要务,在个人主义价值彰显的情况下,家庭的完整性难免受到破坏;如果以恢复家庭能力作为最主要的考虑因素,在家庭利他主义价值的引导下,往往伴随着家庭成员的付出和牺牲,则受害人权利可能受到漠视,如何取舍值得深思。

(一)福利主义视角下的社工参与制

福利制度从产生到发展至今,已有百年历史,是工业化文明的产物。在自由放任主

---

① 《统计显示我国24.7%女性遭受过不同形式家庭暴力》,http://www.gov.cn/jrzg/2011-10/21/content_1975297.htm,最后访问时间:2022年12月4日。

② 陈慧女:《法律社会工作》,心理出版社2009年版,第226页。

③ 汪淑媛、苏怡如:《社工督导功能期待与实践落差研究——比较督导与被督者之观点:以公部门家暴防治社工为例》,载《台湾社会工作学刊》2010年第9期。

④ 井世洁:《被害人社会工作:国外镜像及对我国的启示》,载《学术交流》2012年第11期。

义思潮下,"只有个人才是自己福利的最好判断者,而市场才是实现这种福利满足的最好机制"①。市场的缺陷在于,"社会贫富差距不断扩大,贫困现象蔓延,弱势群体利益严重被忽视"②。所以最早在功利主义学者看来,国家进行福利供给的必要性在于纠正这些偏差,"社会哲学和公共政策的目标是为了让人民生活得更幸福,而这种幸福状态也是政府应该努力追求的目标"③。因为,追求幸福是人类的根本动机。但是在福利主义思潮下,个人福利多寡很难量化进行比较,对个人福利加总获得社会福利也是一个纷繁复杂的过程,所以现代福利主义的发展逐渐走向多元化,并且不再价值无涉。在其中比较有影响力的是罗尔斯提出的福利标准,在无知之幕④中,社会福利水平取决于社会中效用最低的那部分人的福利水平。⑤ 家庭暴力受害者所处的地位刚好满足这样的条件。

司法社工参与是一种福利资源的分配,在福利主义视角下,社工在与司法相关的多个领域发挥着重要作用。阿尔伯特·罗伯特和帕特里奇·布朗艾尔等学者认为,在家事司法中,社工应该主要参与儿童虐待与忽视、家庭暴力类的案件。⑥ 对于家庭暴力受害者,这种福利资源的分配具有优先性,"正义要求将人类福利的函数最大化,这个函数赋予那些不幸者以提高福利的优先性,在不幸者中,对其状况不负有实质性责任的人又享有优先权"⑦。选择进入家庭生活应该属于人精神自由的重要部分,虽然行使这种权利意味着一种机遇,当事人可以拒绝或者接受。在分配的角度,因为原因自由,所以当事人似乎应该承受任何结果,而不可寻求福利资源的过多介入;悖论在于,当事人对家庭生活中暴力的发生具有不可预见性,对结果并非应该承担绝对控制责任,当事人对没有经历、不可预知的事务欠缺经验、无法保持理性。这属于非自愿的昂贵性偏好,正是社会福利介入的基础。

家庭暴力的福利系统一定意义上也是受害人的保护系统。对于家庭暴力的受害人,有两大难题:其一,生活知识与法律知识之间存在隔阂,参与程式化的司法程序之时,受害人处于信息不对称的弱势地位,不具备充分的理解力,可能导致维权不充分、不恰当,司法中立的角色导致法官无法主动承担更多的释明责任,由社会工作者扮演司法人员与受害者之间沟通的桥梁比较合适。其二,很多家庭暴力的受害者,在心理条件上相对较

---

① 赵笃玲:《关于福利制度的哲学争论》,载《江海学刊》2008 年第 6 期。
② [英]诺尔曼·P.巴利:《古典自由主义与自由之上主义》,竺干威译,上海人民出版社 1999 年版,第 7~9 页。
③ 赵笃玲:《关于福利制度的哲学争论》,载《江海学刊》2008 年第 6 期。
④ 个人都不知道自己所处的社会位置,不知道自己的需要,不知道自己的利益所在,关于个人的信息都处在"无知的面纱"下。
⑤ 姚明霞:《西方福利标准理论评析》,载《政治经济学评论》2016 年第 5 期。
⑥ 熊贵彬:《美国青少年司法社会工作的兴衰》,载《中国青年社会科学》2015 年第 6 期。
⑦ 朱富强:《社会主义的机会平等观:福利主义在西方的现代发展》,载《国外理论动态》2017 年第 9 期。

差,甚至有一部分人在长期暴力的压力下患上精神疾病,表现为抑郁症、受虐妇女综合征等症状,限制了受害人的处分能力,使其无法作出最有利于自己的决定,需要他人辅助。虽然处分能力的基础是理性,某些精神疾病不至于丧失理性,但是由于体力、精神状态的严重制约,当事人明显维权不足,社会工作者的介入增加了受害者自我保护的安全感。但是这种保护系统发挥作用按照不同的方式进行:一方面,社工进入司法系统,成为司法辅助人员,这种参与是嵌入式的;另一方面,将受害人摘出司法系统,置身于社会福利系统之中,这种参与是独立式的。此外,社会参与作为社会资源的整合方式,触角是多方向的,司法社会工作者和社区工作者、学校工作者、医疗工作者一定程度上存在职能交叉,或者合作关系。政府机构提供的岗位主要是在儿童福利部门或者司法部门,特点是作为政府工作者,收入稳定;而独立的非营利组织中,社会工作者的岗位可以通过政府购买服务方式,也可以通过项目化的方式获得,特点是较为灵活,不受行政化干预。[1]

(二)人权保护与恢复性司法的调和

联合国大会所颁布的《世界人权宣言》,对人权采取性别中立的词汇,"human rights",而不是男性中心主义的"men's rights"。即便如此,主流人权话语在90年代之前一直从抽象的角度看待人权,将人权解读为人的生存权利,如生命权、身体权、健康权等,属于公法当然调整对象;而家庭暴力发生于私领域,国家权力应该保持距离。随着80年代中后期妇女人权运动的开展,妇女作为家庭暴力的受害者得到了更多的关注,"对妇女的暴力"概念形成。[2] 1979年联合国通过《消除对妇女一切形式歧视公约》,明确了性别歧视的概念,"强调妇女的法律地位不再同婚姻家庭关系捆绑,为讨论婚姻家庭内的权利侵犯问题提供了人权基础"[3];第二年世界妇女大会便通过《行动纲领》强调了家庭暴力的国家责任问题。1993年世界人权大会通过了《维也纳宣言和行动纲领》,第一次承认发生在私领域的对妇女的暴力构成对人权的侵犯。以上重要文件的颁布在反家庭暴力防止问题上基本形成共识,对妇女的暴力构成性别歧视,属于妇女的基本人权问题,已突破了家庭私领域,走入国家干预的范围;并且,从人权保护的基本理念出发,伴随着对家庭暴力"零容忍的"对待方式,干预的全面性显得顺理成章:对任何形式的家庭暴力,作为个人不应该遭受,作为社会不能,也绝不应该容忍。[4]

毫无疑问,对"妇女的暴力"是性别视角的观察,偏向个人主义的表达方式;家事司法向来还存在一个超越性视角,即"恢复性"司法。虽然恢复性司法的绝对含义比较模糊,

① 杨旭:《全球比较视野下少年司法与社会工作的互动》,载《青少年犯罪问题》2020年第4期。
② 黄列:《主题研讨家庭暴力:妇女面临的人权问题》,载《环球法律评论》2003年夏季号。
③ 郭夏娟、郑熹:《性别平权发展与反家庭暴力政策框架变迁:联合国经验的启示》,载《国外社会科学》2017年第4期。
④ 陈明侠:《制定家庭暴力防治法的基本原则》,载《妇女研究论丛》2012年第3期。

但如果以正式措施作为参照系,恢复性司法较多指的是替代性的、柔性的司法措施,这一点上几乎不存在争议。家事司法作为恢复性司法往往有其功能目标的预定,在手段上采取调解、协商会议等方式,①促成当事人达成一致。对家庭暴力采取零容忍的态度,重在对施暴人的行为进行纠偏;但是,家庭关系未必会因为家庭暴力而走向破裂,这使得修复当事人关系、重建家庭职能成为可能,恢复性司法在这个角度就具有了意义。恢复性司法在对施暴人行为进行否定、惩罚之时,兼顾维持形式上的家庭关系,尽量缓解矛盾、减少家庭成员之间的对抗。人身关系很难恢复原状,一段婚姻关系所带来的身份总会留下痕迹,如果有未成年子女更是难以完全切割,婚姻中有些报复与伤害事件也与当事人不留余地的处理方式存在较大关联性。司法社工在参与家庭暴力案件之时,会不自觉带有恢复性司法的滤镜,"把实践中的'潜规则'和人之常情,从幕后推向台前,转化为明规则和规范化的操作"②。

这是司法社工经验工作法所引发的矛盾与冲突:在人权保护的基本理念下,妇女处于脆弱、受保护法律地位得到了充分的关注,在救济受害人权利与打击施暴人行为双管齐下的压力中,家庭关系难免走向紧张,甚至破裂;在恢复性司法的基本理念下,伴随着受害人的妥协与施暴人的承诺,也许实质性的矛盾与冲突暂时被隐藏,双方在解决问题的面向上达成一致。司法社工究竟是拯救受害人脱离家庭暴力的苦海,还是帮助维持家庭关系的现状,难以抉择。这其中,最关键的是摒弃先入为主的立场,"宁拆十座庙,不毁一座婚"就属于带有偏见的立场,司法社工似乎应该将自己放置于无知之幕之下,将心灵作为"白板"而非"有纹路的大理石",回归福利主义的本质立场,评判维持现状或者走出婚姻哪一种选择有利于当事人最大幸福的实现:其一,受害人的妥协是否出自内心真意,家庭暴力受害人的心理状况通常掺杂愤怒、抑郁、焦虑、恐惧等多种情绪,社工需要判断维持家庭关系的决定是否属于"弱者恒弱"的习惯性依从;其二,结合当事人的感情基础、有无子女、冲突原因判断家庭关系治愈的难度。

二、工作模式中司法伦理与社会工作伦理陷入两难

司法社工作为徘徊于司法场域与社会场域的工作者,在工作专业伦理方面存在分

---

① 联合国《关于在刑事事项中采用恢复性司法方案的基本原则》指出,"恢复性程序"系指通常在调解人帮助下,受害人和罪犯及酌情包括受犯罪影响的任何其他个人或社区成员共同积极参与解决由犯罪造成的问题的程序,包括被害人-加害人调解模式、家庭小组会议模式、圈模式。王鹏飞:《恢复性司法:一种理念、制度与技术》,载《江苏警官学院学报》2015 年第 4 期。根据联合国经社理事会《运用恢复性司法方案于犯罪问题的基本原则》宣言草案的注释,"恢复性司法方案"是指运用恢复性过程或者目的实现恢复性结果的任何方案。于改之、崔龙虓:《恢复性司法理论及其引入与借鉴》,载《政治与法律》2007 年第 4 期。

② 姚建龙:《恢复性少年司法在中国的实践与前景》,载《社会科学》2007 年第 8 期。

歧。司法场域的工作伦理以理性、衡平为核心，具体到家庭暴力类的案件，应该协助司法人员合理分配当事人的权利和义务。就社会伦理而言，因服务对象是家庭暴力受害者，所以社会工作者需要以维护案主最佳利益为核心。影响反家暴案件走向的因素非常复杂，包括矛盾原因、两造性格、家庭环境、心理动力等，作为非理性的情感纠葛，当中的纷争对立、严重程度已经超过彼此的解决与修复能力，不仅需要在法律上进行妥当裁量，还需要在社会上、心理上进行有效衡平。

（一）司法中立主义与社工参与主义的平衡

司法中立的逻辑起点是"存在一个完全独立的法院或法官，强调司法权在三方结构中的中立性地位和纯洁性属性"。[①] 中立性的司法是相对克制的、能动性有限的：其一，法官严格依据证据进行裁判。证据类型和证明力标准法定，法官需要排除主观因素和个人偏见，主要依据现有证据反映的事实进行判断。其二，中立性在司法职业共同体之间形成广泛共识，减轻了中立性导致个案审判偏差的风险。上级法院、审判监督机关对下级法院根据证据材料形成的意见进行确认，"以事实为依据，以法律为准绳"这套职业话术自动获得了加持正当性的"上级权威"。在家庭暴力案件中，完全的司法中立主义可能导致司法人员办案机械、刻板，影响案件处理的社会效果和当事人的可接受性。处理家庭暴力类的案件，既无法摆脱自上而下潜在政治影响力的方向引导，也无法忽略自下而上社会资源的广泛整合，这就是社工参与相关案件的基础。一方面，政治要求决定了工作大局，"司法的政治功能体现了司法对于国家政治要求的回应，即司法在调整与国家政权相关的各种利益关系时如何适应国家政权的要求，在促进社会管理和社会稳定中发生作用"[②]。习近平总书记多次谈到要"注重家庭建设，注重家庭、家教、家风""要在全社会大力弘扬家国情怀，培育和践行社会主义核心价值观"。家庭暴力对家庭和睦、家庭成员身心健康有着极大的杀伤力，精准打击家庭暴力要求司法人员对家庭状态有清晰的把握，被动获得信息明显不够。另一方面，司法为民在于"合乎民心、顺应民意、关注民生、维护民权"，扩展司法能动性，将社会工作者作为家暴案件的长臂，事实调查务求全面，判断时不拘泥于传统的证明力规则，"促使法官能够自由评价证据的可信性以及认定案件事实"[③]。

司法工作伦理单一性的缓和与社会工作伦理多元化的灵活性若合符契，为反家暴案件的处理注入了新的生命力。目前，在全国很多地方，在当地妇联的指导下，联动公安

---

① 于明：《政治地理解司法——读夏皮罗〈法院：比较法上与政治学上的分析〉》，载《法律书评》2011年第1期。

② 陈琦华：《当代中国司法政治功能内涵及其价值》，载《政治与法律》2013年第1期。

③ 余韵洁：《司法中立的异化、司法官僚及其克服》，载《湘潭大学学报（哲学社会科学版）》2020年第5期。

局、法院、共青团等多部门,建立了家庭保护防护/干预/危机应对中心,或者在重点区域覆盖社工站等工作机构。在开展工作的过程中,司法伦理和社会工作伦理在以下几个具体方面可以优势互补:其一,在处理方式上,司法伦理程式化干预选择介入有限,而社工可以多角度深度介入,查清真相或进行善后。例如,当儿童遭遇家长疑似家暴甚至性侵时,若公权力部门没有初步证据便无法对其采取有效的强制措施,但此时家庭已经变成儿童的"危险环境",社会工作者可以发挥其主动更强、触角更长、有渗透力的工作优势,进一步深入家庭内部了解情况,观察儿童和父母的相处状态,判断、评估儿童是否存在应该被"带离家庭"的真实需要,甚至协助启动监护资格剥夺程序。其二,在行为类型上,司法行为只能由有权机关完成,当事人挑战底线的行为也只能接受司法评判。社会工作者并非民事执行处承办人员,可中立进行调查与评估,并无强制当事人遵守法律之责任。[1]社工可以将违反法律的后果予以告知,如果当事人一意孤行,反复家暴、不加悔改,可能承受对方申请人身安全保护令、构成感情破裂标准或离婚过错等一系列严重后果,甚至涉嫌虐待罪需要追究刑事责任。

(二)对服务对象身份与对应处分权的干预

社会工作者参与家庭暴力的防治工作,是一个与施暴人和被害人建立关系的过程,"专业关系是运用情绪性及专业知识产生一种催化剂,支持、培育以及让人们有自由能量和动机朝向解决问题和使用帮助"[2]。参与的本质是干预,也是社会工作者突破中立性,发挥主观能动性的过程。具体到被服务对象的差异性,参与的程度明显不同。对施暴人而言,这种参与大多体现为威权式的专业关系,对施暴人行为的偏差进行否定性的价值判断,帮助其扭转观念态度、改邪归正。对受害人而言,这种参与大多体现为伙伴式的专业关系,被害人往往存在表达能力受限的问题,未成年人主要因为意思能力欠缺而表达受限,成年人主要因为家庭暴力高压造成不健康的心理状态而表达受限,伙伴式的关系在于帮助受害者正确理解家庭暴力的恶性,重建被害者的自我保护能力。

威权性的专业关系强调控制。社工人员角色任务为解决问题的专家,社工人员是要帮助有问题的个案,社工人员如同老师角色一样,赋予教导与控制责任,社会工作专业关系是不平等、有限制性的关系,强调专业界限清楚,是由社工人员主导性的关系。[3] 威权

---

① 黄婧雯、郭邦媛:《进入司法体制的社工人:家事调查官的司法与社工伦理两难》,载《社会工作伦理案例汇编》2017 年第 12 期。

② H. Perlman, The Helping Relationship: Its Purpose and Nature, In H. Rubenstein and M. H. Bloch eds., *Things that Matter: Influences on Helping Relationships*, New York: Macmillan, 1982, pp.7-27.

③ 蔡佳萤:《儿少保护社工与法定强制当事人专业关系取向之探讨》,载《当代社会工作学刊》2017 年第 9 期。

性的专业关系是一种不平等的专业关系,虽然社会工作者工作的前提是接纳施暴人,但是并非接纳施暴人的行为。面对施暴人,其处在一个被改造、被教育的局面中,处分权相对受到限制;因人而异只是社会工作者的一种过程控制的工作技巧,为了工作效果而便宜行事的方法论,工作目标基本由社会工作者确定。社会工作者设定、主导工作目标,并专注于工作目标的实现,在此基础上对施暴人、受害人进行引导,或者认为施暴人行为尚可容易修复进行亲职教育,或者认为施暴人行为一时难以缓解而将受害者带离家庭。在威权式的关系里,规范化操作流程是一种有益的方式,如引入量表评估、判断施暴人的精神状态的暴力倾向程度等。

伙伴式的专业关系强调指导,社会介入被看作一个共同参与的过程。有些当事人"不希望社工人员呈现他们什么都知道,贬低个案指出错误,工作关系平等很重要,关系里平等的感觉:爱、友谊、非判断是成功专业关系的元素"。[①] 共同参与的关系是一种比较复杂的关系,且存在个案差别,比威权式的关系更难把握,是一种混合关系:从受害人寻求帮助的角度来看,是一种情感性的关系;从社会工作者往往处于当事人熟悉社交圈之外来看,是一种陌生性的关系;从被害人审视社会工作所能提供的福利资源从而作出配合或者不配合的决定来看,又是一种工具性的关系。混合关系的界定有利于准确了解被害人的现实状况,采取温和的方式建立信赖,尊重被害人理性的处分权。如果被害人并不是自己利益最佳的判断者,则应该替代作决定。

学者认为,家庭暴力受害者处于"高压监管"之下,"包括社会赋予女性的家庭责任、女性应'以家庭为前提'的信念、性别刻板印象等等,合理化加害者对受害妇女的控制,且加害者亦会操弄各种胁迫控制手段,以夺取、主宰受害者的自由与自主,并透过空间与时间的'控管延伸'策略,制造胁迫和控制无处不在,以破坏受害者的安全空间,迫使受害者臣服于严苛控管关系中"。[②] 职是之故,家暴受害者有时候不愿意配合社会工作者介入;或者即使配合,很轻率地接受调解,事实上没有真正解决问题。所以社会工作者此时不应该片面尊重受害者的自身意愿表达,视需要强制介入,将受害人放置于反家暴保护体系之中;即便调解也要反复确认,受害者不是因为意思自由表达不真实而选择调解,应该警惕、证实施暴人和受害者关系不平等所带来真意表达的难度,"就契约而言,真正的自由要求缔约双方大体上平等;如果一方处于优越地位,他就能强制规定条件。如果另一方处于软弱地位,他就只好接受不利条件"。[③] 未成年人受害人除了"高压监管"之外,由于认知能力较弱,还会陷入"忠诚冲突",其行使处分权的准确度更低。例如,未成年人会

---

① Ribner, D. S. & Knei-Paz, C., Client's View of a Successful Helping Relationship. *Social Work*, 2002, Vol.47, pp.379-387.

② 赖秦莹、郭俊岩、王兰心:《家庭暴力低意愿案主服务经验之研究:保护性社工的角度》,载《台湾社会福利学刊》2020年第16卷第2期。

③ [英]霍布豪斯:《自由主义》,朱曾汶译,商务印书馆1996年版,第41~42页。

觉得父母打自己是为了督促成才,幼小的孩童为确保其生存与认知心理安适,会和其依赖的父母有相同的想法。此时,社会工作者对未成年人暴力的干预属于更加全面、深度的介入,但在手段上符合未成年人身心发育处于不成熟阶段的特性,如用心理沙盘游戏替代量表评估等。

三、重塑社工参与家庭暴力防治事件的角色定义

在反家暴案件中,社工发挥作用徘徊于司法系统与社会系统之间,突破了司法中立主义的边界,并且结合当事人行为特点、具体处分权进行差异化的处理,在事实调查、对症下药方面发挥了更大的作用。即便如此,司法社工从社会场域而来,进入司法场域,难免水土不服;司法系统内存在警察、检察官、法官等其他不同角色,工作合作关系的建立也不容易。

(一)外部司法场域对社工的约束:嵌入或独立

司法系统是一个相对比较成熟、稳定的系统,发挥的功能指向比较明确,同时也是拒绝变化的,这样的系统运作起来很有效率,但是柔性欠缺,太明确的目标预设偶尔适得其反、激化矛盾;与此同时,社会工作尚处于初创阶段,技术手段和人员配置均有不足,作用力不稳定、分散,但可以作为部分消化、转移矛盾的缓冲地带。席小华认为,"嵌入的成果便是少年司法社会工作领域的形成,社会工作通过承担少年司法的部分工作职能,实现了自身在少年司法领域生存空间的拓展"[①]。家庭暴力作为违法行为,甚至犯罪行为,社会工作者如果嵌入司法系统,"惩罚施暴者"应该成为主要的工作目的;其次为"矫正施暴者"的行为,通过打击施暴者从而拯救受害者于水火之中成为最基本的工作立场。有专家认为,"由于早期司法社会工作是在专业社工组织尚不健全的时代发生的,更由于国家司法模式在组织系统上的自成一体,社会工作者对司法活动的介入也只能以个人的身份进行,而'技术专家'或是'技术证人'都是这一介入形态的具体化"[②]。

在有些国家的反家暴体系中,司法系统对社会工作的亲和力比较强,社会工作者不仅作为服务于司法体系的"技术专家",甚至能够被允许以相对独立的形态发挥作用。其一,承担家庭暴力发生前的社会预防义务。加拿大的社会工作者有普遍的知晓度和认同度,大人会通过各种方式告诉孩子,当他们遇到困难或者窘境时可以向社会工作者、警察、督察官求助,告诉未成年人,社会工作者是接受培训,帮助个人、家庭、社区应对困难

---

① 席小华:《社会工作在少年司法场域的嵌入性发展——以 B 市实践为例》,载《青年研究》2017年第 6 期。

② 何明升:《司法模式与社会工作的关系及其渐进式亲和》,载《学术交流》2012 年第 11 期。

情况者。① 其二,承担家庭暴力发生后的辅助处理任务。例如接受政府相关部门的委托,为受虐待、忽视的未成年人寻到合适的家庭环境。挪威的儿童保护办公室常处理虐待儿童案件,儿童保护委员会将未成年人的监护权交给保护办公室,由社会工作者负责为孩子找到合适的寄养家庭,或者安置在青少年之家。② 其三,紧急情况下的特别行动权。某些国家和地区给社会工作者紧急状态下更多的权限,以便于有效地应对突发危机,如决定危险监护下孩子强制就医等。加拿大甚至赋予社会工作者保护性拘捕权:根据儿童福利法律,如少年处于危险之中,可能有自残或者伤害他人的危险,社会工作者可以采用强制性保护措施,让青少年快速脱离危险。③

社会工作者进入司法场域,是嵌入还是独立,有一定的规律可循:其一,跟社会工作的总体发展阶段有关。初创阶段人员不足、专业性不强、运作经费有限,采取独立的方式定位较高、很难启动,只能在个别条件比较理想的地区进行试点,大部分区域主要依赖"嵌入"工作的星星之火图将来的燎原之势。其二,与社会工作者的身份制约有关。如果社会工作者成为准司法人员,如家事调查员等,如在我国台湾地区,通过司法人员特考三等考试的社工师可以担任家事调查员,此时基于辅助司法程序进行的目的导向,独立性将会受到较大削弱。具体到反家庭暴力工作的开展,应该探索建立嵌入式为主、独立为辅助的工作方式。试点法院的家事调查员可以依据当事人申请或者法院委托,调查离婚案件中离婚过错是否存在家暴、监护权变更或者剥夺案件中是否涉及家暴等,这属于嵌入式工作方式;社工以灵活方式介入人身安全保护令申请案件、疑似家暴案件的走访调查、宣传辅导相关工作等,可以相对独立的方式进行。如果涉及大规模的群体性事件,如福利机构虐童事件等,可以委托相关社工专业机构干预。

(二)内部合作者对社工的期待:认同或疏离

反家暴案件中,社会工作者嵌入司法场域工作,既体现为一种陪伴,又担任司法资源的联络人。家庭暴力受害人受伤害后会有罪恶感、沮丧、焦虑及不信任他人的反应,严重者甚至有创伤反应。④ 司法程序进行过程中,需要回溯案件的事实与情节,受害人精神负担比较沉重,甚至有可能造成二次伤害,受害人在绝望、沮丧、焦虑、抑郁等情绪交织之下拒绝配合也时有发生。当事人作为非专业人士,对报警与记录、检察院审查起诉与询问、

---

① Ned Lecic & Marvin Zuker, *The Law Is（Not）for Kids-A Legal Rights Guide For Canadian Children And Teens*, Athabasca University Press, 2019, p.7.

② Katherine van Wormer, The Hidden Juvenile Justice System in Norway: A Journey Back in Time, *Federal Probation*, 1990, Vol.54, pp.57-61.

③ 杨旭:《全球比较视野下少年司法与社会工作的互动》,载《青少年犯罪问题》2020 年第 4 期。

④ B. W. Burgess & L. L Holmstrom, Rape Trauma Syndrome, *American Journal of Psychiatry*, 1974, Vol.131, pp.981-999.

法院颁发人身安全保护令等程序不太熟悉，需要社会工作者积极承担提供咨询的服务。学者调研显示，通过社会工作者的参与，社会场域和司法场域的服务都有明显改善：一方面，有接受社工协助服务的被害人较未接受社工服务者在完成保护令声请程序后，后续生活中显著较少遭受到施暴者在肢体及精神上的再度伤害；[①]另一方面，有社工陪同到法院申请保护令，"具体提升了被害人保护令声请书状的品质，亦加速了法院核发保护令的处理时效"[②]。可见，社会人员参与司法机关工作任务的执行过程，间接起到社会监督的作用，使得司法人员对家暴案件的处置态度更加主动积极，流程更加严谨规范，结果更加准确可靠。

在家庭暴力案件的处理过程中，对警察、检察官和法官而言，社会工作者与其属于相互支持的关系，即平等的关系。表面看起来的确如此，但具体情况因为社会工作者介入阶段的差异而略有不同；当社会工作者作为法官的辅助者之时，有了成为准司法人员的机会，如作为家事调查员，这种来自司法场域的显著角色认同，会令合作关系发生些许变化。就我国目前社工介入家庭暴力的现实情况，以经验工作法介入比较常见，专业手段干预还比较欠缺，影响了司法人员对社工的总体评价，法院的态度似乎比警察、检察官更加保守。社会工作者介入家庭暴力案件，与一线警察大概率发生较多互动，也许社会工作者已经事先接到了受害人的举报并进行干预，视情况建议受害人是否选择报警；如果施暴人的行为涉及虐待罪，需要检察官的介入，此时社会工作者可以一直承担帮助、陪同、辅导的任务，在漫长的诉讼进程中帮助当事人分担情绪压力。社工以上作用的发挥，与公安局、检察院在总体目标方向上保持一致，在推动诉讼程序向前进行的各方面起作用，认同感相对较强。对于法官而言，对社会工作者存在一定的疏离感：其一，社工代理当事人权益实现相关事务，属于当事人立场，法官是相对比较纯粹的司法中立主义者，两者代表着不同场域角色的最直接碰撞；其二，法官体系作为审判体系，较检察官、警察的司法执行体系，更加庄重、保守、封闭，法官的威权在其中起着绝对主导力量。在我国台湾地区，有大样本的调研可以证实这样的结论。[③] 在这样的外部压力下，社工当中的一部分进入司法场域，来缓解立场不同带来的压力，或者从专业技能提升的角度摆脱被司法人员不重视的境况。

---

① M. E. Bell & L. A. Goodman，Supporting Battered Women Involved with the Court System：An Evaluation of a Law School-based Advocacy Intervention，*Violence Against Women*，2001，Vol.7，pp.1377-1404.

② 王珮玲：《警察、检察官、法官对社工认知之探讨：以家庭暴力与性侵害处理为例》，载《台大社工学刊》2020 年第 21 期。

③ 王珮玲：《警察、检察官、法官对社工认知之探讨：以家庭暴力与性侵害处理为例》，载《台大社工学刊》2020 年第 21 期。

四、厘定社工参与家庭暴力防治事件的职能边界

以反家庭暴力案件的介入为例，社会工作者发挥的作用已经逐渐清晰：家庭暴力受害者作为弱势群体，类似木桶理论，其福利获得程度决定了社会福利水平，这是社会参与制的正当性基础，但是介入理念、关系、模式仍然存在诸多分歧，影响了介入效果。坚持人权保护立场拯救受害人于危险家庭环境，还是促成受害人与施暴人达成一致维持家庭完整性，取决于准确评判哪种选择有利于当事人最大幸福。这种准确评判首先受到场域的制约，在司法工作伦理与社会工作伦理相辅相成的大环境下，根据当事人处分权范围大小，与之建立威权性或伙伴性的关系。对工作模式而言，社会工作者采取"嵌入式为主、独立为辅助"的方案，以适应司法场域的基本要求，除非社会干预条件成熟且遇到家暴案例疑难复杂，可以独立介入。进入场域之后，社会工作者与警察、检察官关系相对简单，与法官的关系却相对复杂，故应该通过具体职能的承担，夯实其角色任务。

（一）教育、保护、支持的中心职能

社会工作者应该积极承担教育、保护、支持等职能，为家庭暴力防治建立一个良性的生态系统。教育是其中的一个重要方面，对施暴者的教育是威权性关系的现实化方式：其一，家庭成员角色担当教育。多数施暴者的心理和行为出现偏差，虽然不一定达到精神疾病的程度，但人际交往障碍显而易见。虽然性格形成是长期作用的结果，很难改变，但帮助施暴人真诚反省错误，明确作为家庭成员应该承担的责任，重新建立与家庭成员良性健康的互动方式，是可以实现的。其二，挖掘家庭冲突的深层次原因，并通过教育进行改善。通过调研访谈发现，很多家庭发生行为暴力，都和经济原因密切相关：或者施暴人由于就业受挫、经济状况突然恶化，借由受害人发泄对生活的不满情绪；或者受害人与施暴人之间经济状况相差比较悬殊，经济上过着"寄生"生活，因独立自主能力不足对家庭暴力长期忍气吞声。社会工作者可以给这样的家庭提供初步经济规划、理财建议、就业资源与就业训练指导等辅导与课程，帮助家庭解决根本性问题。教育的好处在于增强家庭成员的"胜任力"，既包括胜任角色、承担家庭责任的能力，也包括胜任社会角色、承担社会角色的能力，使其积极面对、解决问题，非诉诸暴力。

保护与支持是社会工作者提供的核心职能，但是以何种手段进行保护，取决于案主的需求层次，支持作为结果用来验证保护的有效性。对社会工作者业务素质的要求也取决于家庭暴力案件需求的中位数，家庭成员之间毕竟存在着亲密的情感和血缘关系，大部分家庭暴力案件恶性不强、伤害不重，有一部分家庭通过辅导可以走向正轨。因此，社会工作者是经验干预和专业干预相结合的。社会工作者需要懂得基本的心理学干预方法，会用简单、常见的量表进行评估，也要明白人与人之间相处的方式，对跟随、接洽、探

视、回访等工作方法比较熟悉,能处理个案和团体性事件。社会工作者作为社会网络的一分子,对受害人的共情和理解、救济和帮助,是社会保护力量个体化的体现,社会工作者是受害人的忠诚伙伴,让他们在危困中可以获得强大的精神支撑。换言之,如果社会工作者发现案主已经因为家暴而遭受巨大心理创伤,甚至达到严重心理疾病的程度,超越了本身的知识经验,可以与心理咨询师合作处理或者转介心理咨询师进行治疗。两者的差距在于,心理咨询师重视案主福利兼顾隐私保护,"多聚焦于当事人心理创伤症状的改善、催化自我认同与自我接纳以及协助当事人身处生活环境的适应"①,社会工作者重视案主福利兼顾社会责任,"社工容易从政策、环境、系统中进行个案处遇"②,社会工作者考虑问题的格局似乎更宽广。

将施暴人与受害人隔离似乎是保护手段中最严厉的一种,此时人权保护立场已经完全赛过恢复性司法的立场,家庭关系在破裂的边缘;但由于当事人停留于这种家庭环境的危险性过大,所以家庭关系大多难以恢复。人身安全保护令申请后,施暴人与受害人能够实现暂时隔离,如勒令施暴人不得接近受害人居所或者受害人可以选择去庇护所;还存在一层隐含的意思,如果家庭关系不能恢复,家庭暴力造成感情破裂或者严重侵害未成年人身体健康,预备离婚或者剥夺监护资格的程序即将启动,因为施暴人和被害人的关系不可能始终悬而未决。在处理最严厉、恶性最强的家庭暴力事件时,可以直接感受到社会工作者权限受到限制,既没有决定权,也没有执法权,基本只能完成陪同与协助的事务性工作。社会工作者在与司法人员嵌入式互动中,社会工作的形式受到司法磁场的强大影响力,社会工作者只能发起程序,而不能决定结果;也正因为此,社会工作者与负责过程控制的司法人员,如检察官、警察配合程度相对较好,对负责结果控制的司法人员,如法官相对比较疏离。虽然契合于我国社会工作的发展阶段,但是至少在两个方面可以微调:其一,鼓励某些符合工作年限、考核要求的社工人员进入司法场域,获得准司法人员的身份,如将家事调查员设立成为家事司法的常态化机制,而不是停留在个别、形式化的试点,通过以身份加持正当性,在事实调查、协助执行、报告建议方面授予更大权限;其二,在紧急状态下,授予社会工作者行动的权限,虽然只是一种暂时性的强制措施,社会工作者没有最终的决定权,但是也能够有效缓解受害人遇到的危机,如强制受害人接受治疗、暂时将受害人安顿到庇护所或者暂时将未成年人放置于寄养家庭等措施。

① A. Phillips & J. C. Daniluk, Beyond "Survivor": How Childhood Sexual Abuse Informs the Identity of Adult Women at the End of the Therapeutic Process, *Journal of Counseling & Development*, 2004, Vol.82, pp.177-184.
② 游以安、姜兆眉:《探见"家庭暴力暨性侵害防治工作"社工专业间的合作经验:咨商心理师观点》,载《台湾社会工作学刊》2012年第23期。

（二）作为专家辅助人的扩展职能

专家证人虽然是英美法系证据法的重要内容,但是对我国相关制度也有一定的影响力。司法社会工作多在儿童福利、儿童抚养、儿童虐待、家庭问题、精神健康等领域承担专家证人的角色,在法庭上,司法社会工作者提供专家证词(expert testimony),或者支持并代表案主的利益,或者受法庭指派以中立者的身份提供专家证言。① 社会工作者是家庭暴力的见证者,有观点认为,"社会工作者基于行动研究,已经不仅仅是一名单纯的服务者、倾听者或救助者。他(她)的判断、反思将会成为社会建构过程中一种极为重要的资源,而且会对案主产生直接的影响"②。一些国家和地区在对社会工作者职业技能操作进行规范时,对社会工作者的作证方式、义务有所释明,主要包括在法庭上适当的表达、形成客观可查的文字记录等。基于超越一般人的专业能力,司法社工在接洽当事人之时往往能够发现关乎案件重要情况的许多细节,有助于帮助司法人员对案情的性质有更加客观的判断。对专家证人比较经典的定义来自美国《联邦证据规则》第 702 条:如果科学、技术或者其他专门知识有助于事实裁判者理解证据或者判断争议事实,而某证人由于其知识、技术、经验、训练或者教育是一个合格的专家,则其可以发表符合以下条件的意见或其他证言:证言基于充分的事实和数据,证言是可靠的原则和方法的产物,该证人可靠地将这些原则和方法适用在了本案事实上。我国未照章移植英美法专家证人制度,因其本身与对抗性诉讼机制相容性更强,容易沦为资本操纵的工具,损害司法的客观、中立性。

即便如此,我国接受了专家辅助人制度,根据现行《民事诉讼法》第 82 条的规定,"当事人可以申请人民法院通知有专门知识的人出庭,就鉴定人作出的鉴定意见或者专业问题提出意见"。结合我国《反家庭暴力法》的相关规定,部分社会工作者对家暴事实的见证主要体现在以下两个环节:其一,我国和世界上部分国家的做法类似,规定了社会工作服务机构对家庭暴力的预防义务,此时社会工作者虽然没有进入司法场域,但是已经以分散、独立的形式介入家庭暴力案件。司法社工需要帮助推动社会大众对家庭暴力的正确认知,建立对家庭暴力否定、"零容忍"的价值观,帮助居民以正确态度与行为应对家庭矛盾,适当时候扮演当事人沟通的桥梁,适时化解矛盾,或为矛盾进一步处理作预先准备。其二,通过承担强制报告义务,介入家庭暴力案件。我国《反家庭暴力法》规定,基于社会交往接近原则,社会工作服务机构及其工作人员在工作中发现无民事行为能力人、限制民事行为能力人遭受或者疑似遭受家庭暴力的,应当及时向公安机关报案,这与司

---

① 杨旭:《美国司法社会工作的发展及借鉴》,载《学术交流》2013 年第 3 期。
② 张剑源:《社会工作在司法领域的影响——兼论社会工作者作为专家证人的可能》,载《云南大学学报(法学版)》2008 年第 3 期。

法社工是否取得报酬没有关联性①,此时社会工作者代表国家向受害人供给救济福利。从社会工作者履行此义务开始,就已经进入司法场域。多数国家和地区将由于职业原因可能接触儿童虐待和忽视事件的人员列为责任报告主体,这是常见的立法模式;相关职业主体主要包括医护人员、教育人员、执法人员和社区工作者等。② 后续涉及教育、保护、支持等责任的承担,除了特殊案件或群体案件从司法机构转介社会工作服务机构独立完成之外,大概率上社会工作者是与司法人员合作、嵌入司法系统作业。

遗憾的是,这种见证的效力在证据规则上认可度有限。根据《最高人民法院关于适用〈中华人民共和国民事诉讼法〉的解释》第122条的规定,"具有专门知识的人在法庭上就专业问题提出的意见,视为当事人的陈述"。从这个角度来说,"但这仅仅是一种法律上的拟制,不宜解读为已赋予其证据属性"③。即便是进入司法场域的社工人,如家事调查员,有权利出具家事调查报告,这种报告对法官也仅有参照性效力。虽然法官并不一定全盘接受家事调查报告,可以不接受或者部分接受,但是必须附上这么处理的理由。家庭调查的过程应该形成操作规范,符合要求的家事调查报告应在法庭上出示,并由各方当事人对家事报告的真实性、合法性、关联性进行质证。如案件当事人对家事报告的内容提出异议,人民法院可要求家事调查员出庭说明情况或由家事调查员对当事人的异议进行书面说明。没有进入司法场域的社工人,并不一定是家庭暴力的直接目击者,但是其在参与案件的过程中,有发现蛛丝马迹的可能性,必要时候可以出庭提供证人证言,④帮助当事人还原案件的具体情况。但不应该将专家辅助人在诉讼地位上当事人化,较不利于司法社工提供专业、中立性的意见;而且司法社工的参与很多是出于公益,或者仅享受微薄的财产津贴,与当事人之间并没有很密切的关系。

---

① 即便如此,事实上仍存在弊端。如果司法社工主动承担强制报告责任,意味着在接下来的流程中要有更多更主动的参与度,如果没有津贴,还有被当事人报复的风险,对司法社工无疑较不公平,使得他们在具体工作时畏首畏尾,存在后顾之忧,只有相对严重的家庭暴力才会进入他们适用强制报告的视野范围。
② 杨志超:《比较法视角下儿童保护强制报告制度特征探析》,载《法律科学》2017年第1期。
③ 郭华:《对抗抑或证据:专家辅助人功能的重新审视——兼论最高法院审理"奇虎360诉腾讯"案》,载《证据科学》2016年第2期。
④ 《证据规则》第61条规定:"审判人员和当事人可以对出庭的具有专门知识的人员进行询问。经人民法院准许,可以由当事人各自申请的具有专门知识的人员就有关案件中的问题进行对质。具有专门知识的人员可以对鉴定人进行询问。"

当前阶段人民调解量化评估机制的新探索

人民调解意味着国家力量和民间力量的共同参与,但立法体系的完善、制度改革的深化基本依赖自上而下的力量。近几年,关于人民调解新一轮的改革正在酝酿,我国社会主要矛盾变化亟须高质量的公共法律服务,而创新机制的关键既在于调解工作的量化评估,也在于与诉讼机制的对接。

一、人民调解与社会主义核心价值观的契合性

毋庸置疑,人民调解具有无可比拟的价值优势与制度优势,其既与儒家传统的"和合"文化一脉相承,又体现了新时代社会主义核心价值观的价值追求。学者通过实证研究发现,以 2002 年作为分水岭,人民调解呈现出 U 形回归的态势①:由于对司法中心主义的强调,人民调解作为解决争议的方法受到抑制;由于乡土社会的进一步解体与原子式社会的形成,人民调解适用的社会基础条件得到弱化;加上调解本身适用的随意性,制度优势无从体现。2002 年之后,随着调解逐步走向规范化、系统化,在官方的推动下,调解开始复兴。复兴后的调解获得价值优势和制度优势的前提应该是进一步和行政手段、司法手段实现区分。与前者的区分主要是基本性质的差异性,行政手段解决争议类似于"他山之石,可以攻玉",主要借助外力,而人民调解主要依赖自身的力量消解矛盾;与后者的区分主要是手段方法的差异性,人民调解程式化痕迹较弱,主要为达成双方的妥协即主观公平。值得注意的是,为了强化人民调解适用的社会基础、改善调解方法,人民调解在保持其自身特色的同时,有向司法靠拢的趋势。人民调解的评估,既在于结果控制,作为诉讼的替代性方式真正定分止争;也在于过程控制,以逐渐合理化的操作方式摆脱自由而随意的刻板印象。以社会主义核心价值观作为结果控制的指向,从这个角度出发,行政手段、人民调解和司法手段追求的终极目的得以统一;以准司法的程式作为过程控制的指向,"力图通过人民调解这一外围的准司法程序将社会矛盾解决,在审判程序之

---

① 朱新林:《人民调解:衰落与复兴——基于 1986—2009 年人民调解解纷数量的分析》,载《河南财经政法大学学报》2012 年第 4 期。

外以为司法解困",使得精英司法和大众司法相辅相成。

人民调解制度与各个层次的社会主义核心价值观有着高度的契合性。以社会主义核心价值观与人民调解中具体价值的关联性作为出发点,并作为人民调解指标体系结果控制的方向,主要体现为以下几个方面:

1. 人民调解与"和谐"价值的关联性指调解作为诉讼可替代方式,弱对抗性。对和谐价值的推崇源于古代社会的家族伦理,民众心里"耻讼""贱讼"的观念根深蒂固,即使相互之间出现矛盾纷争,也依托熟人社会的规则解决,请宗族、乡邻、亲朋居中斡旋。正如学者所言,"中国在旧社会形成过这样一种传统,不大的纠纷基本上寻求法律以外的途径来解决,这种特点很切合社会实际,不仅花费低廉,而且行之有效。这些非法律化的社会手段在维持社会价值以消弭冲突的同时就为乡村社会提供了这种价值的行为准则"①。矛盾内部消化的超稳定的结构,使得民众心照不宣地形式上追求人际关系的和谐。在"和文化"中,人与人之间交往讲求利他礼让、顺其自然,片面追求个人利益最大化的行为不符合道德君子的人生价值观,如《礼记·乐记》,"乐至则无怨,礼至则无争。辑让而治天下者,礼乐之谓也"。故而,调解与和谐价值观的密切连接在于解决问题的柔和手段上。诉讼当然提供了一种问题的解决方式;相较诉讼,调解对争议的处理并非仅仅停留于问题解决的层面,也同时治疗问题,修复受到损害的社会关系。诉讼是指向过去的,在为当事人的关系提供解决之道的同时,也可能终结了关系;而调解是立足现在,面向未来的。弱对抗性主要体现为调解制度的特色,同时具体到指标体系上,体现为调解的组织要素,如调解队伍、调解方法等。调解队伍充分发动基层,动用基层单位的力量,居中进行斡旋,使得矛盾的双方都意识到自己是对方社会关系中的重要一环,为相互体谅奠定社会基础;人民调解员相对于法官主动性更强,解决问题的方式是经验主义的,"以情动人、以理服人",并非僵化地以法律规定为立场。

2. 人民调解与"自由"价值的关联性指调解尊重当事人自我处分,高自治性。人民调解虽然有调解组织与调解员居中斡旋,但是也以当事人的意思自治作为基础,寻求可以妥协合作的方面,有利于自由价值的实现。调解赋予当事人自我选择的机会,过程主要体现为"通过说服教育,规劝引导纠纷当事人互谅互让、平等协商,依照法律、政策和社会公德自愿达成协议,从而消除争执的群众自治性纠纷解决方式"②。具体到指标体系上,人民调解协议履行率是一个重要参考指标,调解协议获得履行,既实现了自身的自由选择,也成全了他人的自由选择,是人民调解实效化的一个重要参考指标。同时,当事人自我处分的成果又通过司法确认来进行保障:是否司法确认是当事人自由选择的结果;一旦选择司法确认,则给了法院行使"非讼裁判权"的机会。从这个角度分析,人民调解和

---

① 董小红、韩自强:《论人民调解制度价值的渊源》,载《社会主义研究》2011年第3期。
② 徐昕:《迈向社会自治的人民调解》,载《学习与探索》2012年第1期。

行政行为并非完全不沟通,"非讼裁判权"具有较为浓厚的行政色彩。学者认为,"其一,非讼裁判权是法院代表国家监督民事主体的法律行为、确实地保护某种利益或者维护某种公共秩序,目的是预防纠纷的发生;其二,非讼裁判权的行使程序快捷、迅速并且能够根据情势变化及时作出行为调整,为当事人提供充分的程序保障。这些均符合行政行为的特点"①。

3. 人民调解与"法治"价值的关联性指调解遵守实体与程序规范,有组织性。从《法治社会建设实施纲要(2020—2025)》来看,即从政策目标和全景规划出发,人民调解是法治社会建设的重要领域,毕竟"依法治国的基础在基层,根基在民众"。从形式上,法院司法与作为大众司法,与人民调解确实有所差异,前者讲求形式正义,重视秩序价值,从组织审判、司法人员、主体资格、诉讼条件等诸多方面制定了要求当事人必须遵循的强制性规范;后者却重视实质正义,讲求以场景化、个案化的方式处理纠纷矛盾,具体问题具体分析。但两者并非没有沟通的可能性,除了这两种方式对正义价值的追求存在一致性之外,在具体应用上,由于近些年对人民调解实效化的重视,法治元素无形中被增强了。《人民调解法》规定人民调解委员会调解工作的基本原则之一就是依据国家法律、法规和政策进行调解。人民调解的法治仪式感体现在"人民调解委员会的组成、人民调解员的条件和来源、调解程序规则和当事人在调解过程中的权利义务、调解协议的达成和司法确认"诸多环节。② 学者认为,"正是通过契约关系这一中介环节,调解与法治结合起来了,司法程序与私法秩序结合起来了"③。具体到指标体系,人民调解协议履行率以及民间纠纷转化为治安案件、刑事案件、民商事案件率是重要的参考指标,因为主要观察调解协议的履行状况,以及调解纠纷的解决效果,前者是正向的指标,后者是反向的指标。

4. 人民调解与"友善"价值的关联性指调解推动当事人自觉履行,有合意性。友善体现了人与人之间的情感关怀,来源于传统的儒家思想。学者认为孔子精神"仁"的实质就是友善,孟子云,"仁者,爱人也"。在这样的友善价值观中,私欲被压制,从由血缘关系产生的友善推广到一般人之间的友善。在现代社会,友善价值观体现的是人们认识事物的态度,是处理现代人际关系的道德规范,培育和践行友善价值观为社会矛盾的缓解、社会秩序的维护以及和谐社会的构建提供了坚实的价值基础。人民调解中融入友善价值,使得相互之间存在更多的尊重和理解,有利于各退让一步、达成共识,当然也要视纠纷类型而定。辨别纠纷是否可调是重要一步,可调的纠纷自觉履行的概率自然就高。由于诉讼是不友善的,那么应该选取适合的案件类型进行调解:诉讼、审判的方式更适合于解决确定权利、义务关系的案件,而人民调解对权利、义务关系明确但重点需要对利害关系稍作

① 郝振江:《论人民调解协议司法确认裁判的效力》,载《法律科学》2013 年第 2 期。
② 张慧平:《法治社会背景下人民调解与程序正义的契合》,载《晋阳学刊》2021 年第 3 期。
③ 季卫东:《法治秩序的建构》,中国政法大学出版社 1999 年版,第 388~389 页。

调整的纠纷的解决是其长项。[①] 如果纠纷主体不希望关系、情感破裂,对经济利益可一定让渡,则可调解,如家事纠纷和邻里纠纷等;调解还介入部分道德关系,防止其转化为法律责任关系,起到防微杜渐的作用。

二、指标体系的实现方式与大调解联动机制

调解指标体系的建立应该在"大调解"的社会背景下进行理解。学者认为,我国的大调解实际上是一种策略性地糅合了刚性压制和弹性治理的具有中国特色的纠纷处理方式,也成为比较治理研究谱系的一种具有重要启示意义的新类型。[②] 大调解突破了以调解委员会为中心单一调解体系,联动了基层组织与司法机关等多元主体,形成"调防结合、以防为主、多种手段、协同作战"的局面。可见,调解指标的设定至少服务于两个目标:其一,人民调解作为定分止争的手段,即调解需要真正发挥作用,与诉讼等纠纷解决机制各司其职;其二,人民调解过滤纠纷的水平,即不同争议解决方法之间的流动性,不适合调解的纠纷不必强行调解。简而言之,既需要实现"人民调解实效化",也需要实现人民调解"流动性"。

(一)不同经验模式中指标实现的侧重点

随着各地区对人民调解工作的重视,人民调解积累了丰富的经验,取得了良好的成效。但是不同地方对调解模式理解存在差异性,本书选取江苏南通、四川广安、浙江枫桥等作为研究对象,调解的运作方式殊途同归。对调解本身进行评估之时,虽然司法部所设定指标如调解成功率、人民调解协议履行率、案件转化率等都是结果导向的,但是这些指标效果的达成各地有不同的侧重。(参见表5-1)

表 5-1　不同地域调解类型归纳

江苏南通	四川广安	浙江枫桥
组织型调解	目标型调解	互动型调解

组织型调解关注调解的组织要素和运作方式。2003 年以来,南通市的大调解的组织模式从综合性逐渐走向专业性。综合性意味着大调解格局从宏观上是整体协同的,即"党委政府统一领导、政法综治牵头协调、调处中心具体运作、司法部门业务指导、职能部

---

① 马新福、宋明:《现代社会中的人民调解与诉讼》,载《法制与社会发展》2006 年第 1 期。
② 岳经纶、庄文嘉:《国家调解能力建设:中国劳动争议"大调解"体系的有效性与创新性》,载《管理世界》2014 年第 8 期。

第五章　人民调解制与多元专家参与制的协作论　145

门共同参与、社会各方整体联动"的模式。① 协同的模式之下,是科层制的组织机构,从市大调解指导委,到县、乡调处中心,村调处站,十户调解小组和基层调解信息员,共六级组织构成大调解工作网络。强化调解组织,让人民调解获得由上至下的制度保障、执行保障是江苏南通人民调解实效化的关键。组织型调解既有对内的面向,也有对外的面向。对内的面向主要依赖激励和考核双轨制度来实现:将调解作为维护社会稳定的第一道防线,在干部考核任用导向上,改变过去注重"以经济发展论英雄"的导向,确立"以科学发展论成败"的新导向。南通将大调解工作绩效考核既纳入年度综治考核大盘子,又实行专项考核制度,考核结果直接与镇村干部和调解员切身利益挂钩。② 对外的面向主要是将调解手段作为老百姓的"可接近资源",进行调解一站式服务,关注老百姓的生活纠纷,保证调解本身成本低、结果好,必然提高当事人的可接受性。按照可接近的距离,就南通市的特殊情况,80%的纠纷发生在村居一级,所以聘任具有多元背景的、生活经验较为丰富的老干部、老教师担任村居调解员,将纠纷解决在萌芽状态。近几年,南通市在调解网络中敏感的点位,如医患纠纷,进行专业化调处,由政府主导管理。

目标型调解更加关注调解争议的特殊情况、区别对待。四川广安所确立的大调解格局是一种专业治理、法律治理的思维。其一,在专业治理的思维之下,人民调解与法院、信访、公安、卫生、教育、消费者协会等单位成功实现对接。例如,广安区司法局、群众工作局和广安区人民调解委员会联合会三者联合发布的《关于加强人民调解与信访对接工作机制的实施意见》规定了"调访对接"的对接范围、对接方式、考核督查等方面,范围主要是由领导指示人民调解委员会牵头解决的案件,对接方式主要采用"委托转交"的形式③,考核督查指对人民调解工作进行量化评估。专业治理模式还包括设立调解工作室,如四川广安郭太平调解工作室,在区人民调解委员会联合会和区人民调解委员会的指导下,接受司法局的监督、考核,运作经费由区财政进行保障。④ 各级各类对接机制和一大

---

① 胡洁人:《健全社会矛盾纠纷调解机制:当代中国"大调解"研究》,上海交通大学出版社 2017 年版,第 27 页。

② 周望:《大调解、维稳与社会治理:功能解释及限度——南通大调解再认识》,载《郑州大学学报》2016 年第 4 期。

③ 首先,人民调解组织受理到属于信访部门管辖的案件以后,应及时移送信访部门,由信访部门按《信访条例》及相关规定办理;信访部门受理中发现可调案件的,可委托或邀请区人民调解委员会或其他人民调解组织现场参与调解。对于委托调解的案件,信访部门应出具《移送调解委员会调解函》,将有关材料复印件一并移送调解委员会,并告知当事人 3 日内到信访局调解室接受调解。其次,由区司法局牵头,在区信访局内设立调解席和调解室,并安排人民调解委员会联合会专家库成员定时定点轮流值班,制作值班轮次表,实行值班实名登记制度。黄艳好:《人民调解与信访对接机制研究——以广安市广安区"调访对接"实例为视点》,载广州市法学会:《法治论坛》(第 14 辑),中国法制出版社 2009 年版,第 67 页。

④ 张永进:《中国调解工作室制度研究——基于上海与广安模式的考察》,载《四川理工学院学报》2011 年第 3 期。

批专业调委会的建立,创建了"以市、县人民调解委员会①联合会为龙头,市、县人民调解委员会为主导,乡镇、村居人民调解委员会为基础,专业性和行业性调解委员会为补充的市、县、乡、村、组五级网络体系,实现多种纠纷解决机制有效衔接、良性互动,和平解决纠纷"的模式。目标型调解重视争议的不同类型,对社会发展所产生的诸多新型争议有较强的适应性,无论是劳动关系、征地拆迁、医患关系、交通事故和物业管理等各类新型矛盾纠纷,均能够对症下药。人民调解委员会联合会选择专家处理纠纷时会考虑到专家的擅长领域,从这个角度出发,目标型调解带有较强的准司法性色彩。其二,法律治理是广安的特色,颁布《大调解经费管理办法》《社会矛盾化解层级管理办法》《关于加强人民调解与信访对接工作机制的实施意见》等规范性文件,不仅确保了经费到位,解决了调解的后顾之忧,而且对症下药,建立了分级分部门化解社会矛盾的有效机制。

浙江枫桥模式是一种互动型调解,更加侧重于发挥民间组织的力量。"文革"之后,枫桥经验重新进入官方视野之时,其执行策略一般被概括为,"依靠群众,对阶级敌人进行有效改造;依靠群众,教育改造有犯罪行为的人;依靠群众,查破一般性案件;依靠群众,搞好防范,维护社会治安"②。进入 21 世纪以来,在社会主要矛盾变化的背景下,在浙江省委平安建设浙江的号召下,大调解形成共建共治共享的基层社会治理格局。所以,浙江枫桥的调解经验中,特别注意群众的参与性,有数据显示,"从调解比例来看,社会力量调解占 75% 左右,司法所、人民调解委员会调解占 15% 左右,派出所、法庭调解仅占 5% 左右"③。从官方指导的做法来看,市调解总会和调解工作指导中心"一民一官"的管理组合,即人民调解为基础,专业行业调解为依托,行政调解、司法调解、仲裁调解、信访调解等多种调解相互配合。在互动性的调解中,中间的社会乡贤扮演政府和老百姓沟通的角色,实现法治、自治、德治三治合一。浙江诸暨"出台并实施一系列鼓励乡贤文化复兴的政策④,将当地老党员、老干部、道德模范、企业法人、'返乡走亲'机关干部、社会工作者、经济文化能人、教育科研人员以及在农村创业建设的外来生产经营管理人才等具有一定知名度和影响力的乡村精英纳入新乡贤队伍,建立乡贤参事会、乡贤调解团、乡贤协

---

① 该联合会是由广安全市的各人民调解委员会人民调解员自发组织、自愿参加而形成的行业性自律性机构,人民调解委员会作为团体会员,人民调解员作为个人会员加入该联合会。联合会产生市、县(区市)级人民调解委员会和市、县(区市)级行业性、专业性人民调解委员会;对所辖区域各人民调解委员会进行业务指导和行业自律管理,聘请人民调解员,建立人民调解员专家库。张永进:《中国调解工作室制度研究——基于上海与广安模式的考察》,载《四川理工学院学报》2011 年第 3 期。

② 俞红霞:《"枫桥经验"的形成和发展历程》,载《中共党史资料》2006 年第 2 期。

③ 李少平:《传承"枫桥经验"创新司法改革》,载《法律适用》2018 年第 17 期。

④ 《关于培育和发展乡贤参事会的指导意见》(直委〔2015〕29 号)、《关于成立牌头镇"乡贤帮忙团"调解志愿者队伍的通知》(牌委〔2016〕26 号)。

会、乡贤帮忙团等组织,充分发挥新乡贤在乡村治理、矛盾化解、道德引领方面的作用"①。在调解网络中,民间组织也在重点需要关注的纠纷发生领域布局,如医疗、工伤、交通事故等。民间组织介入纠纷的解决,比官方机构亲和力更强,受到群众的抵触性较小,能够顺利消化矛盾,恢复被破坏的社会关系。

(二)指标体系的"理想类型"

指标体系应该是宏观与微观相结合的考察标准,指标体系分为宏观上的调解统计指标和微观上的调解执行指标。调解统计指标主要依据司法行政工作评价指标之人民调解部分,是人民调解工作基础数据的总结,也是工作的直观反映,便于对人民调解工作进行统筹安排;调解执行指标主要对调解组织、调解案件、调解人员、调解方法、调解工作进行进一步的辅助考察,多个维度细化人民调解工作的具体模式。

1. 调解统计指标

调解成功率是对调解最直观的反映,规定调解成功的案件数占人民调解案件总数的比率,也是反映初步调解效果的指标。当且仅当作为调解效果的初步证据,因此是可以反驳的,或需要进行验证的;人民调解协议履行率可以作为调解效果验证性的指标,当事人相互妥协的事项大体上已经实现或者已被落实,调解才真正地做到了定分止争,在调解成功之后与调解被履行之前,风险在于当事人反悔。如果调解协议被反悔,证明调解本身的公信力不足,大量的反悔势必动摇调解制度的根基,因此调解的履行率需要加上一道保险杠,即"司法确认率",这也是具有统计价值的;"司法确认程序是确定人民调解协议效力的重要一环,它可以将调解的自愿和快捷与司法的规范和权威集于一体,赋予人民调解协议以强制执行力,既增强了人民调解的公信力,又突出了法院对人民调解的规范、引导和监督作用"②。另外,2012 年《民事诉讼法》修正案第 42 条(修改后的《民事诉讼法》第 201 条、第 202 条)将司法确认程序定位为特别程序,并不针对民事权利争议,而是确定法律事实或者权利存在与不存在。将人民调解与特别程序之间实现沟通,徒具私法效力的契约将会变成具有公法效力的裁定,意味着在社会主义核心价值观的指导下,人民调解制度向准司法化的道路上迈进了一大步。此外,案件的转化率是必备的反向指标,即考察民间纠纷转化为治安案件、刑事案件、民商事案件的数量与常住人口的比率。如果调解不能够将社会矛盾扼杀在摇篮中,社会矛盾依然顽固,那么当事人就会寻找别的争端解决方式。

---

① 王斌通:《新时代"枫桥经验"与基层善治体系创新——以新乡贤参与治理为视角》,载《国家行政学院学报》2018 年第 2 期。

② 胡晓霞:《人民调解协议司法确认程序疑难问题研究——以人民调解协议变更、撤销及无效认定为视角》,载《政治与法律》2013 年第 3 期。

2. 调解执行指标

指标体系的设置是结果导向的,有好的执行过程方能产生好的结果。调解过程的优化主要通过两个方面来实现:一方面,以实现调解的准司法化为目标导向,将调解工作拆解成各调解要素,以调解要素是否满足,判定人民调解工作的总体运行;另一方面,将调解案件进一步类型化,根据案件的不同需求,设置调解员的一般遴选条件,选拔部分专家型调解员,将专家多元化背景作为重要参考依据,进一步提升调解工作的执行水平。(参见表 5-2)

表 5-2　人民调解员考核与监控一览表(据某地文件总结)

考核内容	重点监控
1. 调解机构是否分层分级设立,做好辖区内人民调解指导和培训工作以及各类人民调解组织设立、变更和选举换届的指导和报备工作。	对辖区人民调解工作指导不到位的,调委会组成人员、标识标牌、公章不符合规定的;全年未组织开展调解员业务培训的,培训记录须有通知、签到、有图片;未完成调解组织、调解员登记备案的;未落实咨询、接待登记的。
2. 建立台账和业务档案;准确制作和使用格式文书,案卷齐全规范,未出现人民调解协议被人民法院撤销或确认无效的情况。	台账和业务档案未按照要求进行分类和制作的,调解案卷不规范的,出现人民调解协议被人民法院撤销或确认无效的。
3. 落实"以案定补"制度。	未按要求落实"以案定补"制度的,发现申报案件的类型与实际不符的。
4. 按时、准确报送各类统计报表;每季度至少报送一篇典型案例,全年报送案例数量不少于4 篇。	报表报送不及时、不准确的;案例格式不规范或字数未达到要求的,未按规定报送典型案例的。
5. 人民调解委员会每月至少召开一次学习或工作例会,落实重大纠纷集体讨论制度,及时撰写矛盾纠纷排查分析报告。	未按时召开学习或者工作例会的,未落实重大纠纷集体讨论制度,未及时撰写矛盾纠纷排查分析报告。
6. 完成上级布置的阶段性工作。	未认真完成上级布置的各项阶段性工作的。

人民调解员的资格准入是另一个重要问题,我国对人民调解的任职资格几乎与选民资格无异(参见表 5-3),专业化不足。调解员应从专业教育走向职业教育,专业教育以职业教育为基础,职业教育以专业教育为延伸。一方面,调解的专业背景来自不同类型纠纷调解的需求,人民调解员的多元化背景,如法学、教育学、心理学、社会学等方面的背景知识,推动了调解的顺利开展。另一方面,调解员的专业教育只是使得学员具备了作

为一名职业调解员在理论方面所必需的修养,要想真正达到职业化,还应该通过职业教育,分为岗前培训和岗后培训。岗前培训可以用资格认证的方式来把关,组织调解员资格考试,成为调解员入行的敲门砖。岗后培训可以由人民法院指导,由各地司法行政机关牵头,结合基层社会组织、团体的力量,发挥各个法学院校的专业优势,提供培训。①

表 5-3　人民调解员任职资格的法律渊源

形式性法律渊源	人民调解员的遴选条件
《人民调解委员会暂行组织通则》第 5 条	政治面貌清楚,为人公正,联系群众,热心调解工作者。
《人民调解委员会组织条例》第 4 条	为人公正,联系群众,热心人民调解工作,有一定法律知识和政策水平,成年公民。
《人民调解工作若干规定》第 14 条	为人公正,联系群众,热心人民调解工作,具有一定法律、政策水平和文化水平,其中乡镇、街道人民调解委员会委员应当具备高中以上文化程度。
《人民调解法》第 14 条	公道正派,热心人民调解工作,具有一定文化水平、政策水平和法律知识,成年公民。

三、人民调解量化评估机制运作中存在的问题

1. 调解的经验性与调解可量化评估之间的矛盾。人民调解的评价指标一直是司法行政工作的难点,设置指标体系主要在于科学、精确地反映调解效果。根据访谈,调解的手段具有灵活性,而评价指标却是普适的指标;调解效果与调解手段之间并不具有必然的因果关系,有些案件当事人之间的矛盾确实难以通过调解的方式解决,以成败论调解显失公平。学者曾经把社会矛盾纠纷分为生活性矛盾纠纷和结构性矛盾纠纷,②前者是指村民在日常生活世界中发生于社会互动或人际交往过程中的民间纠纷,后者是指社会关系结构中的不均衡结构或利益格局变得不均衡导致的矛盾纠纷。结构性的矛盾运用调解需要谨慎。官民矛盾、贫富矛盾、医患矛盾、劳资矛盾等都是较为典型的结构性矛盾。近年来,结构性矛盾还表现为频发的社会泄愤事件,事件的参与者或实施者跟事件本身没有直接利益关系,主要是表达对社会的不满或报复社会。③

---

① 廖永安、刘青:《论我国调解职业化发展的困境与出路》,载《湘潭大学学报》2016 年第 6 期。

② 周望:《大调解、维稳与社会治理:功能解释及限度——南通大调解再认识》,载《郑州大学学报》2016 年第 4 期。

③ 于建嵘:《中国的社会泄愤事件与管治困境》,载《当代世界与社会主义》2008 年第 1 期。

2. 调解工作发展方向的专业性或者综合性存疑。调解制度兴起之初,被寄托了较强的社会期待与政治期待,所以采用的多是"综合性大调解"的思路,大调解思路的背后隐藏着一个全能型的政府,所以无论是江苏南通的组织型调解还是四川广安的目标型调解,都是更加重视大调解工作职能的联动或者调解网络的密集化建设。即便如此,调解作为替代性争端解决方式,只是多元化纠纷解决方式的其中一环,有其制度特色和制度靶向,大包大揽的调解方式会导致两个负面现象:其一,强制性调解。出于维稳压力,主要由政府主导调解,即由政府主要投入人力、物力、财力,调解本身带有较强的行政化色彩。其二,形式化调解。据笔者的访谈,村居一级的基层调解机构,调解员主要由村主任和村委委员担任,调解仅仅是他们工作的一方面而已,导致他们在不同工作之间疲于奔命,影响调解效果。此外,综合性大调解对处理调解与诉讼的关系不利,"调解的增多和审判的衰落还对当事人和更广泛公众的公平观产生影响,法院司法权威更低了;法律的教化功能也在降低,没有多少人会认真对待法律确定的权利和义务"。①

3. 调解评价语言的模糊性导致调解工作存在判断难度。据访谈,可调的案件若分为简易、一般、复杂、疑难、特别重大五类,那么以什么标准切割难以把控。以时间切割,时间和难度对应的因果关系不是必然的;以标的额切割,那么人身关系型的调解没有涉及太多标的额的问题;以伤亡结果切割,那么财产类的案件又没有统一的标准。此外,某些疑难复杂的遗留上访案件,需要通过寻找政策依据,维护当事人合法权益。但因上访时间过长,当事人期望值即要价可能会高,在调解时既要支持当事人合理之处,又要说明其不合理之处,释明要求高、难度大。

4. 联动型大调解各职能部门之间职责不清晰,易生协调困境、衔接困境和效力困境。人民调解制度追求与各部门之间,如医疗、物业、交通、信访调解等建立衔接互动机制,发挥所长,或者进一步完善政府调处重大矛盾纠纷的机制。但是运作中也有些不足之处:其一,各部门直接涉及调解的职能划分尚未明确,社会矛盾爆发之后可能出现职能不明确的现象,尤其是跨行业、跨部门、跨辖区的纠纷;其二,行政机关主导的行政调解、司法机关主导的司法调解与人民调解机制尚未整合统一,大调解之间的关系大多是以工作意见、职能部门规范性文件等形式来规范,并体现出很强的地域特色和权宜特点;其三,调解协议的效力仍然不够充分,司法确认也需对事实进行审查,侧面增加了调解的成本。

5. 行业调解发展仍然不足,妨碍了指标体系的进一步优化。行业协会属于社会组织的一种,介于政府、企业之间,它提供服务、咨询,进行沟通、协调、监督,通过本行业的自律达到行业的发展;行业协会基于社会分工日益细化和专业而产生,它是介于政府与企业之间的民间性组织,起着桥梁与纽带的作用。② 行业协会具备专业性,因而社会的认同

---

① 王福华:《大调解视野中的审判》,载《华东政法大学学报》2012 年第 4 期。
② 洪冬英:《论人民调解的新趋势:行业协会调解的兴起》,载《学术交流》2015 年第 11 期。

普遍较高;行业协会具备自治性,较多尊重当事人自行妥协的结果,"认识自己的需求和利益;提出满足每方当事人需求的方案,并实现利益的最大化;以及创造他们自己的结果"。此外,行业调解的公信力还来源于行业压力,大家都是业内人士,自然遵从行业的游戏规则,结果相对公允,当事人反悔还要受到行业失信的代价,故履行率相对较高。行业协会的调解应该属于人民调解的一部分,性质比较类似的还有由非政府组织主导的民间调解。

6. 调解对社会的发展规律缺乏回应性,导致指标体系显得封闭。其一,调解在当今社会并不仅仅依赖于经验和传统,社会已经并非完全的熟人社会,人们的思想观念和价值追求早已发生改变,如果调解仍然较多依赖社会情感关系所带来的心理强制力,或者方法、手段不追求突破,很难在社会变迁的过程中焕发出新的生命力。其二,当今社会遭受第三次科技革命的冲击,解决争议的方式显得高效率化、智能化,如现在某些地方推行的要素式审判或者智慧法院系统,相对于诉讼改革,经验性的调解方法对智能社会的回应性更差,结合点位比较少,拆解要素较不明确,阻碍了调解的效果发挥。

四、指标量化评估的关键方面以及完善建议

对人民调解工作进行量化评估,设置指标体系的考核要求,在于调解效果的压力,也在于推动调解的"准司法化"进程的需要,主要有以下几个建议:

1. 进一步加强调解队伍的建设,根据不同调解主体的情况配置不同背景的调解员,在有条件的情况下设置专家库,或者采取政府购买调解服务的方式。调解属于大众司法的范畴,大众性即调解的群众基础,而司法性则为了增强调解本身的说服力和公信力,使得调解真正成为纠纷解决机制中的重要一环。职是之故,调解员应该有经验型的,也有专业型的。经验型的调解员具有丰富的生活积累或者社会经验,协调矛盾的能力强,具有亲和力,这主要是从个人性格与生活阅历的角度进行理解的。在村居、社区、乡镇和街道,经验型的调解员仍然可以发挥重要作用,他们了解基层的情况,理解基层的社会关系,也可能和当事人之间存在着千丝万缕的其他关系,有利于矛盾的化解。经验型的调解员符合调解传统,但随着陌生人社会的形成,人和人之间交往的逐渐理性,经济交易的定型化,家庭关系的复杂性等,仅凭经验型的调解员完成调解难度越来越大,需要引入多元专家完成调解,尤其是特殊类型案件的调解或者特殊行业的调解更是如此,这是调解"准司法化进程"的重要一步。在浙江省诸暨市三大专业调委会中,联合人民调解委员会主要调解婚姻家庭、财产、生产经营、侵权等类型的矛盾纠纷,主要由退休司法所长和退休法官担任调解员;医调委中的调解员多有法律和医学背景;交调委涉及公安、司法、法

院、保险、发改等五个部门的调解人,均是各自领域解决交通事故纠纷的法律专家。[①] 在有条件的情况下设置专家库,主要指"当出现社会影响重大、疑难复杂、跨区域、跨行业、专业性强的纠纷时,调解委员会联合会可从专家库中灵活抽派具备相关专业知识和能力的调解专家组成调解组,并指定首席调解员,对纠纷进行调解"。[②] 专家库这样的模式能够针对纠纷的类型,发挥专家解决纠纷的长处,保证调解效果,长久的运作也能够降低调解成本。专家库的建立是调解员从经验型逐步转向专业型,从兼职型逐渐转向专职型的重要一步。政府购买调解服务[③]能够进一步整合律师资源、高校资源和其他社会工作资源,采取"以案定补、购买服务"的方式进行,减轻机构和人员配置压力。

2. 调解依据法治化与调解手段灵活性相结合,探索调解非普适的、个性化的工作方式。在调解中合理地处理情理和法理之间的关系,法理在于以理服人,情理在于以情动人,涉法性很强的案件对法理的重视应该超过情理;调解案件来源比较广泛,除了依照申请的调解之外,通过各部门职能联动还会出现移送调解的情况,大方向上应该坚持依法调解,否则相似的社会情境如果导致大相径庭的结果,会降低当事人对调解的信任度,以法律为准绳方能根治"调而不解";即便如此,调解的优势也在于手段的灵活性,这和司法的程式化有所不同,手段的多元性增加了对于不同种类矛盾的适应性,调解不排斥技巧的使用,也应该增加调解技巧的培训。例如,可以将调解技巧分为日常与专业调解技巧,前者适合经验型调解员,如面对面调解法、背对背调解法、第三人介入法等;后者如心理学干预、缓和期三段调解法、"情理法"运用等,适合专业型调解员。

3. 推动调解案件的类型化,甄别可调与不可调案件,根据指标体系中案件类型化的考核要求,完善诉讼与调解的衔接机制。不适合调解的案件一定不能强行进行调解,向当事人告知其他合适的救济机制即可,有些案件是一定要通过诉讼才能解决的。我国台湾地区"家事事件法"将所有的家事争议分为甲、乙、丙、丁、戊五类,丁类事件即没有讼争性因素的事件是排斥司法调解的,而其他四类可以强制调解。职是之故,即使是将人民调解的适用进行扩大化,有些类型的案件也不适合调解,如以下三类:案件讼争性不强的,当事人主要争议程序标的;涉及弱势群体利益保护的可以调解,但是需要慎重(如死亡婚姻);双方当事人地位明显相差悬殊的事件,不适用调解(如严重的虐待家暴)。台湾地区学者高凤仙指出家庭暴力案件不适合调解的原因主要在于,"家庭暴力之被害人与加害人并无对等权力,加害人常运用各种肢体语言或手段以控制被害人,被害人常因畏

---

① 尹华广:《"枫桥经验"与调解法治化研究》,载《行政与法》2015年第2期。

② 邹英、向德平:《大调解模式的实践困境与政策建议——基于张家湾司法所的案例分析》,载《山东社会科学》2016年第3期。

③ 如果从较为宽泛的角度来看,政府购买公共服务并不限于正式的合同式的购买方式,合同承包、凭单、政府补助、公私合作等都可以被视为政府购买的方式。王奇才:《地方法治建设竞争与购买人民调解服务》,载《南京社会科学》2014年第12期。

权而放弃许多法律上之权利,调解人常无法辨识这些威吓与胁迫手段,也常不能补救权力不对等状况,所以难以达成公平的调解方案。"①在当事人地位悬殊的情况下强行适用调解,保护可能不周,真相未必清楚,因为一方的妥协未必出于真实的意思表示。

4. 建立普适性的调解评价语言,尤其是通过矛盾分级制度制定可量化的操作标准。小矛盾解决在基层,而严重的矛盾多引入专业化调解,如调解工作室介入等,或者进行调解上报,由上级部门介入。如果以财产标的额作为分类的话,涉及各区域经济发展不均衡和标准不统一的问题,可以考虑按照人或者家庭进行分类,如广安市社会矛盾化解办法。(参见表 5-4)

表 5-4 社会矛盾分级示例②

一级社会矛盾	二级社会矛盾	三级社会矛盾
发生在同一行政村(社区)范围内的或者发生在驻乡镇(街道)单位内部的,发生时间在 1 年以内,涉及家庭 2 户或者 5 人以下,未造成达到伤残评级以上的人身伤害,未到县(市、区)及以上非正常上访的,其他各类轻微、较少的社会矛盾。	发生在同一乡镇(街道)行政区划范围内跨村(社区)或发生在县(市、区)级各部门(含派出机构)管理服务范围内的,发生时间在 1 年以上 3 年以内,涉及家庭 2 户以上或者 10 人以下(含 10 人),造成人身伤害致残 4 级以下(不含 4 级)或非正常死亡 1 人且无闹事苗头,有非正常上访或群体性事件苗头的,已到市、县(市、区)非正常上访的,其他各类较大的社会矛盾。	发生在同一县(市、区)行政区划范围内跨乡镇(社区)或多个县(市、区)级各部门(含派出机构)管理服务范围内的;市级各部门管理服务范围内的;发生时间在 3 年以上;涉及人数 10 人以上(不含 10 人);造成人身伤害致残 4 级以上(含 4 级)非正常死亡 1 人且有闹事苗头,或非正常死亡两人以上的(含 2 人);已到中央、省非正常上访的;跨县(市、区)行政区划范围的其他各类重大社会矛盾。
村(社区)或者乡镇(街道)单位组织化解,10 日内。	乡镇(街道)(社区)或县(市、区)级行政主管部门组织化解,20 日内。	县(市、区)或者市级行政主管部门组织化解,30 日内。

此外,可以考虑发展要素式调解,借鉴要素式审判,将调解分解为调解要素、提高效

---

① 高凤仙:《家庭暴力法规之理论与实务》,五角图书出版股份有限公司 2017 年第 4 版,第 243 页。
② 《广安市社会矛盾化解层级管理办法》(2010 年 3 月)。

率(参见表5-5);在信息社会,还可以多接触现代科技手段进行调解,如利用互联网调解。[1]

表 5-5　要素式审判与要素式调解举例

案件类型	审理要素[2]
离婚案件	结婚时间及生育子女情况,原告第几次起诉离婚,是否有婚前财产协议;是否有婚内财产协议,是否有可准予解除婚姻关系的情形,子女抚养权归属应查明的事实,财产分割应查明的事实,确定损害赔偿(补偿)应查明的事实,对外债权债务。
调解类型	调解要素。
离婚调解	婚姻存续时间,生育子女状况,子女抚养相关事实,债权债务相关事实,当事人是否维系婚姻主观意愿的事实。

| 第二节 |

家事司法中多元专家参与制的悖论与破解

在家事司法改革中,通过多元专家的介入,整体实现法律效果与社会效果的统一。法律效果主要由司法系统、司法人员供给,体现了依法治国的根本要求,"法制应当包含两重意义:已成立的法律获得普遍的服从,而大家所服从的法律又应该本身是制定的良好的法律"。[3] 社会效果主要由多元专家供给,体现了以德治国的根本要求,"更多侧重于实现法律价值和目的,强调在法律适用中把社会利益、社会价值作为重要因素进行必要的判断和衡量"[4]。法律法规是基础前提,也是准绳尺度,但如果法律不回应人民群众基本道德关切、与主流的道德价值相背离,则不具有持久性,故而法律资源和社会资源借助家事司法改革的浪潮、进一步进行整合成为必要;家事司法中法律人的焦虑感显而易见:

<hr>

① 《北京调解联盟官方合作网站》,http://www.adr101.com/,最后访问时间:2022 年 12 月 17 日。

② 《速裁案件要素式审判若干规定(试行)第十九条》,http://bjgy.chinacour t.org/article/detail/2018/03/id/3253328.shtml,最后访问时间:2022 年 12 月 17 日。

③ [古希腊]亚里士多德:《政治学》,吴彭寿译,商务印书馆 1995 年版,第 199 页。

④ 邱水平:《论执法实践中坚持法律效果、社会效果与政治效果的统一》,载《法学杂志》2016 年第 10 期。

一方面渴望按照法治的规则运转,另一方面又要根据社会的发展、家庭的变迁调适法治的运行规则。① 即便如此,司法系统供给的仍然是形式法治,即便强调社会效果,也不应该使形式法治变得模糊、恣意和缺乏可操作性。多元专家的参与,使司法人员避免适用司法手段的任意性,并将不符合司法性格的利益衡量交由社会人员来承担,使法律逻辑与生活经验较好融合。

一、家事司法具备"回应性司法"特性的初步生成

有了多元专家的参与,家事司法的恢复性、矫正性得到进一步的强化。观察多元专家作用的方式,基本上是从广度上进一步承接矛盾,将社会矛盾消化于无形之中;司法本身是从深度上解决矛盾的,司法的形式化、程式化、普适性决定了其解决问题的套路非常明确。司法对矛盾的回应很直接、客观,这虽然符合平等的价值观,但是从每个人认知的角度,都期待司法在发挥作用时考虑到个人的特殊情况,更加公平正义。司法徘徊于形式平等和实质平等之间、客观公平和主观公平之间,方才存在多元专家与司法人员协作分工的基础。

(一)多元专家参与制的基本模型

多元专家参与制发挥作用立足于家事司法的基本原理。虽然家事案件在大类上属于民事案件,但民事程序二元分离程序法理对家事案件并非理所当然的适用。二元分离程序法理最早来源于罗马法,在古罗马的诉讼实务中将司法权管辖的案件分为"诉讼事件"(jurisdictio contentiosa)和"非讼事件"(jurisdictio voluntaria):前者是指当事人之间发生争议的事件,其处理程序为由承办案件的承审员在听取双方陈述意见之后,决定讼争物的归属,或者当被告未进行合理辩护时,直接认定原告权利正当,并将讼争物或被告本人裁交原告;后者是指当事人并无争执,但需借助法院权力来完成相应的合法手续,或者对特定事实、行为的效力予以确认的特殊事件。其所进行的诉讼其实是一种虚拟诉讼,形式上佯为争议但被告并不作实质辩护,最终由法院对原告的主张予以确认。② 这一分类影响了大陆法系代表国家和地区的立法,如针对非讼类的案件,德、日以及我国台湾地区都通过专门规定解决,原因是在诉讼案件中推动程序主导进行的是当事人的处分权,在非讼类推动程序主导进行的是司法人员的职权。这种泾渭分明的程序原理在家事案件中适用存在很大困难,所以家事案件有两大方面调整:一方面,引入交错适用论替代

---

① 陈金钊:《被社会效果所异化的法律效果及其克服——对两个效果统一论的反思》,载《东方法学》2012 年第 6 期。

② 周枏:《罗马法原论(下)》,商务印书馆 2014 年版,第 941~942 页。

先前二元分离程序法理,根据第三部分"家事调查官"的论证,家事案件至少可以分为诉讼类案件、非讼类案件和中间类案件三个类型,哪怕是在同一家事案件的内部,也可以按照需要,交错适用不同的程序法理。另一方面,在大类型的家事案件中,普遍扩张司法人员职权的范围,在整个家事案件的整合中尤其重要,正如三月章教授所言,"诉讼的非讼化"是主流。由于非理性的情感冲突在家事纠纷中占据重要部分,司法裁判既需要从整体上维护家庭的人伦秩序,又要从细节上关注弱势群体的生存价值,在个人利益、家庭利益和社会利益的三重呼吁中,为减弱对抗性,恰当、及时地审判,就需要干预。

正因为家事司法的全面性、扩张性,多元专家和司法人员必须协作。其一,在家事案件中,当事人处分权部分向法院职权转移时,多元专家可以行使这一部分让渡的职权。司法居中裁判,保证其客观中立的法律地位在家事诉讼类的案件中基本可以贯彻执行;但如果案件本身讼争性弱,或者法理适用需要考虑非讼法理,对司法人员带来很大的挑战和压力,因其需要主导司法程序、替代当事人处分相关程序利益,多元专家是其中的润滑剂,甚至可以获得某部分程序处分权限,如执行确保、代理程序等。这样,既相对维持了司法不偏不倚的形象,又能确保程序稳步地向前推进。其二,在家事案件中,司法人员需要获得比以前更多的相关资料,并不拘泥于当事人提供的部分,多元专家可以承担相关资料收集的实体工作压力。在诉讼程序中,通过"谁主张、谁举证"的举证责任分配原则,法院不主动查明当事人未主张的事实,当事人没有争议的事实可以直接作为法院的定案证据。但伴随着司法人员在家事案件中职权的扩张,对于实体正义的要求更进一步,传统的程序正义观无法满足家事案件的审理,尤其是家事案件非讼化的要求,让法官承担更多职权探知的任务。通过多元专家的介入,对于事实范围的探查明显扩大了,当事人没有主张的事实可以查明,对于当事人没有争议的事实司法人员认为必要仍然可以继续调查,司法人员通过借助多元专家作为长臂,对事实的掌控力由核心事实扩展到边缘事实,由当前的事实扩展到历史的事实,有助于通盘反映正义的全貌。其三,家事案件的审理应体现出比一般民事案件更多元的选择,司法人员时间、精力有限,需要多元专家协助帮忙落实。家事案件并非都要通过言辞、直接、公开的方式进行,在很多非讼类或者适用非讼法理的案件中,需要向关系人书面了解情况,进行间接审理,需要多元专家扮演沟通桥梁;有些案件本身可能也会涉及弱势群体权利保护和家庭隐私的问题,需要通过非公开缓和审理的方式弱化对抗性,需要多元专家在场陪同协助;如果需要其他温和的手段替代解决争议,如调解、家庭教育会议等方式,多元专家具有跨学科背景的经验、知识储备可以令其对案件有较高效率的参与性、较强的胜任能力。

(二)多元专家参与制对"情理"要素的回应

司法人员和多元专家之间分工合作的过程,体现了法的理想类型和现实类型之间的协调关系。司法人员关注人的行为,符合现代法律体系对行为的构造,人是抽象的民事主体,人的行为也被高度抽象化与类型化,任何人之间的关系依照权利和义务的均衡分配都能够顺利地完成;而多元专家更关注现实社会网络中的人,每个人面临不同的伦理、情感和利益关系,"首先需要还原当事人在案件中的伦理关系和情感角色,在充分考虑案件当事人在不同人伦情感关系中的独特性后,才会参酌法理进行裁判"①。在家庭关系中,这种情理在血缘关系的基础上建立起来并被赋予道德正当性;有时,对情理考量甚至超越法理,按照滋贺秀三的观点,法理是事物所具有的普遍性道理,情理的"情"字既具有"情节、情况等事实关系的含义",也常指"活生生的平凡人之心";"情"有时还具有人伦关系上的意义,即"人与人之间的友好关系的含义"。②

1. 多元专家帮助司法人员回应情理。在家事案件中,立法规则既强调普适性,又要考虑人伦、亲情、公共道德准则。所以对司法人员存在更高的要求,裁判既要供给专业知识,保持精英化、职业化的水准,又要反映社会认知,充满着人文关怀。这种要求无疑非常苛刻,与社会分工精细化的发展规律也相背离。专家通常足够专注,是在行业中深耕的人,并非诸事通晓的多面手。故而,审判之外的事务,如果必须要司法机关分担,可以由多元专家来承担。这和英美法系的陪审团制度中分工所追求的目的类似,法官和社会专家分别负责适用法律和寻找事实,对于事实的理解便能够反映一般人的通常态度和理解,有广泛的社会基础。多元专家对于情理的把握主要可以总结为两方面:其一,以情理来推断事实。事实总是过去式,因此很难完全被发现,在民事案件中事实不清、证据不足的情况也常有,因此"情理"可以作为事实之间连接的桥梁,由已存的事实合理推导出另外一个事实。其二,在事实中发现"情理"。司法人员、多元专家和当事人能够达到共情,在这个层面上,情理具有了一定的规范价值和意义。因为,认为某种行为符合情理,是对这种行为的肯定和认可,"有法律从法律,无法律从习惯,无习惯从法理",习惯和情理可以用来解释人行为的正当性。

2. 多元专家帮助当事人回应情理。传统司法场域是一个极为封闭的职业领域,表现为诉求信息资源的高度不对称和权力运行形态的职业化垄断。③ 情理是站在特定立场的人的感受,"获取情理,认知者必须进入具体的情景,站在当事者的角度,体会当事者在某种具体境况中的心理状态和行为逻辑,认知自己的感受与行为人是否相同,其情感是否具备普遍性。符合情理的行为能够导致人们相互理解、相互信任,并促进人与人之间的合作,产生一种自然的和谐秩序"④。当事人是受裁判影响最大的人,与裁判结果存在最直接的、相关的利益,但并非能够真正理解司法程序,主要有以下几个障碍:其一,法学是

① 李德嘉:《传统情理司法的逻辑起点及其现代性》,载《学习与实践》2018年第6期。
② [日]滋贺秀三:《清代诉讼制度之民事法源的概括性考察》,载王亚新、梁治平编:《明清时期的民事审判与民间契约》,法律出版社1998年版,第36~38页。
③ 莫良元:《转型社会热点案件差异化特质的识别逻辑》,载《学习与探索》2012年第12期。
④ 郭忠:《发现生活本身的秩序——情理司法的法理阐释》,载《法学》2021年第12期。

"概念的天国"和"程式的王国",当事人对法律术语、论证逻辑、解释阐释方法存在隔阂;其二,当事人个人条件存在瑕疵,可能体力行为能力和智力行为能力有所欠缺,对司法程序缺乏准确理解。多元专家能够通过辅助当事人,以更加通俗社会的方式宣示法,将司法人员裁判说理的过程转变成法官与当事人及社会大众交流和商谈的过程,真正从当事人的利益和立场出发,排除当事人的抵触情绪。

3. 多元专家站在整个社会的角度,回应家事案件中的情理因素。法的含义很丰富多元,既有文本中的法,又有社会中的法。仅从规则的角度理解法,即文本中的法,远远不够,因为文本中的法与社会现实之间总存在距离;离开了文本规则,社会自身也存在秩序,因而就存在着一种需要人们去发现的法;秩序论的法律思维模式还提供了理解中国情理概念的一种新的途径,即情理是一种秩序论意义上的非实定法,它也是埃利希所说的"活法",是"支配生活本身的法"。① 因此,多元专家通过充分整合社会资源,避免司法的机械、僵化,在社会的大局、洪流和浪潮中解读法,使得法真正满足社会的需要。多元专家参与法的实践过程,其实就是让法接受社会实践的检验、校勘、验证,最终的结果就是司法案件的处置过程既能够符合规则原理,又能够符合社会预期。

二、形式主义之殇:人民调解对多元专家参与制的吸收

在我国,人民调解制度推行的历史更加悠久。所以人民调解制和多元专家参与制发挥作用不分彼此,人员和机构高度一致,社会认知也比较接近。长此以往,多元专家参与制会被人民调解制所吸收,制度优势无法体现。两者存在本质的差别:其一,从与法院司法与人民调解的关系来看,表现出精英司法和大众司法的分野,两者是平行的关系。所以人民调解的实现一般是多中心主义的,实践中表现为 N+1 模式,即"一个中心联合多股力量""主要依托矛盾纠纷调处工作中心,整合综治、司法、民政、公安、信访、纪检、人民调解组织等调解力量,纠纷单位共同参与,人民调解、行政调解、司法调解在同一平台上互动发挥作用"。② 而多元专家参与制是以法院司法为中心,多元专家仅仅发挥辅助、协助的作用。其二,从评价机制来看,人民调解是实质胜于形式、结果胜于过程的。这也是调解实效化的体现,成功的调解在解决纠纷上发挥和法院司法同等的作用,至于手段如何并不重要。但多元专家参与制则不同,因为需要借助司法场域发挥作用,或者发挥作用的时空受司法场域的制约,其受到司法"形式主义"特点的更多拘束,秩序感更加强烈。如果不重视两者的区别,在我国特定的制度土壤中,多元专家参与制会被人民调解制度

---

① 郭忠:《发现生活本身的秩序——情理司法的法理阐释》,载《法学》2021年第12期。
② 赵静波:《"大调解"机制下长春市人民调解制度的改革实践与制度创新调研报告》,载《当代法学》2012年第1期。

所侵蚀，最终沦为表面应付任务的设计。

（一）身份与角色呈现混同的风险

人民调解的机构设置和法院司法的机构设置层次相似、互为补充，并且具有更加全面、彻底地往基层渗透的能力。故而，法院司法是一种刚性的司法机制；人民调解作为在解决争议方面替代诉讼的选择，是一种柔性的大众司法机制。两者双管齐下，为当事人提供刚柔并济、多种解决纠纷的方案。在理想模型中，多元专家或者在社会场域发挥作用，成为人民调解员的助手；或者主要在司法场域发挥作用，成为法官的长臂。

很多地方的人民调解组织都采用网络化的结构。在县、市、区级设立人民调解委员会，下辖专门的调解委、街道与乡镇人民调解委员会①和调解事务办公室，负责统筹一定范围内的调解事务；在更低级别的社区、企业、村居，设置最基层的工作站，配备调解员；上级调解委和下级调解工作站既存在指导与被指导的关系，又通过综合治理平台有效连接其他社会资源帮助化解矛盾；为调处纠纷效果明显的工作站打响品牌，设置样板工作室，不一定拘泥于只解决特定地域的纠纷。从人民调解的网络化结构来看，和司法科层制有一定的类似之处，但组织结构和管理方式更加松散。司法科层制符合韦伯对科层制定义的四个要素②，但人民调解的运作方式更加缓和：上下级人民调解组织不绝对体现为命令—服从关系，但考虑处理问题的难度、社会影响面仍然存在分工；不绝对遵从地域管辖，但是当事人仍然存在就地、就近解决问题的心态，可能是熟人社会潜移默化的行为指引作用；组织和工作人员不是体现为执行特定任务的机器，工作方法灵活、分工不太明确，工作方式富有人情味、技术性不强，采用社会经验解决问题。

法院司法和人民调解制既相互平行，又相互转化。其一，通过诉讼的繁简分流机制来连接。一些地区的法院附设调解室，对于与日常生活关系比较密切、不算疑难的案件，在征得当事人同意的情况下，委托人民调解员处理，也分散了法院的诉讼压力。调解员的来源比较复杂，有退休法官、社会热心人士，也有履现职行政干部担任调解员的情况。诉前委托调解和法院司法时空连接也比较密切，一般走司法确认程序；也有调研发现法官参与的调解，成功率相对较高。③ 其二，通过政府购买人民调解服务来连接。其中，"昆山模式"代表政府向个人购买人民调解服务，依照社会公益性岗位对待，聘用人员每年

---

① 乡镇人民调解委员会内设于司法所，司法所实行的是"双重管理"体制，既要接受县司法行政机关的领导，又要接受乡政府的领导。

② 首先，科层制可以被分析为一整套始终如一的、在方法上准确的和严格执行的指挥和服从关系；其次，这些从属关系受严格的内部区别的支配，换句话说，是按照一种往往很复杂的任务或职务分工来安排的；再次，各种形式的科层制机构都表现出某种明确的非人格性；最后，极为重要的是韦伯所坚持的看法，即在现代条件下，正规的科层制机构倾向于凭借它们的技术优势居于支配地位。[英]约翰·基恩：《公共生活与晚期资本主义》，刘利圭等译，社会科学文献出版社1999年版，第29~32页。

③ 张红侠：《论法院附设人民调解的运作》，载《湖南社会科学》2013年第3期。

3.5 万元财政拨款。① "普陀模式"代表上海市普陀区司法局向社会组织购买人民调解服务，构建"政府委托、协会选聘、调委会实施"的工作模式，以合同明确权利义务。② 其三，例外情形下允许达成调解协议的当事人行使反悔权，进行起诉。最高人民法院 2002 年 9 月 5 日通过了《关于审理涉及人民调解协议的民事案件的若干规定》，首次规定经人民调解委员会调解达成的、有民事权利义务内容的人民调解协议具有民事合同性质；随后出台的相关法律规范承继了《若干规定》的精神，赋予人民调解协议以法律效力；2010 年 8 月公布的《人民调解法》也规定人民调解协议具有"法律约束力"；随后，法院出台司法解释设置了实现人民调解协议效力的程序机制，③ 即双方当事人可以将人民调解协议申请司法确认，赋予强制执行力，实践中由于法院的介入、引导，这种处理方式也比较常见。可见，达成一致的调解协议一般不允许起诉，这也是为了发扬契约必须严守的精神、巩固调解效果，除非调解协议有无效、可撤销的情形，一般不允许诉原来的法律关系，只能诉调解协议本身。

多元专家参与制从狭义的角度来说，与司法不是平行的关系，在大多数情况下是附属于司法系统进行工作的，即多元专家与司法人员属于嵌入式互动；当法院司法仍然被当事人认为是解决争议的最佳选择，但又刚性有余、柔性不足，与家事案件的处理产生龃龉时，多元专家进入司法场域能够有效改善这种状况，这就可以解释为何有些多元专家被部分国家或者地区赋予准司法人员的身份，参与特定的司法程序。在有些国家和地区，社会资源已经足够发达，多元专家在某些环节能够起到决定性、主导性的作用，如通过购买公共服务委托专门人员和机构对问题家长进行教育。这些多元专家介入的领域相对于司法而言属于一个环节或者其中一个小项目，在于提升家事司法的人文主义精神，加强家事司法回应社会的功能。很多地方，多元专家与人民调解员的范围基本重合，由于人民调解制基本能够实现对诉讼的替代，格局过于宏观，并且在诉调对接、繁简分流等方面发挥重要作用，甚至能够通过整合社会资源调动专家，所以多元专家参与制会被人民调解制所吸收，流于形式。殊不知，面对法院司法系统或者人民调解系统，多元专家都仅仅是其中的一颗螺丝钉，在局部评价其效用，不应该被限定于人民调解的场域。

(二)"重调解、轻调查"操作的模糊性

"重调解、轻调查"的模式是基层人民调解的执行现状，但根据调解员是专职还是兼职情况又有所不同：兼职调解员多是街道干部、乡镇干部、村干部等，由于调解背后隐藏

---

① 宋爱明：《职业化的人民调解员》，载《人民调解》2011 年第 5 期。
② 上海市普陀区司法局：《以政府购买服务保障人民调解工作》，载《人民调解》2016 年第 6 期。
③ 李喜莲：《反悔人民调解协议致诉案件起诉对象与审理范围之厘定》，载《法律科学(西北政法大学学报)》2021 年第 3 期。

的行政权力,当事人可能迫于压力而服从,加上这些干部有需要完成的其他日常行政工作,时间精力条件并不充分,对案件草草关注,并不了解实际情况也时有发生,基本遵从各打五十大板的处理方式,当事人对处理结果不满意;专职调解员多是基层的长辈,有比较丰富的社会经验、人生阅历,但是在村居里面,他们的文化程度普遍较低、说理比较朴素,当前村民的法律意识进一步提高,年轻人也有更多的渠道接触到各种信息甚至法律知识,和稀泥的模糊处理方式又很难让一些当事人信服。从纠纷发生的类型来看,基层农村婚姻家庭和借贷类的纠纷比较多,城市里面除此之外也有一些邻里关系、物业方面的纠纷;但如果涉及一些敏感类的纠纷,如土地、征收方面的纠纷,基本上没有调和的可能性,通过调研,人民调解员也反馈这类纠纷处理难度相当大,因为有些土地和村民待遇之类的纠纷,当事人认为与基层干部的贪腐行为和工作作风有很大关系,如果又由他们主导调解,这种调解对自己便是不公平的。

在基层,人民调解是否成功取决于多种因素,通过调查弄清楚事情的真相,以法律规定作为衡平的手段倒不太普遍,这是法院司法的特色。因此调解员个人情况与当事人自身情况是否契合,决定了人民调解的实效。调解员的调解技巧很重要,而事实并不重要,还需要看促成因素如何。调解技巧来源于人民调解员个人经验和社会关系带来的心理强制力,"人民调解依靠的是情境化的交涉和地方性知识的支撑,实现调解结果的过程也必然高度依赖于社会关系网络所施加的结构性压力"①。促成因素主要是当事人认为以诉讼的方式解决不经济、自己对程序相对来说不太熟悉。有研究发现,"家庭经济状况较差的村民家庭在权衡利益之后,选择纠纷解决方式时更倾向于在平等、和谐的关系中进行协商,自愿达成协议,又不收任何费用的农村人民调解"。②当然,经费短缺的问题也从另一方面压制了人民调解的发展,人民调解组织锐减、人民调解员流失严重、人民调解功能日渐萎缩是人民调解工作经费保障不足的必然后果;经费相对充分的地方出现很多典型的模式和经验,经费相对短缺地方的人民调解制度勉力维持,县级以下财政难以负担,甚至要依赖中央专项资金解决。③

人民调解对传统文化、地方性知识的依赖很深,也受制于调解员和当事人个人的具体状况。如果把人民调解制度编织成熟人社会的一张网络,那么人民调解员是这张网络中的一个重要节点,有能力、有机会通过血缘、地缘等因素营造出一个心理认同的共同体,与其说替当事人解决了矛盾,不如说这种冲突由共同体来承受了。所以调查事实从来就不是人民调解员关注的重要方面,他们更加关注如何能够解决纠纷,利用情感连接达成一致,本质上人民调解制是一种非理性的矛盾解决机制。但是多元专家参与制不

---

① 于浩:《人民调解法制化:可能及限度》,载《法学论坛》2020 年第 6 期。
② 倪怀敏:《论农村人民调解及联动体系》,载《西南民族大学学报(人文社会科学版)》2013 年第 5 期。
③ 刘加良:《论人民调解制度的实效化》,载《法商研究》2013 年第 4 期。

同,在接受委托的范围内,以专业的方式解决问题是他们应该关注的方式,在理性解决问题的思路下,他们更多需要价值无涉和情感无涉的:前者如多元专家不能明显偏向老弱病残的家庭成员,而需要在衡平的基础上兼顾弱者利益保护;后者如有些情感因素会影响多元专家的工作效果,若在进行心理干预的时候,需要回避熟人,保证程序顺利进行。

(三)"经验干预法"对矛盾的隐藏危机

人民调解制度利用熟人社会的道德强制和关系强制来消化社会矛盾。在相对熟悉的社会交往圈,人和人之间更容易达成相互谅解、相互信任的关系,对他人的行为能够共情,也就有了更高的包容度。在村居和社区,下沉的人民调解员往往是当地的社会贤达,如退休的老干部和村里德高望重的长辈,在社会地位、年龄和血缘上处于优势地位,在当地的社会交际圈受到认可和尊重,其表达的观点便具有了一定的公信力;观点往往来自朴素的道德观念,即软法,表现为所在地域的风俗习惯、道德伦理、乡规民约,属于"经验性"的干预。学者认为,"基于因为阅历而经受的人生体验,他们需要在明了世道人心、洞察人情世故的基础上,基于依法调处的基本原则,以立体的视野全面观照所涉纠纷的诸多经验细节,注意到法条主义很容易忽略的'暗物质',而正是这些看似不起眼的'暗物质',往往是引发甚至激化冲突的真正根源所在"[①]。总之,人民调解员是通过"个人的魅力"来解决纠纷的,马克斯·韦伯认为,个人魅力型支配或卡理斯玛支配建立于卡理斯玛(charisma)的基础——对个人及他所启示或制定的道德规范或社会秩序之超凡、神圣性、英雄气概或非凡特质的献身和效忠。[②]

这种经验性的干预随着社会的变迁,有了逐渐衰退的态势,最本质的原因还是熟人社会的衰落,最基层人员的地域背景、生活背景、文化背景越来越复杂、多元化,大家在思想观念的层面达成一致越来越困难,有矛盾纠纷往往倾向于法院司法来解决。具体表现为以下几个方面:其一,人民调解员发挥的功能越来越单一,不仅在纠纷的解决上比之前相对弱势,而且社会教化的功能也在逐渐减弱。在信息社会,当事人更信任自己的判断、自己是最佳利益的维护者,对他人的信任度降低。其二,法院司法挤占了大众司法的空间,加上政府对人民调解的宣传、落实不到位,若调解的实效性有限,这也不会成为当事人优先选择的方式。为了改变这两点,国家执行了两方面的策略:一是通过调解指标评价体系评估调解实效,见本章第一节的论证;二是通过行政人员的参与来增加调解的社会公信力,如"乡镇人民调解委员会主任委员主要由镇党委书记、乡(镇)党委副书记、乡长、副乡(镇)长、乡人大主席等兼任,副主任委员主要由乡(镇)党委副书记、镇长、镇人大

---

① 吴元元:《人民调解制度的技艺实践考》,载《法学》2022 年第 9 期。

② [德]马克斯·韦伯:《经济与历史:支配的类型》,康乐等译,广西师范大学出版社 2010 年版,第297 页。

主席、乡人大副主席及副乡长等兼任，委员主要由司法所所长、派出所所长、综治办主任、妇联主任、信访办主任、纪检委员及司法所科员等兼任，将乡镇人民调解委员会配备了一套行政班子成员。[①] 也有学者认为，相关法律法规基本都明确了司法所在基层大调解工作格局中的组织者、指导者与基础性平台的作用。[②] 故而，人民调解制度一定程度上被改造得"硬化"了，如果矫枉过正，和大众司法作为软法的缓和性会发生根本性的偏离。其三，经验性的干预主要采用自治的方式解决矛盾，现在基层自治的系统正在衰退。纠纷类型突破了家庭家族的范围，出现大量非传统型纠纷，哪怕是家事纠纷，也体现为一揽子纠纷的集合体，既要处理身份关系，又要处理财产关系。在乡村城市化的社会背景下，一些乡村精英出走，一些小镇青年涌向大城市，生活在一起的人来自五湖四海，在缺乏文化认同的前提下，很难借助经验处理复合型的家事纠纷。

从大众司法和法院司法的发展态势来分析，伴随着熟人社会的衰落，人民调解制度也相应式微。在法院解决争议的范围、数量不断扩张的情况下，引入多元专家来分担司法的压力似乎是一种必然的选择。也有学者认为人民调解应该转型才能够实现复兴，转型就是伴随着指标化的评估以及行政元素的加入，或者把人民调解员改造成另一个场域的严格的执法者、司法者，因为传统已经很难赋予他们权威，需要另行寻找权威的载体，可是这样的操作又有什么意义呢？"法律归法律，道德归道德"，虽然人民调解的适用概率稍有降低，但作为一种行之有效的东方经验仍然具有不可替代性，传统的消亡是系统性的问题，不应该归咎于人民调解制度本身存在弊端。而伴随着司法权力向社会领域扩张，社会资源向司法领域渗透，技能型、专业型多元专家有了更广阔的施展余地。

三、社会分工之立："确定事实"与"适用法律"二分的回归

多元专家与司法场域发生密切的关联，如家事调查官、程序监理人、社工等发挥着不可替代的作用，主要包括三个方面的事务：其一，充分挖掘案件的实体事实，帮助司法人员寻找形式正义与实质正义之间的平衡感；其二，充分理解案件的程序事实，积极向当事人释明，引导当事人有效参与庭审的各个环节；其三，供给与案件相关的社会事实，为纠纷的顺利解决提供更加丰富的资源。

---

① 何阳、娄成武、汤志伟：《从异化到回归：乡村振兴中人民调解复兴的挑战与应对》，载《广西大学学报（哲学社会科学版）》2019年第3期。

② 《人民调解法》第5条、第10条、第14条。《司法部关于进一步加强基层司法所建设的意见》也规定："在我国司法行政体系中，司法所是最基层的组织机构，担负着具体组织实施基层司法行政各项业务工作……司法所通过履行指导人民调解工作、代表基层政府处理民间纠纷、组织开展刑满释放人员的安置帮教工作等项职能，发挥着维护基层社会稳定的重要防线作用。"

（一）经过主观处理的实体事实

心灵是有纹路的大理石，家事案件中所反馈的事实都是经过主观处理的事实：一方面，当事人对于自己所提出的主张，要提供相应的证据，即"谁主张谁举证"；另一方面，案件的具体情况比较复杂，若无法依法定证据保障案件事实的认定，司法人员就会具体情况具体分析，即自由心证。值得注意的是，自由心证有可能导致司法人员的恣意，但在家事案件的处理中确实很有意义。"在价值取向上，民事诉讼更看重的是权利的维护和纠纷的解决，因此，对于认定事实证据的正当性方面相对更加宽松。"① 不仅如此，家事案件需要的事实量比一般民事案件更广泛，而法官在家事案件的裁量中职权主义的成分更加浓厚，这都决定了这类案件的处理中自由心证时空范围的进一步扩大。

在职权主义于家事案件中得到更广泛应用的情况下，司法人员和多元专家密切配合，将获取事实的范围进一步扩大：第一，法院作出判决的基础事实不局限于当事人主张的事实；第二，当事人之间无争议的事实并非必须作为法官裁判的基础，亦即自认对法院没有拘束力，对当事人之间没有争议的事实法院也可以且应当辨别其真伪；第三，当事人提出的证据之外的其他证据法院可依职权开展调查。② 协助司法人员完成实体调查事实的多元专家，如家事调查官，调查事实的范围包括法律事实，还需要进一步扩展到社会生活事实、心理事实等；调查的对象，既包括当事人本人，也包括与当事人社会关系接近的人员和单位，如社区、就业单位、邻居、朋友、亲属等；这样的事实容量足以还原当事人真实关系，可以包括争议法律纠纷背后隐情的所有事实。因为司法人员的工作重点在适用法律上，对于争议本身的处理也存在审理期限的约束，故而相当一部分事实发现与事实挖掘的压力会转移到多元专家身上。身份关系案件的处理，由于辩论主义的原则受到限制，即除了不需要举证的事实外，当事人应该证明，否则承担法律分配的举证不能的风险；此时，职权主义原则有了更多的用武之地，在多元专家的协助下，司法人员裁判的逻辑变为，"法官基于查明要件事实的需要，除非已知悉（司法认知），否则法官有权限也有义务调查（或委托第三方调查）该事实；法官调查的案情事实和其他对裁判有影响的信息应当向当事人开示；当事人应当在其所知悉范围内协助法官查明事实，否则可能因其行为（主观违法性）遭受制裁或不利益；但当事人不必对结果承担自我责任；如果事实最终无从知悉，则法官根据已获悉的事实情况酌情裁判"。③ 值得注意的是，哪怕司法人员对案件事实有着绝对的掌控力，当事人、关系人也不可以不管不顾、作壁上观，需要协助；从另一方面讲，他们也有权利对这些事实发表意见，以及获得相关资料副本。

---

① 张卫平：《"民事证据裁判原则"辨识》，载《比较法研究》2021年第2期。
② 傅向宇：《家事审判中职权探知的限度》，载《中外法学》2021年第1期。
③ 傅向宇：《家事审判中职权探知的限度》，载《中外法学》2021年第1期。

在各方的主观参与积极博弈上,家事案件的事实池无疑达到了最大的容量。例如在处理监护权纠纷的时候涉及父母哪一方行使直接监护的权利,哪一方以支付抚养费的形式行使间接监护权。司法人员重在考察当事人的基本情况,如经济条件、亲子情感关系、监护意愿、子女意见、个人身体状况(重点关注是否以后无法生育)、是否有犯罪记录(重点关注是否存在威胁子女身心健康的犯罪行为,如触犯强奸罪)等情况,多元专家重点考察父母双方的社会支持网络,如亲属、朋友、社区与工作单位等网络,另外收集进一步的事实协助司法人员全面准确地判断当事人的基本情况,谁更加具有监护优势,作出最有利于子女的决定。

(二)经过客观表达的程序事实

在家事案件中,法官偏向于采用职权主义的处理方式,但又无法摆脱辩论主义的束缚,所以有学者试图挖掘徘徊于职权主义和诉讼主义的第三条路线,从协同的角度理解司法人员、多元专家和当事人之间的关系。三方共同参与程序,彼此协作能够推动司法程序的顺利进行。在我国,学者田平安最早于 2003 年提出,"未来的民事诉讼法的设计,既不能固守超职权主义模式也不能搞纯粹的当事人主义模式。根据中国的国情,应当建立一种协同型民事诉讼模式"[1]。协同主义的理由在于,法治国家要求必须保障诉讼当事人武器平等,诉讼能力较弱的当事人应当获得诉讼上的帮助,以保障其平等接近法院,并且能获得司法救济。[2] 由此可见,协作的基础在于当事人对司法程序有明确的认知且可以有效参与。

当事人对司法程序、法言法语、法律规范毕竟不够熟悉,很难靠自身单兵作战,融入司法程序的运行中,因此实现协作首先需要强化法院的释明,引导当事人采取促进诉讼的行为,法院和当事人能够在定分止争上深度合作。法院的释明不仅靠体制内的法官完成,也借助徘徊于司法场域的多元专家承担。因为在家事案件中,法官需要更多的协同、更大的职权,由此带来释明范围的扩大,包括法官对诉讼请求的释明,法官对程序事项的释明,法官对举证问题的释明,法官对法律适用问题的释明。[3] 家事司法属于释明规则可以柔性、缓和适用的地带,有更广泛的释明空间,即便如此,还是要求司法人员做到以下两点:一方面,法官必须明确哪些是"应释明"和"不应释明"事项,而哪些是可以由其自由裁量的对象;另一方面,法官必须通过说理来说服当事人,避免自由裁量引发当事人的怀疑和不满。[4] 在家事案件的处理中,某些类型的多元专家,如程序监理人,可以代理当事

---

① 田平安、刘春梅:《试论协同型民事诉讼模式的建立》,载《现代法学》2003 年第 1 期。
② 杨严炎:《论民事诉讼中的协同主义》,载《中国法学》2020 年第 5 期。
③ 岳如嫣:《论我国民事诉讼中法官释明权的规范行使》,载《黑龙江人力资源和社会保障》2021 年第 24 期。
④ 任重:《我国民事诉讼释明边界问题研究》,载《中国法学》2018 年第 6 期。

人行使一定的程序处分权,这和一般的诉讼代理人存在不同:其一,多元专家需要向当事人解释特定法律程序的基本含义和功能目的,代理当事人行使程序权利,于程序监理人而言,这些程序处分权具有全面性和实质性,如代为承认部分或全部诉讼请求,代为放弃、变更或增加诉讼请求,代为和解,代为反诉,代为提出或申请撤回上诉。在程序代理的过程中,程序监理人有接受一切必要送达的权利。其二,多元专家需要根据家事争议中法律问题与道德问题交织的复杂性,家事司法中当事人的特殊性,进行多元的辅助行为,行使会谈与知情、在场与陪同、协助与建议权等多方面的权利。基于家事案件中个人利益和公共利益的结合性,个人处分和国家干预的结合性,聘请主要进行程序协助的多元专家,费用由当事人和国家共担。

考虑到多元专家要协助处理司法程序方面的特定事项,在初创阶段,可以考虑主要由律师来担任,如果多元专家与法律知识背景的时空距离过远,就会出现"最大的问题是这些人员由于不属于法律职业群体的成员,不受法律职业伦理的拘束,对其是否能满足理性的诉讼空间要求没有评价机制,因此不能指望这样的代理人能够如法律职业者那样完成诉讼代理"①。但多元专家的履职不似律师那么单一,如果背景不够丰富多元,会制约相关多元专家的履职效果,应该坚持多元化的人才储备战略,引入社会学、心理学、教育学、医学等其他领域的多元专家加入,在资金实力雄厚的情况下甚至可以考虑用不同背景的多元专家协同搭配。

(三)扮演资源互动的具体符号

作为徘徊于司法场域的多元专家,是司法资源和社会资源沟通的有效桥梁。其整合资源的方式相对灵活多元。在资源互动的过程中,可以发现司法体系试图将多元专家吸收在内的努力;也可以找到在与司法场域接近的时空中,多元专家为实现法律效果和社会效果统一所付出的努力。

家事调查员、社会观护人基本在司法场域内进行资源互动,出具报告是他们资源互动的核心手段。目前这些报告对法官只有参照性适用的效力,正因为没有作为法定证据的类型,所以获取方式、如何质证、认证标准等关键性的问题也缺乏规定,故而有学者提出将报告的性质明确为法定证据,作为"鉴定意见"使用。司法实践中,家事调查员会采取走访当事人居住的社区、工作单位以及被抚养人的学校等方式开展调查;理论上,家事调查员是具有心理学、社会学等知识的"专家",仅就家事案件中的特定事项进行调查;在我国民事诉讼中,可就查明案件事实的"专门性"问题,委托具有专门知识的专门人员进

---

① 李萌:《论我国民事诉讼代理的职业化》,载《东方法学》2015年第1期。

行鉴定,所形成的结果即鉴定意见。① 也有很多学者认为根据《证据规定》第 61 条的规定,专家辅助人制度就已经突破了传统的鉴定结论制度,该法规定了专家辅助人的条件、启动、权利。② 但值得注意的是,这种作为专家辅助人的多元专家并非由司法系统供给,而是由当事人聘请,虽然他们也具备专业知识,但总体是为特定当事人利益而服务的。这种专家协助司法,也需要经过法庭的允许,所以法庭可以承担一定的审查职能。总之,家事司法中的多元专家,如果具有准司法人员的身份,可以考虑将其报告作为法定证据的"鉴定意见";即使退而求其次,对法官有参照性的效力,亦需向当事人出示由其进行质证,必要时多元专家要出庭说明判断理由,且法官要记录拒绝接受或者部分拒绝的异议理由,以供查证。如果没有准司法人员的身份,其需要出庭提供证人证言,不可完全套用诉讼地位上基本当事人化的专家辅助人,应较多考虑多元专家的中立、专业性,客观对待其证言。

接近司法场域的地方,多元专家的用武之地也很广泛,可以由熟悉社会工作的其他多元专家承担。例如对当事人进行心理干预,鼓励当事人以正常心态面对家庭生活;对当事人进行技能培训,帮助夯实家庭的经济基础;对当事人进行亲职教育,提高家庭的总体监护能力和监护水平;扩展当事人的社会关系,提高当事人正常进行社会交往、获得社会资源的能力。甚至,在大数据的社会背景下,多元专家也可成为司法系统连接社会其他系统的媒介,对家事案件实现综合治理。

四、消弭不确定性:介入法律职业共同体中的"现象学家"

家事司法是同案不同判最为泛滥的领域。同案同判的逻辑支持来自形式正义观,也是适用"法律面前人人平等"宪法原则的要求。早在亚里士多德的正义观就要求"同样的人同等对待",而法律作为正义的化身,"法律家们赞扬或指责法律或其实行时,最频繁使用的词语是'正义(的)'或'不正义(的)',而且在他们的著述中好像正义的观念和道德有共同的范围"③。家事司法的困惑在于,哪怕司法人员对同案同判竭尽全力,但由于道德因素拥有普罗透斯般的多元化脸孔,成为影响家事裁判普适性不稳定因素。学者认为,"同案同判"所施加于法官的是一种"初确性义务"(prima facie obligation),如果在这一要求实施的过程中遇到更强的压倒性理由,那么这一义务可以被暂时地予以放弃或搁置。④

① 王晓桐:《家事调查报告的证据效力——基于 2016—2022 年 61 份裁判文书的实证分析》,载《昆明理工大学学报(社会科学版)》2022 年第 5 期。
② 陈志兴:《论民事诉讼中的专家辅助人制度》,载《海峡法学》2010 年第 2 期。
③ [英]哈特:《法律的概念》,张文显等译,中国大百科全书出版社 1996 年版,第 155 页。
④ 孙海波:《"同案同判":并非虚构的法治神话》,载《法学家》2019 年第 5 期。

排除审级制度中的不同判①,类似案件的不同判往往意味着司法人员对法律适用选择存在差异,或者自由心证下的认知不同,或者社会舆论的干扰。我国作为成文法系的国家,法条的抽象分析性决定了与事实的对应关系很难无缝衔接,司法人员在萃取事实对应规则时,个体经历、经验所产生的道德偏见,社会习惯所带来的压力,都钻入裁判形成的处理系统中。很难说司法人员没有尽到谨慎注意义务,只是这些经验道德所衍生的千变万化的幻象,需要有人来承受并加以处理,在某种层次上追求达成共识。多元专家就是介入职业共同体中的"现象学家",在他们的参与下,家事司法中的道德因素不会失控。

多元专家帮助克服不同角色之间的冲突。当事人所秉承的朴素道德观念与司法人员所追求的法律思维的形式理性之间,原本存在一条无法逾越的鸿沟。在极端的情况下,不同立场当事人的道德观念互斥,司法人员依法裁判的过程相当于杜绝主观色彩的精密计算,完成概念与事实的对应或者进行构成要件与具体个案之间的涵摄,依法裁判会变成"依照法律文本裁判"。这只是理想模型,事实上法律适用的过程很难完全客观、价值无涉。拉德布鲁赫(Radbruch)在《法律的不法与超法律的法》中提出了"拉德布鲁赫公式":他认为,法的安定性、正义和合目的性构成了法治国应该实现的基本价值,其中法的安定性相比其他两个价值具有优先性;②"除非实在法与正义之矛盾达到如此不能容忍的程度,以至于作为'非正当法'的法律必须向正义屈服"。③ 所以具体到司法实践中,由于立法言辞的抽象性与司法者的主观性,形式理性大多数无法以极致的方式实现,这为从每一个案件中挖掘出背景性因素提供了契机。司法的专注、中立、客观使得司法人员以聚焦法律文本为己任、分身无暇;正因为"法律系统作为社会系统的组成部分",于是回归更包容的系统寻求其他角色支撑便理所当然,多元专家作为现象学家此时能够有效地发挥作用。当事人不同的情理立场之所以事先很难被司法系统所接受,就是因为现象的碎片化,只存在于特定的时空,为情理整合带来了极大的难度。多元专家能够帮助进一步通过现象挖掘可普遍化的情理,帮助不同角色之间取得共识。其一,辅助当事人克服自身道德立场的随意性、主观性、专断性,在更高的道德层次上、更多数人的道德诉求上实现平衡;其二,避免司法人员陷入片面追求形式理性的误区,透过法律条文本身,回归普遍性的原理,"法官对于情理因素的感知不仅仅必须抽象出一个内含社会共识性内容的规范,还必须能够外显为法律原则或者宪法上的权利规范或者宪法原则"④。这样,两者之间能够顺利实现沟通。

多元专家帮助克服不同场域之间的冲突。从包容度来看,生活事实势必比法律事实

---

① 上级直接改判、发回重审或启动审判阶段程序后改判等。

② 王云清、陈林林:《依法裁判的法理意义及其方法论展开》,载《中国法律评论》2020 年第 2 期。

③ [德]古斯塔夫·拉德布鲁赫:《法律的不法与超法律的法》,舒国滢译,载郑永流主编:《法哲学与法社会学论丛(四)》,中国政法大学出版社 2001 年版,第 437 页。

④ 陈林林、王云清:《论情理裁判的可普遍化证成》,载《现代法学》2014 年第 1 期。

广阔得多。当某一生活事实需要法律的调整,但还未能进入立法的视野;或者法律文本存在漏洞和模糊之处,适用中需要进一步明确解释的,"法官还必须在情理和法理之间不断进行博弈、推勘、校验,以求用既不违反法律精神而又符合案件事实及情理的方式,即以最妥当的方式解决当下案件"①。此时,多元专家可作为司法人员连接情理和法理的桥梁,帮助寻找稳定的情理,"根源于其自身的流变性和直接性,情理可能会显得过于纷繁复杂,因而它们不可能同时涵摄进法律的一般规范当中,于是,必须通过'净化'程序,优中选优,将最能体现公众意志、社会利益和价值观念的情理转化为有约束力的法规范,让法律成为实现情理的最佳选择"②。在家事司法中,这种稳定情理的来源主要有以下几个方面:其一,当前社会阶段至高无上的价值诉求。社会主义核心价值观从国家、社会、个体三个层面要求每一个人努力提高个人文明素养,精诚团结、聚沙成塔,传承中华民族的光荣传统;国是千万家,在人类命运共同体的理论下,家庭是"利益共同体"与"责任共同体",家庭成员需要经济上相互支撑,责任上相互照顾,共创美好未来。其二,地方性知识。家事司法应该超越法律的形式理性,寻求和当地风俗习惯相融合的方式,根治于传统,运用技术理性定分止争,兼顾法律效果和社会效果。其三,实现个人主义与团体主义的统一。每一个人都需要在家庭中实现自我价值,同时也要完成家庭养老育幼的责任,尊重个人对婚姻家庭的多元化选择,但也鼓励个体勇于为家庭承担风险,为人类生生不息的目标各尽所能。

---

① 谢晖:《法治思维中的情理和法理》,载《重庆理工大学学报(社会科学版)》2015 年第 9 期。
② 汪习根、王康敏:《论情理法关系的理性定位》,载《河南社会科学》2012 年第 2 期。

参考文献

一、著作

(一)中文著作

[1]陈爱武:《家事法院制度研究》,北京大学出版社 2010 年版。

[2]陈爱武:《人事诉讼程序研究》,法律出版社 2008 年版。

[3]陈棋炎:《亲属、继承法基本问题》,三民书局股份有限公司 1980 年版。

[4]陈棋炎、黄宗乐、郭振恭:《民法亲属新论》,三民书局股份有限公司 1987 年版。

[5]陈功:《家庭革命》,中国社会科学出版社 2000 年版。

[6]陈慧女:《法律社会工作》,心理出版社 2009 年版。

[7]邓伟志、徐新:《家庭社会学导论》,上海大学出版社 2006 年版。

[8]杜万华:《杜万华大法官民事商事审判实务演讲录》,人民法院出版社 2017 年版。

[9]费孝通:《乡土中国 生育制度 乡土重建》,商务印书馆 2014 年版。

[10]冯源:《儿童监护模式的现代转型与国家监护的司法承担》,法律出版社 2020 年版。

[11]郭钦铭:《家事事件法逐条解析》,元照出版有限公司 2013 年版。

[12]何勤华:《西方法学史》,中国政法大学出版社 1996 年版。

[13]侯东亮:《少年司法模式研究》,法律出版社 2014 年版。

[14]郝振江:《非讼程序研究》,法律出版社 2017 年版。

[15]胡洁人:《健全社会矛盾纠纷调解机制:当代中国"大调解"研究》,上海交通大学出版社 2017 年版。

[16]韩晶晶:《澳大利亚儿童保护制度研究》,法律出版社 2012 年版。

[17]黄立、吴芷琪等:《未成年人保护实证研究——以广东省为样本》,法律出版社 2014 年版。

[18]何明升、井世洁:《司法社会工作概论》,北京大学出版社 2020 年第 2 版。

[19]姜世明:《家事事件法论》,元照出版有限公司 2012 年版。

[20]季卫东:《正义思考的轨迹》,法律出版社 2007 年版。

[21]季卫东:《法治秩序的建构》,中国政法大学出版社 1999 年版。

[22]蒋月:《20 世纪婚姻家庭法:从传统到现代化》,中国社会科学出版社 2015 年版。

[23]姜世明:《家事事件法论》,元照出版有限公司 2016 年第 4 版。

[24]林秀雄:《夫妻财产制之研究》,中国政法大学出版社 2001 年版。

[25]陆静:《大陆法系夫妻财产制研究》,法律出版社 2011 年版。

[26]陆士祯、王玥:《青少年社会工作》,社会科学文献出版社 2017 年版。

[27]李泽厚:《历史本体论》,生活·读书·新知三联书店 2002 年版。

[28]梁治平:《法治在中国:制度、话语与实践》,中国政法大学出版社 2002 年版。

[29]刘祖云:《弱势群体的社会支持——香港模式及其对内地的启示》,社会科学文献出版社 2011 年版。

[30]刘冠华等:《家事审判研究》,人民法院出版社 2019 年版。

[31]刘艳云:《人民调解制度延伸机制研究》,知识产权出版社 2014 年版。

[32]李太正:《家事事件法之理论与实务》,元照出版有限公司 2016 年版。

[33]李霞:《成年监护制度研究——以人权的视角》,中国政法大学出版社 2012 年版。

[34]来文彬:《家事调解制度研究》,群众出版社 2014 年版。

[35]牛传勇:《少年司法论:传统土壤与近代萌生》,人民出版社 2017 年版。

[36]强世功:《法律人的城邦》,上海三联书店 2003 年版。

[37]亓迪:《促进儿童发展:福利政策与服务模式》,社会科学文献出版社 2018 年版。

[38]尚晓援、张雅烨:《建立有效的儿童保护制度》,社会科学文献出版社 2011 年版。

[39]宋明:《人民调解纠纷解决机制的法社会学研究》,中国政法大学出版社 2013 年版。

[40]汤鸣:《比较与借鉴:家事纠纷法院调解机制研究》,法律出版社 2016 年版。

[41]陶建国:《家事诉讼比较研究——以子女利益保护为视角》,法律出版社 2017 年版。

[42]台北律师公会:《家事事件办案手册》,新学林出版股份有限公司 2021 年版。

[43]王泽鉴:《民法概要》,中国政法大学出版社 2003 年版。

[44]王利明:《民法典体系研究》,中国人民大学出版社 2008 年版。

[45]王雪梅:《儿童福利论》,社会科学文献出版社 2014 年版。

[46]王贞会等:《未成年人刑事司法社会支持机制研究》,中国人民公安大学出版社 2017 年版。

[47]王广聪:《未成年人公益诉讼与少年司法国家责任的拓展》,中国检察出版社 2021 年版。

[48]温云云:《家事调查员制度研究》,中国民主法制出版社 2021 年版。

[49]肖扬:《当代司法制度》,中国政法大学出版社 1998 年版。

[50]夏吟兰:《从父母责任到国家监护——以保障儿童人权为视角》,中国政法大学出版社 2018 年版。

[51]许育典:《基本人权与儿少保护》,元照出版有限公司 2014 年版。

[52]余延满:《亲属法原论》,法律出版社 2007 年版。

[53]杨旭:《意大利少年司法社会化研究》,中国社会科学出版社 2015 年版。

[54]姚建龙:《中国少年司法研究综述》,中国检察出版社 2009 年版。

[55]姚建龙:《少年法院的学理论证与方案设计》,上海社会科学院出版社 2014 年版。

[56]周震欧:《少年犯罪与观护制度》,中国学术著作奖助委员会 1978 年版。

[57]周枏:《罗马法原论(下)》,商务印书馆 2014 年版。

[58]张鸿巍:《美国未成年人司法:体系与程序》,法律出版社 2020 年版。

[59]郑净方:《家庭法视域下儿童权利研究——以〈联合国儿童权利公约〉为文本分析》,法律出版社2020年版。

（二）中文译著

[1][奥]尤根·埃利希:《法律社会学基本原理》,叶名怡等译,中国社会科学出版社2011年版。

[2][德]马克斯·韦伯:《社会科学方法论》,韩水法、莫茜译,中央编译出版社1999年版。

[3][德]马克斯·韦伯:《经济与社会》(下卷),林荣远译,商务印书馆1997年版。

[4][德]马克斯·韦伯:《经济与历史:支配的类型》,康乐等译,广西师范大学出版社2010年版。

[5][德]弗里德里希·冯·恩格斯:《家庭、国家和私有制的起源》,中共中央马克思恩格斯列宁斯大林著作编译局译,人民出版社2003年版。

[6][德]恩格斯:《路德维希·费尔巴哈和德国古典哲学的终结》,中共中央马克思恩格斯列宁斯大林著作编译局译,人民出版社2000年版。

[7][德]斐迪南·滕尼斯:《共同体与社会》,商务印书馆2019年版。

[8][德]黑格尔:《法哲学原理》,范扬、张启泰译,商务印书馆1961年版。

[9][德]黑格尔:《精神现象学》(下卷),贺麟、王玖兴译,商务印书馆1979年版。

[10][德]卢曼:《社会的法律》,郑伊倩译,人民出版社2009年版。

[11][法]布迪厄、华康德:《实践与反思——反思社会学导引》,李猛、李康译,中央编译出版社1998年版。

[12][法]卢梭:《论人类不平等的起源》,高修娟译,上海三联书店2009年版。

[13][法]卢梭:《社会契约论》,何兆武译,商务印书馆2008年版。

[14][法]安德烈·比尔基埃等:《家庭史:遥远的世界、古老的世界》,袁树仁等译,生活·读书·新知三联书店1998年版。

[15][法]弗朗索瓦·德·桑格利:《当代家庭社会学》,房萱译,天津人民出版社2012年版。

[16][法]菲力浦·阿利埃斯:《儿童的世纪:旧制度下的儿童和家庭生活》,沈坚、朱晓罕译,北京大学出版社2013年版。

[17][法]皮埃尔·勒鲁:《论平等》,王允道译,商务印书馆2012年版。

[18][古希腊]亚里士多德:《政治学》,吴彭寿译,商务印书馆1995年版。

[19][美]A.麦金太尔:《追寻美德》,宋继杰译,译林出版社2003年版。

[20][美]阿尔文·托夫勒:《第三次浪潮》,黄明坚译,中信出版社2006年版。

[21][美]艾里克·克里南伯格:《单身社会》,沈开喜译,上海文艺出版社2015年版。

[22][美]E.博登海默:《法理学:法律哲学与法律方法》,邓正来译,中国政法大学出版社1999年版。

[23][美]富兰克林·E.齐姆林:《美国少年司法》,高维俭译,中国人民公安大学出版社2010年版。

[24][美]欧文·戈夫曼:《日常生活中的自我呈现》,冯钢译,北京大学出版社2008年版。

[25][美]杰拉德·高斯:《当代自由主义理论:作为后启蒙方案的公共理性》,张云龙、唐学亮译,江苏人民出版社2014年版。

[26][美]J.罗斯·埃什尔曼:《家庭导论》,潘允康等译,中国社会科3出版社1991年版。

[27][美]理查德·尼斯贝特:《思维的版图》,李秀霞译,中信出版社2006年版。

[28][美]马克·赫特尔:《变动中的家庭——跨文化的透视》,宋践、李茹等译,浙江人民出版社1988年版。

[29][美]玛格丽特·K.罗森海姆、富兰克林·E.齐姆林等:《少年司法的一个世纪》,高维俭译,商务印书馆2008年版。

[30][美]P.诺内特、P.塞尔兹尼克:《转变中的法律与社会:迈向回应型法》,张志铭译,中国政法大学出版社2004年版。

[31][美]唐·布莱克:《社会学视野中的司法》,郭星华译,法律出版社2002年版。

[32][美]唐纳德·沃斯特:《自然的经济体系》,侯文蕙译,商务印书馆1999年版。

[33][美]马克·格兰诺维特:《镶嵌:社会网与经济行动》,罗家德译,社会科学文献出版社2015年版。

[34][美]威廉·J.古德:《家庭》,魏章玲译,社会科学文献出版社1986年版。

[35][日]草野芳郎:《调解技术论》,韩宁、姜雪莲译,中国法制出版社2016年版。

[36][日]上野千鹤子:《近代家庭的形成和终结》,吴咏梅译,商务印书馆2004年版。

[37][日]梶村太市、德田和幸:《家事事件程序法》,郝振江等译,厦门大学出版社2021年版。

[38]陈刚主编:《自律型社会与正义的综合体系——小岛武司先生七十华诞纪念文集》,陈刚等译,中国法制出版社2006年版。

[39][意]彼得罗·彭梵得:《罗马法教科书》,黄风译,中国政法大学出版社2005年版。

[40][英]A.米尔恩:《人的权利与人的多样性:人权哲学》,夏勇等译,中国大百科全书出版社1995年版。

[41][英]艾伦·普劳特:《童年的未来——对儿童的跨学科研究》,华烨译,上海社会科学出版社2014年版。

[42][英]梅因:《古代法》,沈景一译,商务印书馆1959年版。

[43][英]阿尔文·托夫勒:《第三次浪潮》,黄明坚译,中信出版社2006年版。

[44][英]以赛亚·伯林:《自由论》,胡传胜译,江苏人民出版社2003年版。

[45][英]霍布豪斯:《自由主义》,朱曾汶译,商务印书馆1996年版。

[46][英]霍布斯:《利维坦》,黎思复、黎廷弼译,商务印书馆1985年版。

[47][英]卡尔·波兰尼:《大转型:我们时代的政治与经济起源》,冯钢、刘阳译,浙江人民出版社2007年版。

[48][英]约翰·基恩:《公共生活与晚期资本主义》,刘利圭等译,社会科学文献出版社1999年版。

[49][英]诺尔曼·P.巴利:《古典自由主义与自由之上主义》,竺干威译,上海人民出版社1999年版。

[50][英]哈特:《法律的概念》,张文显等译,中国大百科全书出版社1996年版。

[51][英]雷蒙德·弗思:《人文类型》,费孝通译,商务印书馆2010年版。

(三)英文著作

[1] Claire Breen, *The Standard of the Best Interests of the Child*, The Hague, Martinus Nijhoff Pulishers, 2002.

〔2〕David Archard，*Children：Rights and Childhood*，2nd edition，New York，Routledge，2004.

〔3〕Dorothy Ziet，*Child Welfare：Principle and Methods*，New York，John Wiley ＆ Sons，1960.

〔4〕Elizabeth S. Scott ＆ Laurence Steinberg，*Rethinking Juvenile Justice*，Harvard Press，2008.

〔5〕John A. Winterdyk，*Juvenile Justice Systems：International Perspectives*，2nd edition，Canadian Scholar' Press Inc.，2002.

〔6〕John C. Watkins，*The Juvenile Justice Century：A Sociolegal Commentary on American Juvenile Courts*，Carolina Academic Press，1998.

〔7〕Joseph Gold-stein ＆ Anna Freud ＆ Albert J. Solnit，*Beyond the Best Interests of the Child*，New York，The Free Press，1973.

〔8〕Leslie J. Harris ＆ Lee E. Teitelbaum，*Children，Parents and the Law：Public and Private Authority in Homes，Schools and Juvenile Courts*，2nd edition，New York，Aspen Publishers，2006.

〔9〕Ned Lecic ＆ Marvin Zuker，*The Law Is（Not）for Kids—A Legal Rights Guide For Canadian Children And Teens*，Athabasca University Press，2019.

〔10〕Nancy E. Dowd，*A New Juvenile Justice System：Total Reform for a Broken System*，New York University Press，2015.

〔11〕Ruth J. Parsons ＆ James D. Jorgensen ＆ Santos H. Hernandez，*The Integration of Social Work Practice*，Brooks/Cole Publishing Company，1993.

二、论文

（一）中文论文

〔1〕白红平、杨志勇：《澳大利亚家庭法院的特点及对我国的启示》，载《山西大学学报》2008 年第 2 期。

〔2〕陈爱武：《论家事审判机构之专门化——以家事法院（庭）为中心的比较分析》，载《法律科学》2012 年第 1 期。

〔3〕陈爱武：《情理与互让：家事调解的技术构造解读》，载《社会科学辑刊》2013 年第 2 期。

〔4〕陈爱武：《论家事案件的类型化及其程序法理》，载《法律适用》2017 年第 19 期。

〔5〕陈苇、王鸥：《澳大利亚儿童权益保护立法评介及其对我国立法的启示——以家庭法和子女抚养（评估）法为研究对象》，载《甘肃政法学院学报》2007 年第 5 期。

〔6〕陈林林、王云清：《论情理裁判的可普遍化证成》，载《现代法学》2014 年第 1 期。

〔7〕陈莉、向前：《英国家事审判制度及其启示》，载《法律适用》2016 年第 11 期。

〔8〕陈金钊：《被社会效果所异化的法律效果及其克服——对两个效果统一论的反思》，载《东方法学》2012 年第 6 期。

〔9〕陈奇伟、邱子芮、来文彬：《论"儿童利益最大化"在家事立法与司法中之贯彻与完善》，载《南昌大学学报》2020 年第 5 期。

〔10〕陈苇、曹贤信：《澳大利亚家事纠纷解决机制的新发展及其启示》，载《河北法学》2011 年第8 期。

〔11〕陈琦华：《当代中国司法政治功能内涵及其价值》，载《政治与法律》2013 年第 1 期。

〔12〕陈志兴：《论民事诉讼中的专家辅助人制度》，载《海峡法学》2010 年第 2 期。

[13]蔡佳莹:《儿少保护社工与法定强制当事人专业关系取向之探讨》,载《当代社会工作学刊》2017年第9期。

[14]蔡佩芬:《我国程序监理人制度研究》,载《治未指录:健康政策与法律论丛》2015年总第3期。

[15]崔永东:《从中西比较视角看儒家的法律传统——以法律社会学和司法能动主义为基点》,载《北方法学》2014年第2期。

[16]蔡伟:《法官的自由裁量权》,载《宁夏社会科学》2007年第2期。

[17]陈明侠:《制定家庭暴力防治法的基本原则》,载《妇女研究论丛》2012年第3期。

[18]但淑华:《离婚案件中未成年子女的参与权》,载《中华女子学院学报》2021年第1期。

[19]戴激涛:《儿童最大利益原则的司法适用难题及其破解——从查理·加德案和阿尔菲·埃文斯案说起》,载《人权研究》2021年第1期。

[20]董小红、韩自强:《论人民调解制度价值的渊源》,载《社会主义研究》2011年第3期。

[21]傅向宇:《家事审判中职权探知的限度》,载《中外法学》2021年第1期。

[22]冯源:《儿童监护模式的现代转型与民法典的妥当安置》,载《东方法学》2019年第4期。

[23]冯源、姚毅奇:《家事司法改革中家事调查官的角色干预》,载《甘肃政法学院学报》2017年第5期。

[24]冯源:《〈民法典〉视域下亲属身份行为与财产行为的冲突与整合》,载《云南师范大学学报》2020年第6期。

[25]高惠珠、赵建芬:《"人类命运共同体":马克思"共同体"思想的当代拓新》,载《上海师范大学学报(哲学社会科学版)》2018年第6期。

[26]高志刚:《民事诉讼模式正当性反思——一个实践哲学的视角》,载《法学论坛》2011年第1期。

[27]郭忠:《发现生活本身的秩序——情理司法的法理阐释》,载《法学》2021年第12期。

[28]郭夏娟、郑熹:《性别平权发展与反家庭暴力政策框架变迁:联合国经验的启示》,载《国外社会科学》2017年第4期。

[29]郭华:《对抗抑或证据:专家辅助人功能的重新审视——兼论最高法院审理"奇虎360诉腾讯"案》,载《证据科学》2016年第2期。

[30]葛海波、杨磊、杨春洁:《我国家事调查官制度的实践反思与规范构建》,载《中国集体经济》2021年第5期。

[31]郭美松:《日本人事诉讼法及其对我国的启示》,载《太平洋学报》2009年第11期。

[32]郭清香:《大同社会理想与人类命运共同体构建》,载《道德与文明》2019年第6期。

[33]韩波:《人民调解:后诉讼时代的回归》,载《法学》2002年第12期。

[34]侯才:《马克思的"个体"和"共同体"概念》,载《哲学研究》2012年第1期。

[35]黄伟文:《法律与道德之争:泸州遗赠案的司法裁判研究》,载《湖北大学学报》2013年第2期。

[36]黄学贤、李凌云:《行政措施的性质界定及其法律规制》,载《法治现代化研究》2019年第3期。

[37]黄翠纹、温翎佑:《亲权酌定事件中未成年人最佳利益维护之实务困境——从社工员的观点》,载《亚洲家庭暴力与性侵害期刊》2017年第13卷第1期。

[38]黄列:《主题研讨家庭暴力:妇女面临的人权问题》,载《环球法律评论》2003年夏季号。

[39]郝振江:《论人民调解协议司法确认裁判的效力》,载《法律科学》2013年第2期。

[40]黄振威:《论儿童利益最大化原则在司法裁判中的适用——基于199份裁判文书的实证分析》,载《法律适用》2019年第24期。

[41]何挺:《"合适成年人"参与未成年人刑事诉讼程序实证研究》,载《中国法学》2012年第6期。

[42]黄婧雯、郭邦媛:《进入司法体制的社工人:家事调查官的司法与社工伦理两难》,载《社会工作伦理案例汇编》2017年第12期。

[43]胡印富、邬小军:《观护制度之追思:走向适度福利型的控制》,载《西南政法大学学报》2015年第4期。

[44]韩震:《"民主公正和谐"体现了社会主义核心价值观追求——兼论社会主义核心价值观的凝练及原则》,载《红旗文稿》2012年第6期。

[45]胡晓霞:《人民调解协议司法确认程序疑难问题研究——以人民调解协议变更、撤销及无效认定为视角》,载《政治与法律》2013年第3期。

[46]何明升:《司法模式与社会工作的关系及其渐进式亲和》,载《学术交流》2012年第11期。

[47]洪冬英:《论人民调解的新趋势:行业协会调解的兴起》,载《学术交流》2015年第11期。

[48]黄艳好:《人民调解与信访对接机制研究——以广安市广安区"调访对接"实例为视点》,载《法治论坛》2009年第2期。

[49]何燕、杨会新:《国家监护视域下未成年人民事司法救济》,载《河南社会科学》2012年第12期。

[50]何阳、娄成武、汤志伟:《从异化到回归:乡村振兴中人民调解复兴的挑战与应对》,载《广西大学学报(哲学社会科学版)》2019年第3期。

[51]金眉:《婚姻家庭立法的同一性原理——以婚姻家庭理念、形态与财产法律结构为中心》,载《法学研究》2017年第4期。

[52]蒋月、冯源:《台湾家事审判制度的改革及其启示——以"家事事件法"为中心》,载《厦门大学学报(哲学社会科学版)》2014年第5期。

[53]姜世明:《程序监理人》,载《月旦法学杂志》2012年第5期。

[54]井世洁:《被害人社会工作:国外镜像及对我国的启示》,载《学术交流》2012年第11期。

[55]姬文清:《柔性司法:"和则"启示以及中国司法机制建构》,载《法律适用》2008年第1、2期。

[56]蒋云飞:《台湾地区少年观护制度及其镜鉴》,载《青少年犯罪问题》2017年第5期。

[57]焦悦勤:《西安市合适成年人参与刑事诉讼实证研究——以陕西指南针司法社工中心为样本》,载《青少年犯罪问题》2018年第5期。

[58]柯阳友、张瑞雪:《我国家事非讼程序的反思与重构》,载《河北法学》2023年第4期。

[59]李爱敏:《人类命运共同体:理论本质、基本内涵与中国特色》,载《中共福建省委党校学报》2016年第2期。

[60]李丽丽:《人类命运共同体的思想史溯源——个体和共同体关系的视角》,载《江西社会科学》2018年第5期。

[61]李霞:《论禁治产人与无行为能力人的当代私法命运》,载《法律科学》2008年第5期。

[62]李川:《观护责任论视野下我国少年司法机制的反思与形塑》,载《甘肃政法学院学报》2018年第6期。

[63]李岚林:《未成年人司法社工机构的困境与突破》,载《犯罪与改造研究》2018年第11期。

[64]李惠娟、何祐宁:《台湾儿少程序监理人之工作现况与角色分析探讨》,载《社区发展季刊》2016年第155期。

[65]廖永安、刘青:《论我国调解职业化发展的困境与出路》,载《湘潭大学学报》2016年第6期。

[66]李美霖:《试析我国未成年人"复合型"观护机构的建立——以"国家亲权"理论为视角》,载《预防青少年犯罪研究》2016年第1期。

[67]刘敏:《21世纪全球家事诉讼法的发展趋势》,载《中国应用法学》2017年第5期。

[68]刘敏:《论家事司法中的家事调查员制度》,载《法治现代化研究》2020年第4期。

[69]刘敏:《论家事司法正义——以家事司法实体正义为视角》,载《江苏社会科学》2021年第4期。

[70]刘加良:《论人民调解制度的实效化》,载《法商研究》2013年第4期。

[71]刘征峰:《在儿童最大利益原则和父母人权保护间寻找平衡——以〈欧洲人权公约〉第8条为考察中心》,载《广州大学学报(社会科学版)》2015年第7期。

[72]栾爽:《社会变迁与契约法制——关于近代中国社会的一种考察》,载《政治与法律》2013年第9期。

[73]赖月蜜:《新制需要新血输——"程序监理人"儿权代言人需要您热血投入》,载《在野法潮》2012年第15期。

[74]赖月蜜等:《NPO推展程序监理人制度之行动研究——以现代妇女基金会双专业团队模式为例》,载《东吴社会工作学报》2015年第29期。

[75]赖月蜜:《"程序监理人"——儿童司法权保护的天使与尖兵》,载《全国律师》2013年第17卷第5期。

[76]赖淳良:《台湾家事审理制度的变革》,载《海峡法学》2017年第3期。

[77]赖秦莹、郭俊岩、王兰心:《家庭暴力低意愿案主服务经验之研究:保护性社工的角度》,载《台湾社会福利学刊》2020年第16卷第2期。

[78]刘书林:《论社会主义核心价值观的几个重要关系》,载《思想理论教育导刊》2014年第9期。

[79]林晓萌:《国家治理现代化视域下的少年司法社会支持体系:价值、立场及路径》,载《当代青年研究》2021年第1期。

[80]李拥军:《作为治理技术的司法:家事审判的中国模式》,载《法学评论》2019年第6期。

[81]李少平:《传承"枫桥经验"创新司法改革》,载《法律适用》2018年第17期。

[82]李德嘉:《传统情理司法的逻辑起点及其现代性》,载《学习与实践》2018年第6期。

[83]李太正:《程序监理人——谁都可以当?怎么当?》,载《台湾法学杂志》2014年总第255期。

[84]李霞:《成年监护制度的现代转向》,载《中国法学》2015年第2期。

[85]李贝:《统一规则模式下监护制度的不足与完善——立基于〈民法总则〉的评议》,载《法律科学(西北政法大学学报)》2019年第2期。

[86]李国强:《成年意定监护法律关系的解释——以〈民法总则〉第33条为解释对象》,载《现代法学》2018年第5期。

[87]李喜莲:《反悔人民调解协议致诉案件起诉对象与审理范围之厘定》,载《法律科学(西北政法大学学报)》2021年第3期。

[88]李进一:《罗马法学家与罗马法》,载《暨南学报》1997年第2期。

[89]陆士桢:《从福利服务视角看我国未成年人保护》,载《中国青年政治学院学报》2014年第1期。

[90]梁君林:《基于社会支持理论的社会保障再认识》,载《苏州大学学报》2013年第1期。

[91]李萌:《论我国民事诉讼代理的职业化》,载《东方法学》2015年第1期。

[92]刘作翔:《司法和谐:目的还是手段?》,载《法律适用》2007年第9期。

[93]马俊驹、童列春:《私法中身份的再发现》,载《法学研究》2008年第5期。

[94]马有才:《婚姻家庭研究十年概述》,载《社会学研究》1989年第4期。

[95]莫良元:《转型社会热点案件差异化特质的识别逻辑》,载《学习与探索》2012年第12期。

[96]孟晓丽:《从纳入到深化:国际公约对我国亲子关系立法的影响反思》,载《阜阳师范大学学报(社会科学版)》2021年第5期。

[97]马新福、宋明:《现代社会中的人民调解与诉讼》,载《法制与社会发展》2006年第1期。

[98]倪怀敏:《论农村人民调解及联动体系》,载《西南民族大学学报(人文社会科学版)》2013年第5期。

[99]彭诚信、李贝:《现代监护理念下监护与行为能力关系的重构》,载《法学研究》2019年第4期。

[100]彭希哲、胡湛:《当代中国家庭变迁与家庭政策重构》,载《中国社会科学》2015年第12期。

[101]曲伶俐:《论社会支持理论下的社会性弱势群体犯罪预防》,载《法学论坛》2014年第1期。

[102]齐玎:《论家事审判体制的专业化及其改革路径——以美国纽约州家事法院为参照》,载《河南财经政法大学学报》2016年第4期。

[103]齐凯悦:《论英国家事司法中的专家参与改革及其对我国的启示》,载《青少年犯罪问题》2018年第4期。

[104]邱水平:《论执法实践中坚持法律效果、社会效果与政治效果的统一》,载《法学杂志》2016年第10期。

[105]任守双:《人类命运共同体:马克思世界历史思想的新时代表述》,载《学术交流》2018年第5期。

[106]任重:《我国民事诉讼释明边界问题研究》,载《中国法学》2018年第6期。

[107]冉启玉:《从理念到制度的转变:离婚亲子法中的"儿童最大利益"原则》,载《湖北社会科学》2012年第11期。

[108]任凡:《论家事诉讼中未成年人的程序保障》,载《法律科学(西北政法大学学报)》2019年第2期。

[109]任文启、王婧、徐靖:《从"案件中心"到"案主中心":未成年被害人司法保护的实践更新》,载《青少年犯罪问题》2022年第4期。

[110]舒国滢:《从司法的广场化到司法的剧场化——一个符号学的视角》,载《政法论坛》1999年第3期。

[111]宋汉林:《台湾程序监理人制度述评及其启示——以未成年人利益最大化为中心》,载《中国青年研究》2014年第5期。

[112]宋志军、罗豪、王瑜:《政府购买未成年人司法社会服务机制研究》,载《预防青少年犯罪研究》2020年第2期。

[113]宋志军:《论未成年人刑事司法的社会支持体系》,载《法律科学》2016年第5期。

[114]宋远升:《司法能动主义与克制主义的边界与抉择》,载《东岳论丛》2017年第12期。

[115]孙犀铭:《民法典语境下成年监护改革的拐点与转进》,载《法学家》2018年第4期。

[116]孙国东:《基于合法律性的合法性——从韦伯到哈贝马斯》,载《法制与社会发展》2012年第2期。

[117]宋爱明:《职业化的人民调解员》,载《人民调解》2011年第5期。

[118]孙海波:《"同案同判":并非虚构的法治神话》,载《法学家》2019年第5期。

[119]上海市普陀区司法局:《以政府购买服务保障人民调解工作》,载《人民调解》2016年第6期。

[120]沈冠伶:《专家参与民事审判之多元角色及听审请求权之保障:商事事件审理法是否为最后一块拼图?》,载《台大法学论丛》2021年第50卷第2期。

[121]施慧玲:《论我国儿童人权法制之发展》,载《中正法学集刊》2004年第14期。

[122]孙笑侠:《判决与民意》,载《政法论坛》2005年第5期。

[123]孙向晨:《论中国文化传统中"家的哲学"现代重生的可能性》,载《复旦学报(社会科学版)》2014年第1期。

[124]宋志军:《附条件不起诉社会支持的深化》,载《国家检察官学院学报》2017年第3期。

[125]谭江华:《家事审判制度改革的路径与选择》,载《齐鲁学刊》2021年第2期。

[126]田平安、刘春梅:《试论协同型民事诉讼模式的建立》,载《现代法学》2003年第1期。

[127]唐茂林、张立平:《论人民调解的价值》,载《社会科学家》2009年第6期。

[128]陶建国:《韩国法院离婚案件处理机制中子女利益的保护及其启示》,载《中国青年政治学院学报》2014年第4期。

[129]汤鸣:《让调解回归本位——日本家事调停制度的特色与借鉴》,载《江海学刊》2015年第5期。

[130]汤鸣:《家事纠纷法院调解实证研究》,载《当代法学》2016年第1期。

[131]汪进元:《司法能动与中国司法改革的走向》,载《法学评论》2012年第2期。

[132]吴明轩:《试论家事事件法之得失(上)》,载《月旦法学杂志》2012年第7期。

[133]巫若枝:《三十年来中国婚姻法"回归民法"的反思——兼论保持与发展婚姻法独立部门法传统》,载《法制与社会发展》2009年第4期。

[134]王云清、陈林林:《依法裁判的法理意义及其方法论展开》,载《中国法律评论》2020年第2期。

[135]吴元元:《人民调解制度的技艺实践考》,载《法学》2022年第9期。

[136]王伦刚、纪麟芮:《准司法和泛行政:劳动人事争议仲裁院性质实证考察》,载《中国法律评论》2019年第6期。

[137]王珮玲:《警察、检察官、法官对社工认知之探讨:以家庭暴力与性侵害处理为例》,载《台大社工学刊》2020年第21期。

[138]王鹏飞:《恢复性司法:一种理念、制度与技术》,载《江苏警官学院学报》2015年第4期。

[139]王曼、徐国亮:《人类命运共同体是马克思"真正的共同体"的继承与创新》,载《甘肃社会科学》2018年第4期。

[140]王申:《论法律与理性》,载《法制与社会发展》2004年第6期。

[141]王新:《美国少年法院发展变革之路及其启示》,载《中国青年政治学院学报》2011年第1期。

[142]王奇才:《地方法治建设竞争与购买人民调解服务》,载《南京社会科学》2014年第12期。

[143]王雪梅:《儿童权利保护的"最大利益原则"研究(上)》,载《环球法律评论》2002年第4期。

[144]王丽萍:《父母照顾权研究》,载《法学杂志》2004年第1期。

[145]王思斌:《中国社会工作的嵌入性发展》,载《社会科学战线》2011年第2期。

[146]王福华:《大调解视野中的审判》,载《华东政法大学学报》2012年第4期。

[147]王永贵:《社会主义核心价值观培育的目标指向和实现路径》,载《思想理论教育》2013年第2期。

[148]王泽应:《论构建人类命运共同体的伦理意义》,载《北京大学学报(哲学社会科学版)》2017年第4期。

[149]王竹青:《成年人监护制度的多元理论与制度完善》,载《北京社会科学》2022年第8期。

[150]王竹青:《论成年人监护制度的最新发展:支持决策》,载《法学杂志》2018年第3期。

[151]汪习根、王康敏:《论情理法关系的理性定位》,载《河南社会科学》2012年第2期。

[152]汪淑媛、苏怡如:《社工督导功能期待与实践落差研究——比较督导与被督者之观点:以公部门家暴防治社工为例》,载《台湾社会工作学刊》2010年第9期。

[153]王斌通:《新时代"枫桥经验"与基层善治体系创新——以新乡贤参与治理为视角》,载《国家行政学院学报》2018年第2期。

[154]吴珊、郭理蓉:《海峡两岸未成年人观护制度比较研究——兼议北京市海淀区"4＋1＋N"未检工作模式》,载《预防青少年犯罪研究》2017年第3期。

[155]王晓桐:《家事调查报告的证据效力——基于2016—2022年61份裁判文书的实证分析》,载《昆明理工大学学报(社会科学版)》2022年第5期。

[156]肖建国:《试论少年法院建设过程中的疑难问题》,载《青少年犯罪问题》2011年第4期。

[157]肖玉飞:《人类命运共同体的伦理之维》,载《重庆社会科学》2017年第12期。

[158]徐昕:《迈向社会自治的人民调解》,载《学习与探索》2012年第1期。

[159]许祥云、徐慧:《服务外包——社区矫正制度发展的可能模式》,载《南京工程学院学报(社会科学版)》2013年第3期。

[160]许翠玲:《家事事件程序监理人职务之简介——以美国纽约州准则为主》,载《司法周刊》2013年第1630期。

[161]熊贵彬:《美国青少年司法社会工作的兴衰》,载《中国青年社会科学》2015年第6期。

[162]席小华:《社会工作在少年司法场域的嵌入性发展——以B市实践为例》,载《青年研究》2017年第6期。

[163]席小华、史卫忠:《建构未成年人司法社会支持体系的理论框架与实践路径》,载《预防青少年犯罪研究》2020年第5期。

[164]谢晖:《法治思维中的情理和法理》,载《重庆理工大学学报(社会科学版)》2015年第9期。

[165]余净植:《旧案重提:"泸州遗赠案"两种分析路径之省思》,载《法学论坛》2008年第4期。

[166]尹华广:《"枫桥经验"与调解法治化研究》,载《行政与法》2015年第2期。

[167]杨建军:《"司法能动"在中国的展开》,载《法律科学》2010年第1期。

[168]杨建军:《重访司法能动主义》,载《比较法研究》2015年第2期。

[169]杨志超:《比较法视角下儿童保护强制报告制度特征探析》,载《法律科学》2017年第1期。

[170]岳经纶、庄文嘉：《国家调解能力建设：中国劳动争议"大调解"体系的有效性与创新性》，载《管理世界》2014年第8期。

[171]于改之、崔龙虓：《恢复性司法理论及其引入与借鉴》，载《政治与法律》2007年第4期。

[172]于明：《政治地理解司法——读夏皮罗〈法院：比较法上与政治学上的分析〉》，载《法律书评》2011年第1期。

[173]岳如嫣：《论我国民事诉讼中法官释明权的规范行使》，载《黑龙江人力资源和社会保障》2021年第24期。

[174]于浩：《人民调解法制化：可能及限度》，载《法学论坛》2020年第6期。

[175]游以安、姜兆眉：《探见"家庭暴力暨性侵害防治工作"社工专业间的合作经验：咨商心理师观点》，载《台湾社会工作学刊》2012年第23期。

[176]余韵洁：《司法中立的异化、司法官僚及其克服》，载《湘潭大学学报（哲学社会科学版）》2020年第5期。

[177]于建嵘：《中国的社会泄愤事件与管治困境》，载《当代世界与社会主义》2008年第1期。

[178]杨旭：《全球比较视野下少年司法与社会工作的互动》，载《青少年犯罪问题》2020年第4期。

[179]姚建龙：《恢复性少年司法在中国的实践与前景》，载《社会科学》2007年第8期。

[180]姚建龙：《美国少年法院运动的起源与展开》，载《法学评论》2008年第1期。

[181]姚建龙：《中国少年司法制度发展中的问题与少年法院的创设》，载《青年研究》2001年第12期。

[182]杨菊华：《生命周期视角下的中国家庭转变研究》，载《社会科学》2022年第6期。

[183]杨菊华、何炤华：《社会转型过程中家庭的变迁与延续》，载《人口研究》2014年第2期。

[184]俞红霞：《"枫桥经验"的形成和发展历程》，载《中共党史资料》2006年第2期。

[185]杨旭：《美国司法社会工作的发展及借鉴》，载《学术交流》2013年第3期。

[186]姚明霞：《西方福利标准理论评析》，载《政治经济学评论》2016年第5期。

[187]杨严炎：《论民事诉讼中的协同主义》，载《中国法学》2020年第5期。

[188]尹泠然：《合适成年人讯问时在场：以参与讯问为中心的讨论》，载《国家检察官学院学报》2021年第2期。

[189]周赟：《论法学家与法律家之思维的同一性》，载《法商研究》2013年第5期。

[190]周道鸾：《中国少年法庭制度的发展与完善——苏、沪少年法庭制度调查报告》，载《青少年犯罪问题》2007年第6期。

[191]邹广文、杨雨濠：《马克思正义思想对构建人类命运共同体的启示》，载《山东社会科学》2018年第3期。

[192]赵凤、计迎春、陈绯念：《夫妻关系还是代际关系？——转型期中国家庭关系主轴及影响因素分析》，载《妇女研究论丛》2021年第4期。

[193]赵华珺：《马克思主义哲学视域下人类命运共同体建构》，载《重庆社会科学》2019年第7期。

[194]张红侠：《论法院附设人民调解的运作》，载《湖南社会科学》2013年第3期。

[195]张森林：《人类理想社会境界追寻的新内涵及实现的新路径——习近平"人类命运共同体"思想研究》，载《思想政治教育研究》2019年第4期。

[196]张卫平:《人民调解:完善与发展的路径》,载《法学》2002年第6期。

[197]张卫平:《"民事证据裁判原则"辨识》,载《比较法研究》2021年第2期。

[198]朱新林:《人民调解:衰落与复兴——基于1986—2009年人民调解解纷数量的分析》,载《河南财经政法大学学报》2012年第4期。

[199]张剑源:《社会工作在司法领域的影响——兼论社会工作者作为专家证人的可能》,载《云南大学学报(法学版)》2008年第3期。

[200]张云龙:《论人类命运共同体的三重理性向度》,载《福建论坛》2018年第5期。

[201]张世华:《未成年人司法社会工作探索之路》,载《中国社会工作》2020年第28期。

[202]赵振辉:《论人类命运共同体的建构逻辑及当代价值》,载《北方民族大学学报(哲学社会科学版)》2019年第4期。

[203]张晓茹:《日本家事法院及其对我国的启示》,载《比较法研究》2008年第3期。

[204]张智辉、蒋国河:《儿童家暴社会工作介入的伦理困境——基于深圳鹏星家庭暴力防护中心的实践》,载《当代青年研究》2016年第1期。

[205]张言亮、卢风:《道德相对主义的界标》,载《道德与文明》2009年第1期。

[206]赵秀举:《家事审判方式改革的方向与路径》,载《当代法学》2017年第4期。

[207]张艳丽:《中国家事审判改革及家事审判立法——兼谈对台湾地区"家事事件法"的借鉴》,载《政法论丛》2019年第5期。

[208]赵笃玲:《关于福利制度的哲学争论》,载《江海学刊》2008年第6期。

[209]张润:《台湾程序监理人制度:规范构造、运行实效及其启示》,载《海峡法学》2017年第2期。

[210]朱富强:《社会主义的机会平等观:福利主义在西方的现代发展》,载《国外理论动态》2017年第9期。

[211]朱孔芳:《专业社会工作介入孤残儿童家庭探析——以上海市儿童福利院为例》,载《华东理工大学学报(社会科学版)》2006年第4期。

[212]朱妙、吴瑞益、沈梓君:《少年家事审判改革背景下社会观护制度的检视与完善——以上海闵行法院为样本》,载《青少年犯罪问题》2018年第3期。

[213]朱圆、王晨曦:《论我国成年监护设立标准的重塑:从行为能力到功能能力》,载《安徽大学学报(哲学社会科学版)》2019年第2期。

[214]郑学仁:《从德日法制论我国家事事件法之程序监理人》,载《法学丛刊》2012年总第226期。

[215]郑金朋:《高少家法院家事调委研习程序监理人的角色与功能》,载《高雄少家》2017年第23期。

[216]赵德云、刘靖靖、宋莹等:《少年法庭抚养探望类家事案件研究——基于北京法院的调查》,载《预防青少年犯罪研究》2015年第5期。

[217]张海燕、苏捷:《老年人意定监护制度的域外考察与本土借鉴》,载《国外社会科学》2022年第6期。

[218]自正法:《未成年人社会观护体系的实证考察与路径重塑》,载《北京理工大学学报(社会科学版)》2019年第5期。

[219]赵静波:《"大调解"机制下长春市人民调解制度的改革实践与制度创新调研报告》,载《当代法

学》2012 年第 1 期。

[220]张慧平:《法治社会背景下人民调解与程序正义的契合》,载《晋阳学刊》2021 年第 3 期。

[221]周望:《大调解、维稳与社会治理:功能解释及限度——南通大调解再认识》,载《郑州大学学报》2016 年第 4 期。

[222]张永进:《中国调解工作室制度研究——基于上海与广安模式的考察》,载《四川理工学院学报》2011 年第 3 期。

[223]邹英、向德平:《大调解模式的实践困境与政策建议——基于张家湾司法所的案例分析》,载《山东社会科学》2016 年第 3 期。

[224]何燕:《家事诉讼中未成年人利益最大化原则研究》,南京师范大学 2016 年博士学位论文。

[225]孙艳艳:《儿童与权利:理论建构与反思》,山东大学哲学与社会发展学院 2014 年博士学位论文。

[226]辛靓:《论未成年专职司法调查官制度》,苏州大学 2012 年硕士学位论文。

[227]陈正升:《论家事事件当事人之程序能力与程序监理人制度》,载《司法研究年报》2015 年第 32 辑。

[228]冯源:《论我国家事案件中司法调解的适用——以台湾地区"家事事件法"司法调解之改革为借鉴》,载梁慧星主编:《民商法论丛》,法律出版社 2015 年版。

[229]郭佳瑛:《程序监理人在家事事件中职能之研究》,载《司法研究年报》2013 年第 30 辑。

[230]贺欣:《离婚法实践的常规化——体制制约对司法行为的影响》,载缪因知主编:《北大法律评论》(第 9 卷·第 2 辑),北京大学出版社 2008 年版。

[231]蒋月:《从父母权利到父母责任:英国儿童权利保护法的发展及其对中国的启示》,载夏吟兰、龙冀飞主编:《家事法研究》,社会科学文献出版社 2011 年版。

[232]吴启铮:《少年司法中的协作型儿童利益保护机制——以儿童最大利益原则为基础》,载广州市法学会:《法治论坛》(第 54 辑),中国法制出版社 2019 年版。

[233]王重吉:《程序监理人于我国家事事件审理中角色及功能之研究——依家事事件类型区分》,载《司法研究年报》2017 年第 33 辑。

[234][美]罗伯特·考德威尔:《少年法庭的发展及存在的若干主要问题》,房建译,载《青少年犯罪问题》1986 年第 4 期。

[235][日]重松一义:《日本家事调停制度的半世纪历程》,黄毅编译,载徐昕主编:《司法:调解的中国经验》(第 5 辑),厦门大学出版社 2010 年版。

[236][日]佐藤千裕、竹野均、山岸均等:《关于对孩子的采访、观察的问题——以家事调查官的工作和发展为研究视角》,载《法与心理》(2009 年第 8 号)。

[237][德]古斯塔夫·拉德布鲁赫:《法律的不法与超法律的法》,舒国滢译,载郑永流主编:《法哲学与法社会学论丛(四)》,中国政法大学出版社 2001 年版。

[238][美]柯恩:《现代化前夕的中国调解》,王笑红译,载强世功编:《调解、法制与现代性:中国调解制度研究》,中国法制出版社 2005 年版。

[239][日]滋贺秀三:《清代诉讼制度之民事法源的概括性考察》,载王亚新、梁治平编:《明清时期的民事审判与民间契约》,法律出版社 1998 年版。

[240][日]小岛武司:《家事法院的诉讼法意义》,载陈刚主编:《自律型社会与正义的综合体系——小岛武司先生七十华诞纪念文集》,陈刚等译,中国法制出版社 2006 年版。

（二）英文论文

[1] A. Phillips & J. C.Daniluk, Beyond "Survivor": How Childhood Sexual Abuse Informs the Identity of Adult Women at the End of the Therapeutic Process, *Journal of Counseling & Development*, 2004, Vol.82.

[2] Alice Armstrong, School and Sadza, Custody and the Best Interests of the Child in Zimbabwe, in Philip Alson ed., *The Best Interests of the Child*, New York, Clarendon Press, 1994.

[3] A. W. Burgess & L. L. Holmstrom, Rape Trauma Syndrome, *American Journal of Psychiatry*, 1974, Vol.131.

[4] Barbara Bennett Woodhouse, A Public Role in the Private Family: The Parental Rights and Responsibilities Act and the Politics of Child Protection and Education, *Ohio State Law Journal*, 1996, Vol.57.

[5] Carl Rogers & Lawrence Wrightsman, Attitudes Toward Children's Rights: Nurturance or Self-determination, *Journal of Social Issues*, 1978, Vol.34.

[6] Douglas R.Rendleman, Parens Patriae, From Chancery to the Juvenile Court, *South Carolina Law Review*, 1971, Vol.23.

[7] David Wegeling De Bruin, *Child Participation and Presentation in Legal Matters* (Ph.D. diss., Pretoria University, 2010).

[8] Harry Brighouse, What Rights (If Any) do Children Have?, in David Archard and Colin M. Macleod(ed.), *The Moral and Political Status of Children*, Oxford, Oxford University Press, 2002.

[9] Harriet Pierpoint, A Survey of Volunteer Appropriate Adult Services in England and Wales, *Youth Justice*, 2004, Vol.4.

[10] John Eekelaar, The Emergence of Children's Rights, *Oxford Journal of Legal Studies*, 1986, Vol.6.

[11]Jenni Gainborough and Elisabeth Lean, Convention on the Rights of the Child and Juvenile Justice, *Child Welfare League of America*, 2008, Vol.7, No.1.

[12] Jia Yu & Yu Xie, Is There a Chinese Pattern of the Second Demographic Transition?, *China Population and Development Studies*, 2022, Vol.6.

[13] Katherine van Wormer, The Hidden Juvenile Justice System in Norway: A Journey Back in Time, *Federal Probation*, 1990, Vol.54.

[14] Mary Kay Kisthardt, Working in the Best Interests if Children: Facilitating the Collaboration of Lawyers an Social Workers in Abuse and Neglect Cases, *Rutgers Law Record*, 2006, Vol.30.

[15] Michael S. Wald, Children's rights: A Framework for Analysis, *U.C.D. Law Review*, 1979, Vol.12.

[16] M. E. Bell & L. A. Goodman, Supporting Battered Women Involved with the Court System:

An Evaluation of a Law School-based Advocacy Intervention，*Violence Against Women*，2001，Vol.7.

［17］Michael D. Freeman，Family Values and Family Justice，*Current Legal Problems*，1997，Vol. 50.

［18］Nicola Lacey，Theories of Justice and the Welfare States，*Social and Legal Studies*，1992，Vol.1，No.3.

［19］H. Perlman，The Helping Relationship，Its Purpose and Nature，In H. Rubenstein and M. H. Bloch eds.，*Things that Matter：Influences on Helping Relationships*，New York：Macmillan，1982.

［20］Ribner David S. & Knei-Paz Cigal，Client's View of a Successful Helping Relationship，*Social Work*，2002，Vol.47.

［21］Robert Mnookin，Child Custody Adjudication：Judicial Functions in the Face of Indeterminacy，*Law and Contemporary Problems*，1975，Vol.39.

［22］Steven Ruggles，The Transformation of American Family Structure，*The American Historical Review*，1994，Vol.99.

［23］Tamara Hareven，Cycles，Courses and Cohorts：Reflections on Theoretical and Methodological Approaches to the Historical Study of Family Development，*Journal of Social History*，1978，Vol.12.

三、辞书与其他

［1］《英国婚姻家庭制定法选集》，蒋月等译，法律出版社 2008 年版。
［2］《德国家事事件和非讼事件程序法》，王葆莳等译，武汉大学出版社 2017 年版。
［3］郝振江、赵秀举：《德日家事事件与非讼事件程序法典》，法律出版社 2017 年版。
［4］[德]马克思、恩格斯：《马克思恩格斯文集》，人民出版社 2009 年版。

四、电子文献

［1］张丽：《韩国家事调查官制度》，载《人民法院报》2021 年 2 月 19 日第 008 版。
［2］张丽：《韩国家事调查官制度》，载《人民法院报》2021 年 2 月 26 日第 008 版。
［3］习近平：《携手构建合作共赢新伙伴 同心打造人类命运共同体》，载《人民日报》2015 年 9 月 29 日第 02 版。
［4］《北京调解联盟官方合作网站》，http://www.adr101.com/。
［5］《第七次全国人口普查主要数据报告》，http://www.stats.gov.cn/tjsj/zxfb/202105/t20210510_1817176.html。
［6］《国家主席习近平发表 2022 年新年贺词》，https://m.gmw.cn/baijia/2022-01/01/35421813.html。
［7］刘家埔：《全国已有青少年事务社工 23.29 万人》，https://www.spp.gov.cn/spp/c107228chdfgmcggeqcnpgbshkfh/202105/t20210531_519861.shtml。
［8］宁杰：《周强主持最高人民法院专题会议强调积极推进家事审判方式改革》，http://www.chinacourt.org/article/detail/2016/04/id/1834 413.shtml。

［9］《速裁案件要素式审判若干规定（试行）第十九条》，http://bjgy.chinacourt.org/article/detail/ 2018/03/id/3253328.shtml。

［10］田孟：《从家庭转型到家庭发展：家庭社会学研究的新动向》，https://kns.cnki.net/kcms/ detail/62.1015.C.20221114.1157.004.html。

［11］汤瑜：《最高法推进家事审判改革　相应的实体法与程序法亟须出台》，http://www.mzyfz. com/cms/benwangzhuanfang/xinwenzhongxin/zuixinbaodao/html/1040/2016-06-20/content- 1202283.html。

［12］《统计显示我国24.7％女性遭受过不同形式家庭暴力》，http://www.gov.cn/jrzg/2011-10-21/ content_1975297.htm。

［13］习近平：《高举中国特色社会主义伟大旗帜　为全面建设社会主义现代化国家而团结奋斗—— 在中国共产党第二十次全国代表大会上的报告》，http://www.gov.cn/xinwen/2022-10-25/content_ 5721685.htm。

［14］习近平：《共担时代责任　共促全球发展——在世界经济论坛2017年年会开幕式上的主旨演 讲》，http://ex.cssn.cn/dzyx/dzyx _ llsj/201701/t20170118 _ 3388104 _ 3.shtml? COLLCC = 37612219718。

［15］殷伟豪：《注重家庭、注重家教、注重家风，习近平总书记这样说》，http://www.china.com.cn/ legal/2017-02-10/content_40259773.htm。

│ 后 记 │

  本书是教育部课题"转型期多元专家参与家事司法的模式构建研究"（18YJC820018）的主要成果，也是笔者作跨界研究的一次探索。由于家事案件中充斥着非理性的情感纠葛，如果从简单、刻板依照法律分配当事人权利、义务的角度，家事案件的裁判很难实现案结事了，当事人的接受度比较差；家事案件中还存在个人主义和团体主义的张力，也许从个人主义的角度，当事人之间存在激烈的矛盾和冲突，但在某些团体目标的实现上，如协力培养未成年人等方面，家庭成员之间又有相互妥协的一面，并非处于全面对抗式的结构中。故而，家事案件中法律与道德因素交织，家事矛盾的呈现有纷繁复杂的多样形态，应突破司法中心主义单一模式的桎梏，引入多元化纠纷解决策略，利用社会力量的积极参与，让家事纠纷软着陆，实现法律效果与社会效果的统一。近些年，在最高人民法院的主导下，家事司法改革已经初见成效，一些多元专家接近司法系统，这些多元专家有家事调查员、观护人与司法社工等，他们与司法人员协同作战，拯救了一批危机家庭，帮助司法人员缓解了裁判的刚性，以柔性的方式给予了当事人更多的人文主义关怀。与此同时，还有很多疑惑尚待解决：一方面，如何将家事纠纷从民事纠纷中剥离，并且建立婚姻家庭现代化变迁与家事司法理念更新的因果关系，明确家事司法转型、多元专家参与的必要性，为本书的写作奠定理论基础；另一方面，如何从理论和实证相结合的角度，探索具有代表性的各种专家的履职要素，设置司法与社会场域互动的大框架，观察分析不同专家的介入程序、工作方式、功能实现等重要问题，最终完成多元专家制的本土化建构。

  选择研究这个问题最早来源于笔者的恩师——厦门大学蒋月教授对笔者的学术启发。10年前，台湾地区"家事事件法"刚颁行不久，蒋老师就提醒笔者关注这方面的议题，因为这次改革在很多方面颇显前卫，具有较大突破。该法增设了家事调查官、程序监理人、社工陪同等制度，主要是为了减轻家事司法裁判的社会压力，维护弱势群体或者关系人的实体利益或程序利益，协调私权利与社会公益之冲突。笔者与蒋老师合作撰写了《台湾家事审判制度的改革及其启示——以"家事事件法"为中心》，目前已经成为该领域研究的重要文献。蒋老师对笔者的指导经历，引发了笔者对这个主题的强烈兴趣，加上前期的一些积累，笔者便有了在这个领域内深耕的计划；另外，笔者借助这项研究，对法教义学和社科法学的方法论做了一些结合沟通的尝试，并且突破自己更多熟悉实体法、较少关注程序法的研究视野局限。感谢蒋老师！恩师不仅是笔者学术研究的灯塔，日常生活中笔者和恩师也有密切交流，恩师对笔者的帮助、提携，令笔者刻骨铭心，是笔者的亲人。愿与恩师相互陪伴，陪伴便是最长情的告白。每当想要荒废时间、进行学术"躺平"的时候，想想恩师的谆谆教诲与殷切期待，于是选择不忘初心，勉力再往前走一步。人生的各个阶段，面对的爱恨别离确实很多，停下来也有一千个理由，于笔者而言，可能就是节奏快与节奏慢的差别。其实，把研究、学习融入生活中，就像吃饭、睡觉一样，作为生活习惯，倒是一种很中庸的心态。衷心祝愿恩师健康长寿，天天开心！

感谢笔者的家人。笔者的父母都是极好之人，是生活的智者，他们身上有很多值得笔者学习的地方。斗转星移，当笔者为人父母之时，已经能够设身处地体会到他们当时抚养笔者的诸多不易，这种共情建立之后才能真正理解父母、做到孝顺；岁月易逝，父母年纪也挺大并且步入退休的人生阶段，却为了支持笔者和飞哥的工作，还在默默付出。衷心希望父母能够健康、平安！也感谢飞哥的陪伴，异地恋到结婚 10 年、结婚后 5 年，随着小小米奇宝贝在 2020 年的出场，我们的生活也多了很多乐趣，愿珍惜奇妙的缘分，风雨同舟、不离不弃。

感谢笔者的朋友、同事。其实每个人都有很多烦恼，每个人心中都有个孤独的宇宙，既然众生皆苦，不如举重若轻、笑看风云。这么多年，身边有几个知己好友，在笔者最需要的时候从未离场。笔者的人生何其有幸，原本做好了甘于平淡、甘于寂寞的心理建设，可在大家的陪伴与笑谈中，生活突然奇妙绚烂了一些。感谢笔者的同事，来天津师范大学法学院正好七年，时刻能够感受到这个集体的蓬勃朝气。生活本就大道至简，笔者努力、真诚地向周围的人释放善意，愿也能收获到周围人的真诚和善意，但不强求。无论是双向奔赴还是一厢情愿，其实都是感情生活的常态，学习婚姻家庭法的人，也早就已经习惯了这样多元的表达方式。

感谢厦门大学出版社的李宁编辑和甘世恒编辑，因为他们的敬业、认真，这本书才能够顺利出版，与各位读者见面。这个研究横向持续了 5 年时间，在这 5 年中，也能感受到很多事情在发生变化。这几年，大家走过了新冠疫情那个兵荒马乱的阶段，也许很多人在疫情封锁的大社会环境中，突然明白了人生、明白了自己，从追求片面最优解、"磨刀霍霍向猪羊"、"时刻准备放卫星"的生活状态中解脱，返璞归真、追求全局最优解，这算不算一种超越？拨开家庭和工作的迷雾，你对自己有什么样的愿望，你又能够满足别人什么样的期待呢？对于教师职业,笔者确实喜欢,看着眼前一张张青春阳光的笑脸,总觉得时间过得很慢,自己不曾老去;看着身边的家人,也敦促自己更多地承担责任,让身边的人因为自己的存在更开心、更幸福。让大家的生活都能有一点点乐趣,就好。

愿国泰民安,各位一帆风顺!

冯源

2023 年 5 月 20 日于西青